移民受け入れと社会的統合のリアリティ

現代日本における移民の階層的地位と社会学的課題

是川 夕
KOREKAWA Yu

勁草書房

は　じ　め　に

　本書は現在，日本で進みつつある移民，外国人の受け入れとその社会的影響について，国勢調査に代表されるナショナルレベルのデータをもとに実証した数少ない研究の一つである．また，その際，国際的な移民研究で標準的に用いられる社会的統合アプローチを用いた点も，従来に見られない点といえよう．

　その結果，日本では個々の移民の移住過程において緩やかな社会的統合が見られるという結論が得られた．これは，日本が移民政策における「後発国」であり，「進んだ欧米を見習うべき」，あるいは「すでに失敗した欧米を反面教師にすべき」という，しばしば見られる単純化された理解を大きく裏切るものである．

　では，何がこうした状況の要因なのか？　もちろん，日本は公には移民政策をとっておらず，したがってその（意図された）政策面に要因を求めることは難しいだろう．ならばその社会的な意識によるものかと問われても，特に既存の社会意識に移民の社会的統合を促進する要因があるとは考えにくい．

　本書ではこうした問いに対して，既存の社会構造とそこにおける集団間関係からアプローチした．これは米国の移民研究の泰斗である Milton Gordon がその著作において打ち出したアプローチであり，その後，国際的な移民研究において最も標準的な手法である社会的統合アプローチの根幹をなすものである．

　同手法では，移民も現地人（日本人）もともに同じ社会に生きる存在として，労働市場や学校，そして家族といった共通の社会構造に直面していると考える．そうした前提に立てば，移民（外国人）であることによって異なる扱いを受ける部分もあれば，共通した扱いを受ける部分もあるのであり，移

はじめに

民（外国人）がすべてにおいて異なった存在であるわけではないことが見えてくる．大切なのはそうした中，集団間で何が共通で何が異なるのかということを（その原因と結果の双方において）一つ一つ見ていくことである．

本書ではそうした分析を積み重ねた結果，日本人と移民（外国人）の異なりを，労働市場におけるスキルに対する評価の違い，家族関係，労働市場におけるジェンダー関係の違い，子どもの教育達成に対する親世代の社会経済的資源の影響の違いといった点から明らかにした．またこうした差異は，社会構造によって一律に決定されているものではなく，個々人の属性の違いによっても異なり，移民受け入れに成功／失敗といった二元的な解釈はここでは避けられる．本書の結論である「緩やかな社会的統合」における「緩やかな」とはこうした柔軟な見方が可能であることによるものである．

もちろん，本書の結論は移民受け入れにおいて我々が何の問題も抱えていないということを意味するものではない．むしろ課題は山積みである．実際，本書の分析結果においては，これまで指摘されて来た多くの問題が実際に移民個々人の移住過程に影響を及ぼしていることが明らかにされている．その意味で，本書はそうした個々の課題をいわば大きな地図の中に位置づけた（プロットした）ものに過ぎない．

ただ，これまでの日本の移民研究においては，こうしたマクロな視点は弱かったといえる．つまり，多くの研究はミクロなフィールドワーク，ケーススタディに基づくものであり，その結果はややもすれば全体に敷衍するには強すぎる場合も多かったのではないだろうか．本書のもう一つの問題意識は移民受け入れに対するこれまでの我々のアプローチの仕方に対するものであり，国勢調査のようなナショナルレベルのデータをもとに，既存の知見を相互に位置づけてみたところに新しさがある．

また，こうした結果から得られた今後の展望は，しばしば主張されるような移民の底辺層への固定化や二極化といった極端なものではなく，現在の緩やかな社会的統合過程が続くだろうというものであった．あるいは，今後何らかの理由で移民の階層的地位達成構造の変化が見られる場合についても，

その具体的な変化を展望することが可能である．

　例えば，構造変化の要因の一つとして，バイ（二国間）あるいはマルチ（多国間）で資格の国際的な相互認証が行われるようになった場合や，日本の労働市場において海外で取得した学位や経験に対する認知が高まるといったことが想定される．また，ジェンダーとの関係では，アジア諸国と日本の経済格差が縮まることで，日本人男性とアジア人女性からなるカップルにおけるジェンダー関係が変化することや，日本人女性も含めた労働市場におけるジェンダー不均衡が是正されることで，移民女性の労働参加も進むといったケースが考えられる．移民第二世代についても外国語としての日本語教育の充実等の政策が進んだ場合，日本人と比べて親世代の影響を受けにくい移民第二世代の教育達成はむしろ相対的に進む可能性もあるといえよう．このように，具体的な変化を展望することが可能なのも，本研究の一つの特徴といえるだろう．

　現在，日本では2019年4月1日より新しい在留資格である「特定技能」の運用が始まっており，今後，ますます日本で暮らす移民人口は増加していくと予想される．そうした中，我々，移民研究者の果たすべき役割はこれまで以上に大きくなっていくものと思われる．本書の結果がこれから行われる大小さまざまな調査研究のための指針となることができれば幸いである．

目　次

はじめに　i

第Ⅰ部　問題の所在，及びその背景

第1章　現代日本における移民受け入れと社会学的課題　　　3
1　現代日本における移民受け入れとそれをめぐる政策論争　5
2　移民受け入れをめぐる社会学的課題　13
3　本研究の目的，及び構成　18

第2章　近代以降の日本における移民受け入れの歴史　　　25
　　　　　――国際移動転換の観点から
1　現代日本における国際移動転換と移民人口の増加　26
2　諸外国における国際移動転換　27
3　日本を取り巻く国際移動の歴史　29
4　社会変動の主要因としての国際移動転換　37

第3章　日本の移民研究における方法論的課題　　　41
　　　　　――移民の階層的地位に注目して
1　移民研究における移民の階層的地位　43
2　米国を中心とした欧米の移民研究における階層的地位の位置づけ　46
3　日本の移民研究における理論的枠組み　72
4　日本の移民研究における社会的統合アプローチの可能性　104

目次

第II部　移民の階層的地位に関する実証研究

第4章　移民男性の労働市場への統合状況とその要因 ………… 113
　　　　──Immigrant Assimilation Model に基づく分析

1　日本における外国人人口の増加とその階層的地位　115
2　先行研究の検討　117
3　命題，及び探究課題　124
4　記述統計による分析　128
5　多変量解析による分析　139
6　外国人の労働市場への緩やかな統合　152

第5章　ジェンダーの視点から見た移民女性の階層的地位 ……163

1　日本における「移民の女性化」　165
2　移民研究におけるジェンダー　167
3　命題，及び探究課題　172
4　記述統計による分析　176
5　多変量解析による分析　189
6　日本における「二重の障害」仮説の妥当性　201

第6章　移民第二世代の教育達成に見る階層的地位の世代間移動 …………………………………… 211
　　　　──高校在学率に注目した分析

1　移民第二世代の教育達成の重要性　212
2　先行研究の検討　214
3　本研究の命題と探究課題　219
4　記述統計による分析　223
5　多変量解析による分析　232
6　移民第二世代の教育達成に見る階層的地位の世代間移動　237

第Ⅲ部　展　望

第7章　現代日本における移民の社会的統合とその展望……247
　　1　本研究で明らかにされたこと　249
　　2　現代日本における移民の社会的統合とその展望　257

あとがき　265
初出一覧　270
参考文献　271
図表一覧　292
事項索引　297
人名索引　299

第Ⅰ部

問題の所在，及びその背景

第1章　現代日本における移民受け入れと社会学的課題

　現在，世界的に国際人口移動が活発化し，大きな社会変動の要因となっている．日本においても1990年代以降，入管法の改正とそれに続く制度改正を契機に外国籍人口が急増するなど，すでに移民受け入れ国といって良い状況がみられる．

　そうした中，1990年代以降，日本ではおよそ10年おきに移民受け入れをめぐる政策論争がみられた．しかしながら，これらの論争では今後の受け入れの是非をめぐる観念的な議論に終始し，この間，実際に進んだ移民受け入れの経験を参照した具体的な議論が行われてこなかったという問題が指摘されてきた．

　このように移民受け入れをめぐる議論が観念論に終始したのは，日本の移民研究が実際の移民受け入れの経験をマクロレベルで見た社会経済的な影響の観点から評価することができず，政策提言につなげることができなかったためであるとされている．実際，これまで日本の移民研究においては対象とするエスニック集団に偏りがみられること，ジャーナリスティックな視点に基づくものが多く理論的展開が弱いこと，また経済・産業的な問題意識から始まりつつも，実際の議論は社会文化的な次元に終始するといったことが問題点として指摘されてきた．

　一方，日本とは異なり，欧米の移民研究では社会文化的な次元ではなく，あくまで社会経済的な次元での社会的統合が焦点とされてきた．また，その際に採用されて来た理論的枠組みは階層概念を軸として，その多様性や経時的変化を分析する社会的統合アプローチであった．これは，日本の移民研究が社会文化的な側面に注目し，かつその内的多様性や経時的変化を想定しない構造的分断アプローチを採用してきたのとは対照的なことである．しかしながら，本格的な移民受け入れから約四半世紀が経った今，日本の移民研究においても社会的統合アプローチの妥当性が検討されるべき状況が来ているといえよう．

　よって，本研究では日本の移民受け入れの経験における社会的統合アプローチの妥当性を検証することを目的とする．それにあたっては，移民の階層的地位概念がカギとなると考えられる．その理由は，同概念はGordonのエスクラス以降，欧米の移民研究におけるカギ概念であり，ミクロな個々人の移住過程の多様性と

第Ⅰ部　問題の所在，及びその背景

マクロな移民の社会的統合の状況を同時に視野に入れることを可能にしてきたものであるからである．まさにこれは日本の移民研究に欠けていた視点であり，階層概念を軸とした社会的統合アプローチによって日本の移民研究を再構築することが求められているのである．

第1章　現代日本における移民受け入れと社会学的課題

1　現代日本における移民受け入れとそれをめぐる政策論争

1-1　世界的にみた国際人口移動の活発化

　現在，世界的に国際人口移動が活発化し，大きな社会変動の要因となっていることが注目されてきている（図1-1）．国連人口部が公表している最新の世界人口推計によると（United Nations, Population Division 2017），戦後直後にはほとんどみられなかった国際移動人口は，1970年代にかけて年間150万人（純移動，フロー）近くまで急速に増加しその後，しばらく横ばいの時期が続いたが，冷戦が崩壊した1990年代以降，再び急増し，現在では200万人を超えて推移している．その地域間の移動構造をみると，そのほとん

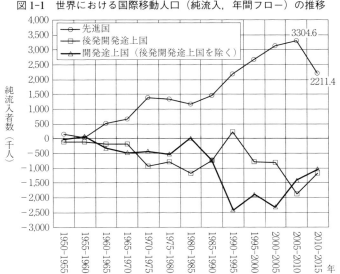

図1-1　世界における国際移動人口（純流入，年間フロー）の推移

注：プラスは受け入れ超過，マイナスは送り出し超過を意味する．数値は該当期間における年間純流入数（フロー）．
出所：United Nations, Population Division (2017).

5

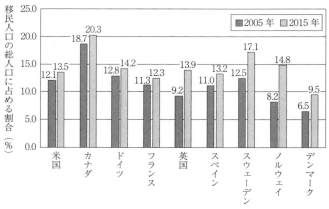

図 1-2　OECD 加盟国における移民人口 (foreign-born population) の総人口に占める割合

出所：OECD (2017).

が後発地域から先進地域への移動であり，欧米諸国を中心とする先進国が移民受け入れ国として多くの人々の国際移動の目的地となっていることが見てとれる．

その結果，多くの先進国ではこれまで以上に多くの移民を受け入れるようになってきており，その社会的な影響が急速に拡大している．実際，OECD 加盟国における移民人口 (foreign-born population) の総人口割合をみると（図 1-2），戦後，数多くの移民を受け入れてきた英国，ドイツ，及びフランスといった国々で同割合は既に 12-14% 程度となっており，南欧や北欧諸国でも同割合は 10-17% 程度に達している．しかも過去 10 年間をみても，同人口の割合は上昇する傾向が見てとれる．特にこの間，先進諸国の多くで低出生力状態が続いたことから，移民の相対的に若い人口構成やその高い出生力と相まって，若年層を中心に受け入れ社会の人口構造を急速に変化させつつある．また，それによって労働や教育といった社会の主要な領域において，エスニック・ダイバーシティの拡大が無視できないものとなってきている (Coleman 2006, Lichter 2013).

こうした中，国際人口移動はマクロ経済や外交安全保障と並ぶ重要な社会的イシューとなってきており，多くの国で非常に強い関心の対象となってきている．実際，近年の国勢情勢をみても，英国の欧州連合離脱（2016 年），米国大統領選（2016 年）といった大きな出来事において，移民受け入れの是非は非常に大きな争点となっていたことはこうした関心の強さを裏付けるものである[1]．それに伴って，多くの国において国民の間に排外主義的な態度が強くみられるようになっており，こうした社会的風潮にどう抗していくべきかということが今，改めて問われている[2]．

　また，戦後，継続的に移民を受け入れてきた欧米各国においては，これまでに受け入れた数多くの移民の社会的統合が改めて論点となってきている．例えば，加盟国間で移民受け入れ政策や移民の社会的統合政策について討論する場である OECD 移民政策会合では，移民第一世代，及び第二世代の社会的統合について様々な角度から検討がなされており，どのような政策がスムーズな移民の社会的統合を可能にするかといったことが継続的に議論されている[3]．

　このように国際人口移動の活発化とそれによる移民の社会的統合は現在，先進諸国において非常に大きな関心事となってきている．こうしたことを踏まえ Castles et al.（2014: 16-7）は，現在，我々は「移民の時代（The Age of Migration）」とでもいうべき時代を迎えているとしており，その特徴を以下の六つに要約している．それらは，①移民の出身地が多様化する移民のグローバル化（Globalization of Migration），②国際移動人口の規模が加速度的に増加する移民の加速化（Acceleration of Migration），③国際移動の目的が多様化する移民の多様化（Differentiation of Migration），④国際移動人口における女性の割合が増加する移民の女性化（Feminization of Migration），⑤国際移動が送り出し国や受け入れ国の政治に影響を与えるようになる移民の政治化（Growing Politicization of Migration），⑥より多くの国・地域が移民受け入れ側に回るようになる国際移動転換の広がり（Proliferation of Migration Transition）である．つまり，国際人口移動の活発化とそれによる移民受け

入れの増加は，現代社会においてますます無視することのできない重要な社会的イシューとなっているのである．

1-2 1990年代以降の外国籍人口の急増とその中長期的影響

こうした中，日本もまた1990年代以降，外国籍人口の急増を経験してきた．これは直接的には，1989年の入管法改正により入国管理制度が大幅に変更されたことによるものであり，就労を目的とした在留資格の追加や定住者としての日系人の受け入れ，国際結婚の増加，及び1993年以降開始された技能実習制度の創設などがその増加要因として挙げられる[4]．

実際，1990年には407,603人であった中長期在留外国人[5]は95年，2000年にはそれぞれ740,129人，1,081,732人へと急増しており，2017年末時点で2,232,026人に達している[6]（図1-3）．こうした人々は国際的な移民研究における定義に従うならば，移民と見なされる人々であり，総人口比でみればわずか2.0%程度ではあるものの，日本社会がこれまで経験した変化としてみれば非常に大きなものである．また，その内訳を見てもかつてはその90%近くを占めていた在日コリアン人口が帰化，高齢化により一貫して減少し，現在は329,822人と外国籍人口[7]の12.9%まで低下する一方，90年代以降来日したニューカマー移民がそれを上回って推移し，多数を占めるようになっていることがわかる．

また，外国籍人口の流入とは別に毎年，1.4万人程度の帰化人口，及び3.4万人ほどの国際児[8]が発生しており[9]，こうした人たちも移民的背景（migrant background）を持つ人たちとして日本のエスニック・ダイバーシティの拡大に寄与している．

こうした変化を明らかにした研究として，移民的背景を持つ人口の現在の水準，及び中長期的な推移を示した是川（2018b）を挙げることができる[10]．それによると，2015年時点で移民的背景を持つ人口は，外国籍人口[11]が2,015,495人，帰化人口が462,737人，国際児人口が847,173人と推計され，これらを合計すると3,325,405人（総人口に占める割合2.6%）と，国勢調査

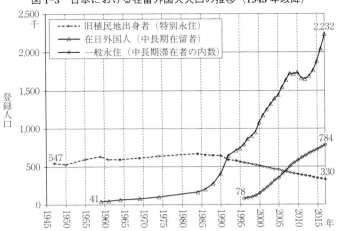

図 1-3　日本における在留外国人人口の推移（1945年以降）

注：特別永住者人口について1991年以前はそれに該当する在留資格から数値を再現した．
出所：法務省（1959b, 64b, 69b, 74b, 84b, 86b, 88b, 90b, 92b, 94b-2018b）．

における外国籍人口の約2倍の移民的背景を持つ人口がいるとされている（図1-4）．

　その結果，現状のペースが持続した場合，同人口の規模は拡大の一途をたどり，2015年から25年後の2040年には7,260,732人（同6.5%），2065年には10,756,724人（同12.0%）となると推計されている．これは現在の欧米先進国が経験している水準と同程度であり，日本が現在，経験している移民受け入れの水準が決して無視できる水準ではないことを意味している．

　更に，年齢別の推移をみた場合，若年層ほどその人口学的影響を大きく受けることがわかる（図1-5）．例えば，2015年時点で0-5歳の未就学児人口の5.8%，0-19歳人口の4.8%が移民的背景を持つ人口で占められていると推定される．現在，小中学校において日本語を母語としない子どもへの対応が大きな課題となっているが[12]，これはこうした人口学的背景を考慮すれば当然のものといえるだろう．また，2015年からわずか15年後の2030年

第 I 部　問題の所在，及びその背景

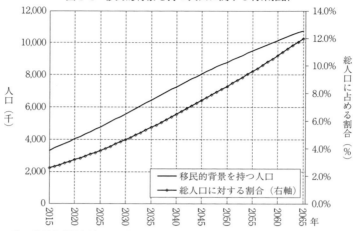

図 1-4　移民的背景を持つ人口に関する将来推計

注：移民的背景を持つ人口とは，外国籍人口，帰化人口，及び両親のいずれかが外国籍である者（及びその子孫）からなる．
出所：是川（2018b）．

図 1-5　移民的背景を持つ人口に関する将来推計（年齢区分別）

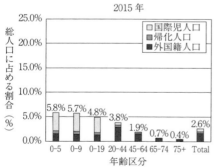

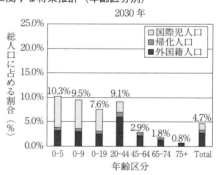

注：図 1-4 に同じ．
出所：是川（2018b）．

には 0-5 歳人口の 10.3%，0-19 歳人口の 7.6%，20-44 歳人口の 9.1% が移民的背景を持つ人口によって占められると予測されていることは，日本においても学校や職場といった社会生活の主要な場において，エスニック・ダイバーシティが今後，急速に拡大することを意味している．

　これまでの人口学的推移，及び今後の見通しを踏まえれば，1990 年代以降，国際的に国際移動が活発化する中で，日本もその例外ではなく，またその影響は今後，より顕著なものとなっていくと予想される．つまり，多くの研究者が指摘するように[13]，日本も既に移民受け入れ国となっているのであり，そうした傾向は今後，更に強まっていくと考えられる．

1-3　移民受け入れをめぐる政策論争

　こうした人口動態の変化と並行して，1980 年代以降，日本は移民受け入れをめぐる政策論争を何度か経験してきたが，それらはいずれも実際の外国籍人口の急増過程を具体的に顧みることなく，今後の受け入れの是非を観念論的な形で論じてきたという特徴を持っている．この時期の議論を整理，要約した明石（2010: 25-8, 246-59）によれば，それぞれの論争は以下の点に要約される．

　第一の論争は 1980 年代後半から 90 年代初頭にかけてみられたものであり，バブル景気に伴う人手不足がその引き金になったとされる．この時期の議論は，「開国派」「鎖国派」に分かれて行われ，それぞれが外国人労働者受け入れによるメリット／デメリットについて主張を戦わせた[14]．

　例えば，メリットとして主に挙げられたのは，移民受け入れが単に国内の人手不足を緩和することだけではなく，日本社会や経済のグローバル化に伴う必然的な変化として経済効率性を高め，よりオープンな社会へ変化するきっかけとなるということであった．また，デメリットとして挙げられたのは，社会文化的に同質性が高い日本社会において，外国人労働者や移民の受け入れは大きな社会的摩擦を生むということや，欧米の移民受け入れの経験を踏まえれば，外国人労働者や移民の受け入れは彼女／彼らの社会的統合の問題

を生じさせ，それが社会的格差の拡大につながり，社会的分断や治安の悪化につながるというものである．こうした議論の構造はその後，この間進んだ移民受け入れの実態を反映して，多少変化したものの，基本的には現在に至るまで続くものとされている．

　第二の論争は90年代後半に，日本の少子高齢化とその後の人口減少が避けられないことが意識された時期にみられたものであり，第一の論争時と同様，「開国−鎖国」をめぐって議論が行われた．また，この時期には看護・介護分野や製造業など，分野を絞った受け入れ論も展開されるようになったり，受け入れ後の社会的統合政策の必要性について言及がみられたりするなど，若干の議論の進展もみられた．

　第三の論争は2000年代後半に，人口減少が実際に始まったのとほぼ同時期にみられたものであり，外国人労働者の受け入れに限らないより広範な移民の受け入れについて論じられるようになったのが特徴である．その中でも，代表的なものとして挙げられるのは，2014年に内閣府の経済財政諮問会議に設けられた「選択する未来」委員会において，内閣府より提出された将来人口推計（内閣府 2014）であろう．そこでは，出生率が中期的に回復した場合と併せて，毎年20万人の移民を受け入れた場合，2060年時点で1億人の総人口を維持するであろうことが示されている．これは，同委員会の最終報告書には載らなかったものの，政府が人口政策と移民政策を関連付けて論じた初めての例ということができると思われる[15]．

　このように，日本社会は1980年代以降，ほぼ10年おきに移民受け入れをめぐる政策論争を経験してきたが，そこでは受け入れの実態を参照しないまま，受け入れの是非をめぐって観念的な議論が戦わされるという構図が共通してみられ，受け入れ方法や受け入れ後の社会的統合政策について具体的な議論が行われることはまれであった．その一方，これらの政策論争において常に焦点となってきたのが，移民の流入による社会的底辺層の拡大やそれによる治安悪化であったことを鑑みると，本来，そのような論点について具体的な受け入れの経験をもとに議論することが求められてきたといえよう．し

かしながら，移民研究の側から明確な答えが提示されることはなかったのである．

2 移民受け入れをめぐる社会学的課題

2-1 移民研究と政策論争の乖離の要因

　このように日本における移民受け入れをめぐる政策論争が，この間，並行してみられた受け入れの経験を十分に参照しないままに行われたことの原因の一端は，本来，そうした議論を支えるべき日本の移民研究にあるといえる．

　例えば，日本の移民研究の黎明期から主導的な役割を果たしてきた駒井（2015: 199）は，日本の移民研究では，多くの場合，研究対象が一部のエスニック集団に限られることから，移民受け入れの経験を総体的に評価する視点を持ちえなかったことや，移民受け入れの経験が日本社会の経済構造や政治構造ないしは文化等からなる付置連関とどう関係しているかが明らかにされてこなかったため，包括的な移民の社会的統合政策など，移民受け入れにかかわる制度全般について語ることが難しかったとする．また，日本の入国管理政策の変遷について明らかにした明石（2010: 27）は，日本における移民受け入れをめぐる議論の特徴として，計量分析に基づいた論証作業が希薄で，定量化・数式化作業が好まれない種類のテーマであり，そのために経済・産業的な動機から出発しつつも，社会や文化的な次元で語られてきた向きが強いとしている．

　そもそも，日本の移民研究については，その固有の性質として，記述主義的，あるいはジャーナリスティックな視点に基づくものが多く，個々の経験を抽象化し，日本の社会構造との関連で位置づけるという理論的展開に乏しいことが度々指摘されてきた[16]．確かに，こうした指摘を受けて，独自の理論的枠組みの構築を目指した研究も少なからず見受けられるが，それらの多くが，社会文化的な領域に限定された議論に終始し，移民の社会的統合な

ど社会経済的な視点を扱ってこなかった[17]．

つまり，日本の移民研究がその分析能力を高めるにあたっては，①複数のエスニック集団を同時に視野に入れることや，②それらを経済・産業的な視点を含んだ社会構造との関連で位置づけること，そして，③そうした視点に基づいた論証作業を定量化・数式化といった厳密な手法によって行うことが求められているといえる．

2-2　同化理論を軸とした米国の移民研究

しかしながら，こうした状況は日本の移民研究に限ったものではなく，移民受け入れにおいて先行する米国でも，同様の課題が指摘されていた時期があったことはあまり知られていない．実際，米国の移民研究においても，1960年代に入るまでは，移民固有の宗教や文化，エスニック・アイデンティティといった社会・文化的な事柄に対する記述主義的なアプローチ，あるいは個別の社会問題を告発するジャーナリスティックな視点に基づく研究が主流であったことが指摘されている（Gordon 1964＝2000: 1-14）．まさにこうした状況を受けて書かれたのが，古典的同化理論を体系化したとされる Milton Gordon（1964＝2000）の *Assimilation in American Life* であり，そこではエスニック集団を米国社会の階層構造に位置づけるエスクラス（Ethclass）という概念が考案され，移民集団と現地人との集団間関係について，同化（Assimilation）概念を軸に捉える理論的枠組みが提示されたといえる．更にその際，それまで明確に定義されてこなかった同化概念を，文化的／行動的同化を含む7つの同化指標から操作的に定義したことが，同時期に隆盛しつつあった階層研究の方法論を移民研究の軸として据えることを可能にしたとされる．

その後，Gordonが切り開いた地平を起点に，米国の移民研究では特に経済的同化に焦点を当てた研究が盛んに行われるようになった（Alba and Nee 2003: 28）．これらの研究は主に人的資本論をベースに，センサスのマイクロデータ等，ナショナルレベルのデータを用いた計量的手法を中心に据えるこ

とで，米国における移民受け入れの経験を階層的地位の観点から評価することを可能にしたといえよう[18]．このように米国の移民研究では，移民がホスト社会における居住期間の長期化の中で，現地人並みの階層的地位達成をすることを以て同化と定義し，日本のように社会文化的な側面に関する議論が中心となることは少なかったのである．

　一方，これらの研究は Gordon が切り開いた理論的地平の内，専ら経済的側面に焦点を当てたものであり，アイデンティティや文化などその移住過程全体を明らかにするものではなかったのも事実である．そうした中，Portes and Rumbaut（2001＝2014）らが提唱した「分節化された同化理論」は，移民第二世代の教育達成を始めとして，そのアイデンティティの形成過程や，そこにおける国，社会，及びコミュニティの影響など，社会構造・制度的な要因，つまり編入様式（Mode of Incorporation）を視野に入れた議論を展開することで，経済的同化にとどまらない移住過程全体を視野に入れることを可能にした．同理論では，古典的同化理論が想定するとされる単線的な同化（straight-line assimilation）は，出身国や階層が多様化した現代の移民には妥当しないとし，移民はその人的資本や彼女／彼らを取り巻く制度・構造的な要因により，複数の同化過程-分節化した同化（Segmented Assimilation）を経るとした点が特徴である．

　また，これと並行して，古典的同化理論の内容をアップデートした「新しい同化理論」が Alba and Nee（2003）によって提唱されている．同理論では，ともすると同化主義と混同されがちな同化概念をより厳密に定義することで，それまで批判されてきた白人中流層への社会文化的同化（Anglo-conformity）というエスノセントリックなイメージを払拭することに成功している．具体的には，社会のメインストリームを個々人のライフチャンスの配分に大きくかかわる教育制度や労働市場，つまり業績主義的に編成された現代社会の核となる社会制度領域に限定し，そこにおけるエスニック集団間の境界が消滅することを以て同化と定義したのである．こうすることで，私的領域における宗教的信仰やエスニック・アイデンティティといった問題には手を付けず

同化概念を論じることが可能となるとともに，ミクロレベルで見た同化過程の複数性，多様性とその結果としてのマクロな社会的統合の状況を同時に論じることが可能になったのである．

つまり，同化理論は Gordon が階層概念を軸に再定義した同化概念を基礎として出発し，その後，経済的同化モデルを中心とした発展を遂げつつも，近年，理論的刷新を経験することで，依然として米国の移民研究における中心的な理論的枠組みとして位置づけられているといえよう．また，同化理論を軸とした理論的展開は，戦後，数多くの外国人労働者を受け入れた欧州の移民研究においても，同化を社会的統合と読み替える形で応用されている（e. g. Alba and Foner 2017）．これは，世界的な移民研究において，移民の階層的地位を軸として移住過程を分析する，つまり社会的統合アプローチが主流となっていることを示すものである[19]．

なお，ここで用いられている「移民」とは，多くの場合，一定期間，それぞれの出身国を離れて暮らす人たちのことを指す．例えば国連では「1年以上，外国に居住する人」を移民と定義している．また，OECD では「（上限の定めなく）更新可能な在留資格を持つ人」を移民と定義している．国際的な移民研究において永住性や定住性は移民の定義に含まれるものではなく，むしろそれ自体が考察の対象となるものである．この定義は永住資格を持って移住する外国人だけを移民とすることが多い日本の文脈とは大きく異なるものである．つまり，この定義に従うならば日本に居住する外国籍人口のほぼすべてが移民と定義されることとなり，グローバルな移民研究で用いられてきた理論的枠組みは当然，日本の事例にも応用可能なものとなるのである[20]．

2-3　日本の移民研究の特徴とその課題

一方，日本の移民研究がこうした海外の移民研究を参照するにあたっては，戦前の旧植民地出身者に対する同化主義政策と混同したためか，同化概念自体を一方的に敬遠する傾向が強く，その結果，欧米のような社会的統合アプ

ローチが採られることはきわめてまれであった．例えば，1990年代以降，最も多くの成果を出してきた都市社会学者による都市エスニシティ研究をみても，大都市インナーエリアにおける日本人と外国籍住民の集団間関係，あるいはエスニック・ネットワークの広がり等，欧米の移民研究と共通するテーマ設定はみられたものの，エスクラス概念のような社会経済的な次元で移民集団と現地社会の集団間関係を論じる枠組みを持たなかった．そのため，そこでの発見は外国人と日本人のミクロな相互作用の諸相に関する断片的記述や，エスニック・コミュニティやネットワークの存在を指摘するだけの素朴なものにとどまりがちである[21]．

こうした研究に加え，駒井（2015: 193, 199）によってその理論的射程の奥行きを評価されている「顔のみえない定住化」仮説（梶田他2005）に顕著にみられるように，日本では（日本人とは異なる）外国人に固有の生活状況は彼女／彼らを取り巻く制度・構造的要因によって規定されると考える一方，そうした制度・構造的要因自体の変化を具体的な形で想定してこなかった．

さらに，こうした傾向は，欧米の移民研究を参照する際にもみられる．先述したように欧米の移民研究では同化概念を軸とした社会的統合アプローチが主流であり，編入様式論や移民第二世代における複数の同化過程を論じる「分節化された同化理論」といえども，基本的にはその流れを汲むものである．しかしながら，日本では同理論を参照する際，その同化理論的な部分は捨象され，単一の同化過程を仮定しないという部分が過大にフォーカスされると同時に，それを規定するものとしてもっぱら編入様式論に代表される制度・構造的要因による影響に焦点が当てられるという特徴がみられる[22]．

その結果，日本の移民研究では，制度・構造的要因により，移民は社会生活の様々な局面において現地人から構造的に分断されているとする構造的分断アプローチに陥りがちであり，ミクロレベルで見た個人間の移住過程の多様性やその結果としてのマクロレベルで見た社会的統合状況，及びその経時的変化を捉えられないという問題が生じている．これは文化的多元主義や二重労働市場理論といった制度・構造決定論的な理論的枠組みが持つ問題点

として Alba and Nee（2003: 158-63）によってすでに指摘されていることでもあり，近年，社会的統合アプローチを採用する一部の日本の移民研究にも共通する問題意識といえよう（e.g. 鈴木 2009: 58-9，浅川 2009: 55-6）．

つまり，日本における移民研究においても構造的分断アプローチ一辺倒の状況から，ミクロな個人間の移住過程の多様性やその結果としてのマクロな社会的統合状況，及びその経時的変化を同時に視野に入れる社会的統合アプローチが求められているのである[23]．

3 本研究の目的，及び構成

本研究の目的は，日本の移民受け入れの経験における社会的統合アプローチの妥当性を検証することである．これは欧米の移民研究において主流とされるアプローチであり，現在，世界的な移民研究において最も汎用性の高い理論的枠組みとされるものである．それと同時に，日本の移民研究にこれまで内在してきた理論的要請にも，最もよく応えるものといえるだろう．

その際，カギとなるのが移民の階層的地位概念であると考えられる．その理由は，Gordon のエスクラス以降，階層的地位概念は，欧米の移民研究におけるカギ概念であり，ミクロレベルで見た個人間の移住過程の多様性とその結果としてのマクロレベルで見た移民の社会的統合状況，及びその経時的変化を同時に視野に入れることを可能にするためである．これはまさに日本の移民研究に欠けてきた視点であり，階層概念を軸に日本の移民研究を再構築することが求められているのである．

なお，先述したように本研究で扱う社会的統合アプローチとは同化理論を核としたものであるものの，これは移民の受け入れ社会への文化的な同化を強制する同化主義とは全く異なる点に注意する必要がある．この後，第3章で詳細に検討されるように，同理論は専門家の間でさえ移民の受け入れ社会への社会文化的同化を強制する同化主義政策と混同されやすい．しかしながら，同化理論はあくまで階層的地位の面から見た移民と現地人の間の差が時

間的経過に伴って縮小するということに関する命題群である一方,文化やアイデンティティといった社会文化的な面については極めて多様な状態を想定しており,同化主義とは全く異なるのである.

こうした点を踏まえた上で,本研究で扱う論点について簡潔に述べておきたい.日本の移民受け入れの経験における社会的統合アプローチの妥当性を検証するにあたって,本研究では,移民の労働市場における統合,移民女性の移住過程におけるジェンダーの影響,及び移民第二世代の教育達成という視点から分析を行う.この後,第3章で明らかにされるように,これらの論点は,現在,移民研究において最も重要性の高いものであり,日本において社会的統合アプローチの妥当性を検証する場合,最初に検討されるべきものと考えられる.

まず,移民の労働市場への統合という論点は移民の移住過程を決定する最も重要な論点といってよいだろう.多くの移民研究がこの点を明らかにするために研究を積み重ねてきたといっても過言ではない.そこでは国境を越えた人的資本の移転可能性,その後の人的資本の再蓄積,出身国に代表される移住過程の影響など,様々な論点に関する研究が積み重ねられてきた.まさに移民研究の本流といってよいのがこの論点である.

それに加え,近年,移民における女性の割合が増える「移民の女性化」(Feminization of Migration)(Castles et al. 2014: 16-7)という現象が世界各地で見られ,移住過程におけるジェンダーの役割に対する注目が集まっている.これは労働市場への統合という論点に比べると研究の蓄積という意味ではやや立ち遅れており,社会的同化理論を中心とした理論的枠組みの中での位置づけもややあいまいである.しかしながら,現象としての広がりを鑑みれば,これを無視して社会的統合アプローチの妥当性を議論することはできないといえるため,本研究において論じる.

最後に,移民の定住化が進むにつれ,多くの受け入れ国／地域で移民第二世代らの教育達成や労働市場への統合という,階層的地位の世代間移動への注目度が高まっていることを指摘しておきたい.これまで移民研究の多くは

第 I 部　問題の所在，及びその背景

移民第一世代の社会的同化，とりわけ労働市場における経済的達成を軸に行われて来たものの，当然のことながら移民第二世代の登場はその問題関心を階層的地位の世代間移動へと移していくこととなる．後述するようにこれは主に米国における 1965 年移民法改正以降のニューカマー移民第二世代についての研究が嚆矢となり，現在，戦後多くの労働移民を受け入れた欧州などにも広がっている問題意識である．日本においても既に，教育現場においてこうした問題が顕在化していることは，本研究においても当然，同論点について扱うべきことを意味している．

また，これらの論点は一見して，互いの理論的な位置づけがあいまいに見えるものの，実際の移住過程の展開に沿って整理してみると，その横断面（ジェンダー）や時間軸（世代）における，きわめて重要性の高い分析視角であり，現在，社会的統合アプローチの妥当性を議論する上で必要不可欠な論点であることがわかるであろう．

次に，こうした点を踏まえた上で，本研究の構成について以下で述べたい．第 2 章では近代以降の日本における移民送り出し，受け入れの経験について主に人口学的な観点から整理する．それによって，1990 年代以降，日本が自国民の送り出しと外国人の受け入れのバランスが恒常的に変化する「国際移動転換（Migration Transition）」（石川 2005）と呼ばれる現象を経験したことを確認する．また既に多くの移民を受け入れている欧米諸国では，同現象は今後，想定される最も大きな社会変動要因として位置づけられているということも併せて紹介され，日本もその例外ではないという，本研究の基本的立場が確認される．

第 3 章では欧米，及び日本における移民研究の展開を振り返ることで，欧米の移民研究が階層概念を軸に移民の同化，社会的統合過程を明らかにしてきたこと，及び日本の移民研究も欧米の移民研究と共通した問題意識を持ちながら，その固有の論理構造によってその問題意識を十分に展開してこられなかったことを明らかにする．これは本章において展開された問題意識を詳細にさらに検討するものである．

第4章以下，5章，6章においてはこのようにして得られた理論的枠組みを基に，国勢調査を始めとする大規模な公的統計調査のマイクロデータを用いた分析を行うことで，日本の移民受け入れの経験に対する社会的統合アプローチの妥当性を検証する上で必要な命題の検証を行うことを目的とする．

　第4章では移民男性の職業的地位達成について Immigrant Assimilation Model（IAM）(Duleep 2015) に基づいた分析を行い，国境を越えた人的資本の移転可能性の程度や，日本での居住期間の長期化に伴う社会的適応による職業的地位の変化を明らかにする．また，その際，昇進にあたって同一組織での長期のコミットメントを要求する日本型人事制度の影響も加味することで，これまで外国人に対して閉鎖的とされた日本の労働市場における外国人の統合状況を明らかにする．これは，経済的達成を軸とする現代の移民研究において最も基礎的な論点であり，移民に関わる様々な論点について論じる際の前提となるものである．

　第5章では日本でも，世界的潮流といえる「移民の女性化」が進む中，日本において外国人女性の社会的統合がどのように進んでいるのかについてジェンダーの視点から明らかにする．特に，移民女性の社会的統合においては，移民であることと女性であることの「二重の障害」(Boyd 1984) が指摘されてきたところ，日本において同モデルがどの程度，妥当するかという視点から分析を行う．国際移動におけるジェンダーの視点は移民男性を主な分析対象として進められてきた従来の移民研究において，近年，特に重視されている論点である．

　第4, 5章では移民第一世代の階層的地位について分析を行ってきたが，移民の階層的地位を論じるにあたっては階層的地位の世代間移動に注目する必要があることがこれまで明らかにされてきた．そこで，第6章では日本における移民第二世代の教育達成に焦点を当てた分析を行うことでこれを明らかにする．特に，これまで移民的背景を持つ子どもの高校進学率が日本人を両親に持つ子どもと比較して低いとされてきたことから，高校進学に焦点を当てた分析を行う．欧米の移民研究では，移民の階層的地位の世代間移動は，

第Ⅰ部　問題の所在，及びその背景

現地人よりも大きくかつそれは二極化しているとする「分節化された同化理論（Segmented Assimilation Theory）」（Portes and Rumbaut 2001＝2014）が提唱されてきたが，それが日本の経験に妥当するのかどうかを明らかにする．

最後に，第7章ではこうした議論の結果を踏まえ，日本の移民受け入れの経験における社会的統合アプローチの妥当性について結論が出されると同時に，日本における移民の社会的統合に関する今後の展望が示される．このように本研究は，これまで構造的分断アプローチが主流であった日本の移民研究において，国勢調査のような大規模なナショナルレベルのデータを用いて社会的統合アプローチの妥当性の有無を検証するほぼ初めての試みであり，今後の日本の移民研究の理論的，及び実証的な発展にとってマイルストーンとなる研究といえるだろう．

注
1) 英国のEU離脱を問う国民投票においても，また国民投票によって離脱が決定された後も，移民規制は極めて重要なイシューとして取り上げられてきている．また，米国の大統領選挙ではメキシコ国境との間に壁を建設するといった，アメリカ第一主義（American First Foreign Policy）を掲げる実業家のトランプ氏が勝利し，その後の米国社会では白人至上主義者が勢力を増すなど，移民受け入れとそれに対する排外主義は大きなイシューとなっている．
2) 例えば，Malik, Kenan (2015) を参照．
3) OECDから毎年公表されている *International Migration Outlook* では，グローバルな国際人口移動の動向分析と並んで，毎回，移民の社会的統合に関わる章が設けられている．
4) この間の制度変更，及びその社会的背景については明石（2010）に詳しい．
5) 「中長期在留者」とは，法務省によって定義される，在留外国人に関する定義であり，入管法上の在留資格をもって我が国に在留する外国人のうち，次の①から④までのいずれにもあてはまらない者である．なお，次の⑤及び⑥に該当する者も中長期在留者にはあたらない．
   ①　「3月」以下の在留期間が決定された人
   ②　「短期滞在」の在留資格が決定された人
   ③　「外交」又は「公用」の在留資格が決定された人
   ④　①から③までに準じるものとして法務省令で定める人（「特定活動」の在留資格が決定された，亜東関係協会の本邦の事務所若しくは駐日パレスチ

ナ総代表部の職員又はその家族の方）
⑤　特別永住者
⑥　在留資格を有しない人
　これは，日本に居住する外国人の内，ほぼニューカマー移民に相当する概念といえる．
6) 法務省より公表されている在留外国人統計によるもの．
7) 中長期在留者と特別永住者の合計．
8) 父母のいずれかが外国籍である子．
9) いずれも 2000〜2015 年の実績の平均値．
10) 用いた手法の要約は以下の通り．出生率，死亡率等，基本的パラメータ及び手法は日本の将来推計人口（平成 29 年推計）（国立社会保障・人口問題研究所 2017）に基づく．基準人口は在留外国人統計を用い，中長期滞在者から技能実習生を除いたものに特別永住者を加えたもの（2,015,495 人（2015 年 10 月 1 日人口））．帰化人口については，1987 年以降のデータに基づき，出生率，死亡率を考慮して推定（13,097 人／年）．国際児については，父母の国籍が識別できる 1987 年以降のデータに基づき，出生率，死亡率を考慮して推定（28,787 人／年）．さらに詳細な手法については是川（2018b）を参照．
11) 在留外国人統計の 2015 年 6 月末，及び 12 月末時点の人口を按分したものから，技能実習生を除いた値．
12) こうした状況を受けて，文部科学省は 1999 年より「日本語指導が必要な外国人児童生徒の受入状況等に関する調査」を隔年で実施してきている．
13) 例えば Castles et al.（2014: 151）や Hollifield et al.（2014: 23）では，日本を移民受け入れ国として位置づけている．
14) もちろん，この時期，まだ外国籍人口の急増は始まったばかりであり，その具体的な経験を顧みるという段階ではなかったのも事実である．しかしながら，戦後，長らく外国籍人口のほとんどを占めていた旧植民地出身者の経験について言及することはできたはずであり，その意味でその後の議論と特徴を一にするといえよう．
15) また，近年ではジャーナリズムにおいて，移民受け入れの実際の状況について報道されることが増えている（e.g. 藤巻 2012，共同通信社取材班 2011）．しかしながら，こうした報道の多くは，日本社会が既に数多くの移民を受け入れているという認識を有しているものの，そこで対象とされるのは，留学生，技能実習生，日系ブラジル人，日本人と結婚したアジア人女性といった特定のカテゴリーの人たちに限定されており，日本における移民受け入れ全体を視野に入れたものはまれである．例えば，外国籍人口の多数を占め，日本社会への適応が進む高学歴中国籍人口を対象としたものは非常に少ない．
　また，扱われる題材も技能実習生が置かれた劣悪な労働環境の告発など，日本社会の外国人に対する差別構造を繰り返し告発するといったものが多いな

第 I 部　問題の所在，及びその背景

ど，新たな事実発見に乏しい．その結果として，こうした報道が移民受け入れに関する論争の構造を変えるということは少なかったといえよう．
16) 代表的な指摘としては，樋口 (2006, 2010a, 2010b) など．
17) 代表的なものとしては，奥田・田嶋 (1991, 92, 95) らに代表される都市社会学者による都市エスニシティ研究が挙げられる．日本の移民研究において最も影響力が大きいといってよいこれらの研究に対して，その経済・産業的な視点の欠如を指摘しているのは，梶田他 (2005) や谷 (2015) 等が挙げられるだろう．
18) 代表的なものとしては，Chiswick (1978a, b, 79, 80), Borjas (1985, 87, 90, 94), LaLonde and Topel (1992), Duleep and Regets (1999, 2002) 等．現在でも最も数多くの研究が行われているのが，この視点に基づくものである．
19) もちろん Reitz (1998, 2002) や Kogan (2010) は米国の社会的同化理論のモデルをそのまま欧州に応用することの問題点を指摘し，受け入れ国の制度的な要因を重視する研究スタイルをとっている．しかしながら，そこにおいても焦点となっているのは階層概念を軸とした移民の社会経済的地位であり，社会的統合アプローチとしての問題意識は共有されているといえよう．
20) 日本の移民研究では『移民』とは別に『外国人』という概念も頻繁に用いられるが，これは主に外国籍人口というテクニカルな定義に基づく用語であり，移民よりも意味する範囲が狭いといえる．本研究では外国籍人口に限らない場合には『移民』を，外国籍人口に限定する場合には『外国人』という用語を用いる．
21) この点に関する最も先鋭的な批判としては梶田他 (2005: 295) が挙げられる．また谷 (2015) の展開する生活構造論的視座も梶田他 (2005) と同様の問題意識を有している．
22) 代表的なものとしては，渡戸 (2017) 等．
23) これらは方法論的には個人を分析単位とするミクロ的手法，及び制度を分析対象とするマクロ的手法の違いといえる．よって，社会的統合アプローチが必然的にミクロ的手法を採ることを意味するものではなく，あくまで既存の研究の特徴を要約したものに過ぎない点に注意．なお，日本の移民研究の場合，同化概念を敬遠した結果，制度・構造的に同化の可能性を否定する構造的分断アプローチが好まれたと解釈するのが適当だろう．

第2章　近代以降の日本における移民受け入れの歴史
――国際移動転換の観点から

　国際移動転換とはそれまで移民送り出し側であった国，地域が移民受け入れ側に転換する現象を指し，現在，国際的に拡散しているものである．その結果，米国やカナダ，そしてオーストラリアといった古典的な移民受け入れ国だけではなく，戦後の高度経済成長期には西欧諸国が，1990年代以降には，イタリア，スペインといった南欧諸国等が新しい移民受け入れ国として登場してきた．特に冷戦崩壊後，世界経済がグローバル化し，国際移動が活発化する中でこうした現象はより広範な国，地域へと拡散していっているとされる．こうした現象は単に移民人口の増加をもたらすだけではなく，それに伴う広範な社会変動を引き起こすものであり，国際的に注目されている現象である．

　日本においても1990年代以降，外国籍人口の急増を経験したが，これは同時期に世界的に見られた国際移動転換の一つとして位置づけることが可能である．また，近代以降の歴史を振り返っても，戦前の日本は在外邦人人口が在留外国籍人口を大きく上回る移民送り出し国として位置づけられるのに対して，1990年代以降，国際移動転換を経験することで初めて移民受け入れ国に転じたことが示された．

　また，その移住過程の変化においては，日系人や日本人の配偶者等の家族的紐帯を基礎とした移住過程から，留学や就労を目的とした人的資本を基礎とした移住過程への変化が見られ，移住過程の普遍化が起きていることが確認された．

　最後に，こうした変化は日本に流入する潜在的な移民人口の拡大を意味するものであり，今後，更なる移住過程の多様化及び移民人口の増加を予想させるものといえよう．つまり，日本においても国際移動転換が今後の社会変動の主要因として位置づけられるようになると考えられる．

第 I 部　問題の所在，及びその背景

1　現代日本における国際移動転換と移民人口の増加

　国際移動転換とはそれまで移民送り出し側であった国，地域が移民受け入れ側に転換する現象を指し，現在，国際的に拡散しているものである．その結果，米国やカナダ，そしてオーストラリアといった古典的な移民受け入れ国だけではなく，戦後の高度経済成長期には西欧諸国が，1990 年代以降には，イタリア，スペインといった南欧諸国等が新しい移民受け入れ国として登場してきた．特に冷戦崩壊後，世界経済がグローバル化し，国際移動が活発化する中でこうした現象はより広範な国，地域へと拡散していっているとされる（Castles et al. 2014: 16）．

　日本においても 1990 年代以降，外国籍人口の急増過程を経験しており，2017 年 12 月末時点で約 223 万人のニューカマー外国人が日本に安定的に居住している．彼女／彼らは国連や OECD の定義に従うならば，移民と見なされる人々であり，その観点から日本は既に移民受け入れ国として捉えられるといえよう．実際，石川（2005）は，こうした現象を指し，1990 年代に日本が国際移動転換を経験したと結論付けている．つまり，このことは他の西欧社会と同様，日本社会も今後，国際移民の受け入れから様々な影響を受けていくであろうことを意味する．

　また，外国人人口の急増は様々な社会変動の引き金となっており，こうした変化に関する数多くの研究が行われてきたことが，それを如実に物語っている．代表的なものだけでも，新宿や池袋などの東京のインナーシティエリアに急増したアジア系外国人の生活実態を明らかにした奥田，田嶋らの研究（奥田・田嶋 1991, 92）や，北関東や東海地方に集住する日系ブラジル人の生活や労働の実態を明らかにした梶田他（2005）の研究等が挙げられる．これらの研究では，職場や地域社会において，日本が着実にマルチエスニックな社会へと変化していく様子が描かれている．

2　諸外国における国際移動転換

国際移動転換の影響がより大きな欧州諸国や，1965年以降，新しい移民が増加した米国においては，国際移動転換の社会人口学的影響に注目した研究が行われてきた[1]．

第一に，西欧諸国における移民人口の急増を国際移動転換による主要な社会変動として明らかにした研究として，Coleman (2006) による「第三の人口転換」理論が挙げられる．同研究によると，欧米の先進諸国では1950年代以降，高い移民流入の水準を経験してきたが，1980年代以降，特にこうした傾向が強まると同時に，受け入れ国側の低出生力状態が常態化したことから，国際移民の流入は人口学的にきわめて大きなインパクトを与えることとなり，「第三の人口転換」(Third Demographic Transition) とでも呼ぶべき大きな変化が起きているとする．また，同論文は実際にオーストリア，イングランド＆ウェールズ，デンマーク，ドイツ，オランダ，ノルウェー，そしてスウェーデンの将来人口推計を比較し，多くの国で今後50-60年ほどの間に外国人，ないしは移民及びその子孫（第二世代まで）の人口に占める割合が大幅に上昇し，欧米の先進諸国は大きな社会変動を経験するだろうと予測している．

更に，Colemanと同じ視点に基づき，より新しいデータに基づいてEU加盟国における外国人，あるいは移民及びその子孫の人口規模を推計したLanzieri (2011) によると，2011年にEU全体で総人口の15.6％であった移民，及びその子孫の人口規模は2061年には総人口の32.6％まで上昇すると見込まれている．また，このような変化は流入人口の若い年齢構成や，移民の高い出生力を反映し，若年層から先行して進むと指摘している．Coleman (2009) も，英国に関する最新のデータを用いて，人種，エスニシティ別の独自の人口推計を行っており，Lanzieri (2011) や自身の過去の研究の結果を再度，支持している．

第 I 部　問題の所在，及びその背景

　一方，1965 年以降，急激な移民人口の増加を再度経験した米国では，センサス局が行う将来人口推計において，人種，エスニシティごとの人口推計が行われている（Colby, Sandra L. and Jennifer M. Ortman 2014）．それによると，2014 年時点で総人口の 62.2% を占めている非ヒスパニック系白人は，2044 年までには総人口の半数を割り込み，2060 年には 43.6% にまで低下すると見込まれている．また，同推計においては移民人口として外国生まれ人口（foreign-born）の推計も行っており，2014 年時点で 13.3% であった同人口割合は 2060 年には 18.8% まで増加すると見込まれている．

　更に同推計を基に，Lichter（2013）は移民の若年層を中心とした年齢構成やその相対的に高い出生率により，今後，米国社会では，若年層からエスニシティの多様化が急速に進むとしている．そして，貧困率の高い移民の子どもが総人口に占める割合が大きくなっていくことで，アメリカにおける社会的格差の拡大，及びそれによる社会的分断が，若年層から先行して起きていくとしている．

　これらの研究はいずれも，現行の水準の国際移動転換が受け入れ社会の人種，エスニック構成を大きく変化させることを明らかにすると同時に，それが若年層から先行して進むこと，及びその結果として社会的格差の拡大や社会的分断が生じる恐れがあるなど，大きな社会変動を引き起こすことを予測したものといえよう[2]．

　つまり，これらの国，地域において国際移動転換は単に，移民人口の増加にとどまらず，それ自体が大きな社会変動をもたらすものとして受け止められてきたといえよう．では，日本における国際移動の歴史はどのようなものであろうか．

3　日本を取り巻く国際移動の歴史

3-1　戦前の状況

　日本を取り巻く国際移動の歴史は，近代国家としての歩みを始めた明治期以降に始まった．近代以降の日本は旺盛な人口増加も寄与して，主に移民送り出し国として位置付けられてきた（Watanabe 1994: 121）．

　日本が近代以降，初めて経験した国際移動は明治初年（1868年）に見られたハワイとグアムへの195人の労働者の送り出しである．この送り出しは政府の正式な許可を得たものではなく，また非常に劣悪な労働条件であったことから，1869年には政府によって中止され，その後，労働移民としての海外渡航は禁止された．その一方，米国で黒人奴隷制度が廃止された（1865年）ことから，アジア人労働者への需要が高まり，日本政府も労働移民の送り出しを強く要請され，1885年には日本政府とハワイ政府との間で3年間を上限とする労働者派遣の協定が結ばれた．しかし，1893年にハワイ王国が米国に接収されると，日本からの移民の送り出しは制限されるようになり，その後，1924年には移民法が改正され日本からの移民の受け入れは完全に禁止された．その結果，1910年代に日本から移民として渡った者の内，約80％が帰国したとされている（Watanabe 1994: 124-7）．

　また，米国が日本人の移民としての入国を禁止するのに先立って，カナダ（1907年），オーストラリア（1901年）といった国々でも日本からの移民の流入が禁止されたことから，それに代わって南米，特にブラジルへの国際移動が活発化することとなった．また，ブラジル政府も1870年代にアマゾン川流域の広大な後背地を開発するため，黒人奴隷に代わる労働力を欲していたこともあり，日本人移民を積極的に受け入れることとなった．こうした動きは第一次世界大戦後，ヨーロッパから南米への移動が再度，活発化したことからいったん，中止されたものの，1917年には日本で移民送り出しを事業

とする海外興業株式会社が設立され，その後，ブラジルへの移住事業を独占した．ブラジルへの移住は1933-34年にかけてピークを迎え，その後，急速に減少した．この背景には，ブラジル政府がアジアからの移住を制限し始めたこと，及び1932年の満州国の建国に伴い，日本から満州への移住が増加したことがある（Watanabe 1994: 127）．

これに対して，戦前の日本人が最も多く移住したのが，中国や朝鮮半島といったアジア地域である．これらの地域では，1896年の台湾併合や，1910年の日韓併合，そして1932年の満州国建国など，日本の植民地や租借地等の事実上の植民地が次々と建設され，多くの日本人が移住した．それぞれの地域の日本人人口の推移を見ると，この間，最も多くの日本人が住んでいたのは朝鮮半島であり，1943年時点で約75万人の日本人が住んでいたことがわかる．それに次いで多いのが，満州，関東州，そして中国大陸を合わせた地域であり，1938年時点で約70万人の日本人が居住していた．また，樺太，台湾，南洋諸島にも最盛期でそれぞれ約41万人，37万人，8万人の日本人が住んでいた．その結果，最盛期で（1936年）で1,673,277人の日本人が海外植民地等に住んでいたことがわかっており，それ以外の外国に住む日本人約100万人を併せると，2,670,392人の日本人が外国や旧植民地，租借地などに住んでいたことがわかる（図2-1）．

一方，日本国内（内地）に居住する外国人，及び旧植民地出身者の人口の内，外国人人口は戦前を通してわずか数万人の水準で推移した．それに対して，植民地出身者は1920年には約5.5万人だったものが，1930年には約44万人，1940年には約130万人と急増した．このほとんどが朝鮮半島出身者であり，彼女／彼らは戦後，在日コリアンと呼ばれるようになる人たちである．以上のことから，戦前には約270万人の日本人が海外に居住する一方で，その約半数の130万人の外国人，及び植民地出身者が国内（内地）に居住しており，日本は送り出し超過，つまり移民送り出し国であったことがわかる．

第 2 章　近代以降の日本における移民受け入れの歴史

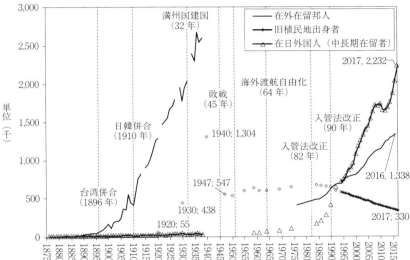

図 2-1　在日外国人，及び在外在留邦人人口の推移

注：戦前期の在外在留邦人人口は「日本長期統計総覧」（日本統計協会 1987）に基づく．これは海外植民地等（朝鮮，台湾，樺太，関東州，南洋諸島）及び外国に居住する日本人人口の合計．戦後の在外在留邦人人口は，「海外在留邦人人口統計」（外務省 1961, 71, 76-2017）に基づく．戦前期における在日旧植民地出身者人口については同様に「日本長期統計総覧」を参照した．戦前期の在日外国人人口については，「日本長期統計総覧」より外国人人口を参照した．戦後は「在留外国人統計」（法務省 1959b, 64b, 69b, 74b, 84b, 86b, 88b, 90b, 92b, 94b-2018b）の内，中長期在留者に該当する在留資格人口を用いた．なお，「在留外国人統計」が存在しない年については，「出入国管理統計年報」（法務省 1949a-2018a）の巻末に記載された各年末時点の外国人人口を用いて，その内一定数を中長期在留者が占めるものとして推定した値を用いている．

資料：各種資料より筆者作成．

3-2　戦後の状況と 1990 年代の国際移動転換

　しかし，こうしたバランスは，太平洋戦争の終結によって一挙に変化した．具体的には，日本国内（内地）に居住していた旧植民地出身者の半数超の約 70 万人近くが出身国へ帰国するとともに，海外に居住していた日本人の大半が帰国した．その結果，1947 年には，国内に居住する外国籍人口（旧植民地出身者）が約 55 万人であったのに対して，海外に居住する日本人人口は

1960 年で約 24 万人と受け入れ超過の状態となった．これは一見，送り出しと受け入れのバランスが変化する国際移動転換とも見えるものの，いずれも戦争の終結に伴う植民地の喪失など政治的な変化によるものであり，人口学的な要因による現象ではないことから，国際移動転換には妥当しないと考えられる（Watanabe 1994: 141）．

　実際，そうした見方の正しさを証明するように，その後 40 年間程度，日本をとりまく国際移動の状況は低調であった．日本の入国管理制度について包括的にまとめた明石（2010: 64-9）によると，1952 年のサンフランシスコ講和条約の発効に伴い成立した入国管理制度における「1952 年体制」は，米軍関係者を出入国管理制度の枠外に置くと同時に，それまで日本国籍を有していた旧植民地出身者を外国人と位置付け，管理の対象にすることによって特徴づけられるとされ，永住を前提とした大規模なニューカマー外国人の受け入れを想定していなかったとされる．また，日本人の出国についても，1964 年に海外旅行が自由化されるまでは，一般の日本人が海外に行くことは事実上困難であったことから，この間，日本をとりまく国際移動は日本人の出国，及び外国人の入国ともに低調であったということができるだろう．

　こうした動きに変化が見られるのは 1970 年代に入り，日本経済の成長発展に伴い，日本企業の海外進出が見られるようになったことによるものである．これにより，多くの日本人が企業の駐在員として海外に赴くようになり，日本人の国際移動は出国超過へと転換した（Watanabe 1994: 131-3）．こうした傾向は 1980 年代以降強まり，近年になるほどその傾向は著しい．実際，1960 年には約 24 万人であった海外在住日本人は，68 年には約 33 万人，80 年には約 45 万人と増加し，2015 年には約 132 万人に達している．こうした変化は国内での人口圧力を背景に海外に永住を目的として移動した戦前の国際移動とは異なるものであり，両者を同列に論じることはできないものの（Watanabe 1994: 133, 141），この間に起きた重要な変化ということができるだろう．

　一方，外国人の流入圧力の高まりについては，高度経済成長期以来の労働

集約部門における深刻な人手不足，及び日本経済の国際的なプレゼンスの高まりを背景として，1980年代以降，急速に顕在化した．実際，超過滞在者は90年には106,497人，そして，94年には293,800人へと急増し，ニューカマー外国人（中長期在留者[3]）と超過滞在者を併せた外国籍人口の27.9%を占めるに至った．超過滞在者の多くが就労を目的としていると考えると，これはまさに日本への就労を目的とした外国人の流入圧力の高まりを示すものといえるだろう．

こうした状況の変化に対応した1989年の入管法改正においては，就労を目的とした在留資格が6種類から16種類へと大幅に増加するとともに，研修生の受け入れの拡充や日系人の受け入れといった，その後，主に非熟練労働力の受け入れの機能的等価物としての役割を果たす制度の創設が行われた．その結果，これらの在留資格を中心として外国人の入国者数は一挙に増加することとなり，1990年に407,603人であった外国籍人口（中長期在留者）は，早くも92年には645,529人と特別永住者（図2-1の在日旧植民地出身者）の590,193人を超え，2000年には1,081,732人と100万人を越え，直近（2016年12月末）では，2,043,872人と200万人を超えた．

また，国際移動転換との関係では，早くも1994年にニューカマー外国籍人口は713,619人と，同時点の在外日本人人口（689,895人）を越えており，そしてその後，更にその差は拡大していった．これは，日本が1990年代に国際移動転換を経験したという石川（2005）の結論と一致する．

なお，こうした変化はこの時期の日本に限ったことではなく，同時期に世界的に見られた現象であることが明らかにされている（Castles et al. 2014: 16）．この点についてOECD加盟国における純入国超過率の推移を見ると，1980年代後半以降，それまで他の加盟国に対して移民を送り出す側であった南欧諸国の国々などが国際移動転換を経験したことがわかる（図2-2）．これは先進国における低出生力状態が常態化するとともに，冷戦の崩壊や経済のグローバル化により国際移動が活発化したことによるものであり，日本の経験が特殊なものではないことがわかる．

第I部　問題の所在，及びその背景

図 2-2　OECD 加盟国における純入国超過率の推移

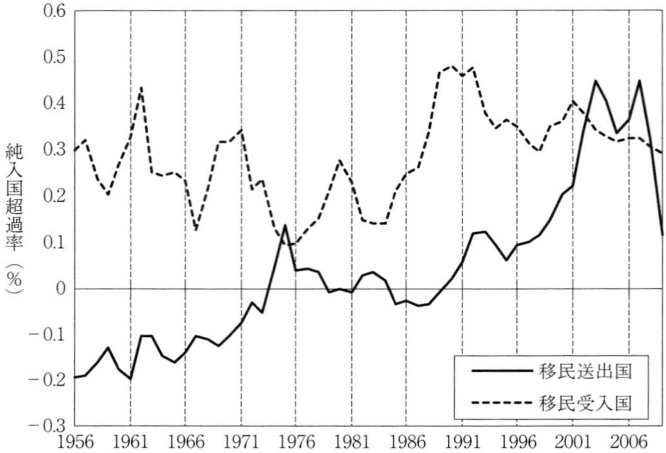

注：移民受入国とは，米国，ドイツ，フランス，オーストリア，英国，スイス，スウェーデン，ニュージーランド，ベルギー，ルクセンブルク，オランダ，オーストラリアを指す．移民送出国とは，チェコ，イスラエル，ノルウェー，デンマーク，フィンランド，スロバキア，ポーランド，日本，ギリシャ，ハンガリー，アイルランド，ポルトガル，イタリア，スペインを指す．
出所：OECD (2011).

3-3　日本における移住過程の変化

　このような変化においては，単に外国人人口の増加という量的な変化だけではなく，外国人の移住過程（migratory processes）（Castles et al. 2014: 27-8）も大きく変化したことが明らかになっており，この間，日本が構造的な面においても移民送り出し国から受け入れ国への転換を経験したことがわかる．その過程を一言で言うならば，日系人や日本人との国際結婚など，日本社会との家族的紐帯に基づいた移住過程から，留学や就労といった一定の条件を満たせば誰でも利用可能な人的資本に基づいた移住過程への転換，つまり日本における「移住過程の普遍化」とでも言うべき現象である．この変化は日本に流入する移民を日本社会と何らかのつながりを有する者に限定せず，

図 2-3 在留外国人人口の前年からの変化に対する在留資格別寄与度の推移

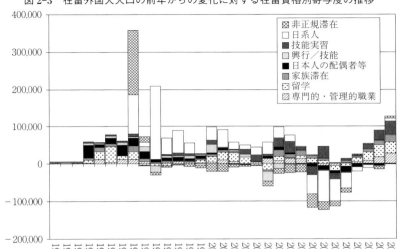

注：それぞれのカテゴリーと在留資格との対応関係は以下の通り．技能実習：1988年までは研修（4-1-6），90年以降は研修と特定活動の内，技能実習，2010年からは技能実習，及び特定活動における技能実習の合計．日系人とはブラジル，ペルー国籍人口の内，日本人の配偶者等，定住者，及び永住者の在留資格で在留する者の合計．興行／技能は興行，及び技能の合計．家族滞在は家族滞在，及び永住者の配偶者等の合計．留学は留学，及び就学の合計．専門的・管理的職業は就労を目的とした在留資格の内，興行と技能を除いたものの合計．前年の統計がない場合，直近で入手可能な年からの差分．
出所：法務省 1959b, 64b, 69b, 74b, 84b, 86b, 88b, 90b, 92b, 94b-2018b.

一定の条件さえ満たせば，論理的にはほぼ無限の潜在的来日移民を想定できるようになったという意味で重要な変化である．

図 2-3 は，在留資格別人口の前年からの差分の推移を図にしたものであるが，それによると，例えば，1980年代から90年代にかけて外国人人口の増加を大きく牽引したのは日本人の配偶者等及び南米からの日系人であり，就労を目的とした入国やその家族による影響は相対的に小さかったことがわかる．しかし，1990年代後半になると日本人の配偶者等の寄与度は減少し始め，2000年代後半以降になるとむしろマイナスに転じた．また，日系人も90年代にかけてニューカマー外国籍人口の増加を大きく牽引したものの，

第 I 部　問題の所在，及びその背景

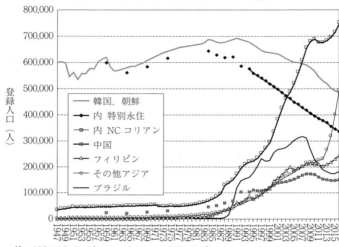

図 2-4　国籍別に見た在留外国人人口の推移

注：NC コリアンはニューカマーコリアンの略．
出所：法務省 1959b, 64b, 69b, 74b, 84b, 86b, 88b, 90b, 92b, 94b-2018b．

次第にその影響は弱まり，リーマンショックに端を発する 2009 年の世界経済危機以降はむしろマイナス要因へと転じている．

　それらに代わって近年，相対的な影響力を増してきているのが留学，技術・人文知識・国際業務等から構成される専門的・管理的職業での就労を目的とした在留資格，それらの家族からなる家族滞在，及び非熟練労働力の代替的機能を果たす技能実習である．これらの在留資格はこれまでもニューカマー外国籍人口の増加を牽引してきたものの，近年，その相対的な存在感を増していることがわかる．

　国籍別の動向を見ても（図 2-4），当初，外国人人口の急増を牽引したフィリピンや，日系人からなるブラジルといったグループが，近年，その勢いを低下させたり，ストック人口が減少したりする一方，90 年代の外国人急増当初から堅調に増加している中国や，近年ではネパール，ベトナム，インド，インドネシア，タイなど，その他のアジアが全体の伸びを牽引するに至っている．更に，このように近年増加した国の出身者の在留資格の構成をみると，

90年代初頭に見られたような，興行や日本人の配偶者等といった在留資格ではなく，留学，家族滞在，技能，技能実習，専門的・技術的職業といった一定の条件さえ満たせば誰でも取得可能な在留資格が多くを占めている[4]．更に，法務省（2014c）によると，一般永住資格取得者の4分の1程度が就労関係，及びその家族からの切り替えによって占められていることが明らかにされており，日本において留学，就労から始まり，永住資格の取得に至る移住過程が一般化してきていることがわかる．

一方，この間，かつて日本における外国籍人口の大半を占めた在日コリアンは帰化や高齢化による死亡の影響により一貫して減少を続け，2003年には一般永住者人口に抜かれ，その後もその差は拡大していることもこうした変化の一環として位置付けることが可能であろう[5]．

4　社会変動の主要因としての国際移動転換

以上のことから，1990年代にグローバルに見られた国際移動転換の結果，日本が移民受け入れ国に転じたとともに，そこにおける移住過程もその初期のように日本人との家族的紐帯を基礎としたものから，留学や就労といった人的資本を基礎としたものへと変化しつつあることが明らかにされた．このような変化は人的資本という，それ自体，誰にでも開かれた条件を入国の要件とするものであることから，日本に流入する潜在的可能性を有する外国人数を飛躍的に増大させるものであり，今後，移民の加速化，多様化といった現象をより一層後押しするものといえよう．つまり，日本においても今後，国際移動転換が社会変動の主要因としてその重要性を増していくと予想されるのである．

　　注
　　1)　これとは別に国際移動転換の理論的側面について行われた研究としては，国内，国際移動も含めた人口移動全般について人口転換理論との関係から理論化したZelinsky（1971）の移動転換仮説（Mobility Transition Hypothesis），

第Ⅰ部　問題の所在，及びその背景

一国内の未熟練労働力の供給量との関係から国際移動の転換点（Lewis-Fei-Ranis Turning Point）について論じた Lewis（1954），Fei and Ranis（1964, 75），Bai（1985），個人の能力開発と移動意欲の関係から論じた Capability and Aspiration Hypothesis（Castles et al. 2014: 46-51, de Haas 2010）等が挙げられる．

2) なお，主に欧米の研究においては，エスニシティ構成の多様化を論じるに当たって，分析対象を，外国籍人口（foreign citizen），外国生まれ人口（foreign-born population），外国に起源をもつ人々（foreign-origin population/persons with a foreign background），あるいは人種／エスニック・グループ（racial/ethnic group）といった概念で示してきた．また，統計データの利用可能性という意味では，外国籍人口，ないしは外国生まれ人口を利用する場合が最も多い．ただ，これらの概念は帰化や世代を経ることで自国民との区別がつかなくなるという問題を有している．一方，米国のセンサスのように自分が所属するエスニシティを記載する場合にはエスニック・グループごとの人口規模がわかり，エスニック構成の多様化について論じる際にはこれが最も望ましいとされる（Coleman 2006: 416, Lanzieri 2011: 10）．このようなデータ上の限界を抱えつつも，先行研究においては可能な限り，対象となる人口が広がるような工夫が見られる．例えば，本人の国籍にかかわらず，労働力人口などの統計を使用して基準人口に両親のいずれかが外国生まれの第二世代人口を含めることに成功した Lanzieri（2011）等が挙げられるだろう．日本においても，国勢調査や在留外国人統計といった公的統計には外国籍人口しか含まないことから，帰化人口や国際児人口を考慮するに当たっては，このような差異に留意する必要があるだろう．

3) 「中長期在留者」とは，法務省によると入管法上の在留資格をもって我が国に在留する外国人のうち，次の（1）から（4）までのいずれにもあてはまらない者を指す．なお，次の（5）及び（6）に該当する者も中長期在留者にはあたらない．
（1）「3月」以下の在留期間が決定された者
（2）「短期滞在」の在留資格が決定された者
（3）「外交」又は「公用」の在留資格が決定された者
（4）（1）から（3）までに準じるものとして法務省令で定める人（「特定活動」の在留資格が決定された，亜東関係協会の本邦の事務所若しくは駐日パレスチナ総代表部の職員又はその家族）
（5）特別永住者
（6）在留資格を有しない者

4) 例えば，在日ネパール人の場合，人口規模の大きい順に留学（35%），家族滞在（24%），興行・技能（19%），永住（7%），在日ベトナム人では，技能実習（41%），留学（34%），永住（9%），専門的・管理的職業（7%）となっ

ている（2016 年 6 月時点）．
5) ニューカマーコリアン（韓国人）の入国は 90 年代にかけて若干増加したものの，2000 年代以降はほぼ横ばいであり，他の国籍人口と比較して規模は決して大きなものとはいえない．

第3章　日本の移民研究における方法論的課題
—— 移民の階層的地位に注目して

　日本では1990年代以降，外国籍人口の急増を経験し，それに伴って数多くの移民研究が行われてきた．しかしながら，それらの多くは記述主義的，あるいはジャーナリスティックな視点に基づく研究であり，その理論的展開の遅れが繰り返し指摘されてきた．本研究ではこうした状況に鑑み，世界的な移民研究をリードする米国を中心とした移民研究の検討を行うことで，日本の移民研究における新しい理論的枠組みについて検討を行ったものである．

　移民の移住過程に関して，米国ではGordonの『*Assimilation in American Life*』(Gordon 1964＝2000) に代表されるように同化理論（Assimilation Theory）に基づいた研究が行われてきたのが特徴である．同化概念については，受け入れ社会の言語や文化への移民の強制的同化を想起させる同化主義政策と混同されがちであるが，こうした研究において両者は厳密に峻別されており，同化概念は主に階層的地位に代表される社会経済的側面における平等という観点から定義されてきた．また，近年ではPortes and Rumbaut (2001＝2014) によって移民第二世代におけるより多様な同化過程を想定する「分節化された同化理論」が提唱されたり，あるいはAlba and Nee (2003) によって，階層概念に基づいた同化概念の再定義が行われたりするなど，同化理論は依然として移民研究における中心的な理論的枠組みと位置付けられている．

　一方，日本では外国籍人口の急増を経験した1990年代初頭から，独自の理論的枠組みを構築しようという傾向が強く見られた．しかしながら，そうした研究の多くは移民と日本人の間の集団間関係を分析するという欧米の移民研究と共通の問題意識を持ちつつも，そのための具体的な分析概念を欠いていた．あるいはもっぱら制度・構造的要因による移民と現地人の間の生活の様々な局面での分断を強調する構造的分断アプローチを採用したりすることで，個人レベルで見たミクロな移住過程の多様性やその経時的変化を視野に入れられないなど，実態としての移民受け入れが進む中，欧米の移民研究と比べてその理論的枠組みの硬直性が指摘されてきた．

第Ⅰ部　問題の所在，及びその背景

　本研究ではこうした状況を踏まえ，近年，日本の移民研究において広まりつつある社会的統合アプローチに近い問題意識や方法論を採用する研究に着目することで，日本の移民研究が欧米のそれに接続可能であること，及びその際に検討されるべき論点を具体的に示した．

1　移民研究における移民の階層的地位

　移民が急増する過程においては，ともすると移民の身体的，文化的，あるいは宗教的な特徴など個別具体的な差異に社会全体の関心が向きやすい．あるいは，そのような差異に対する受け入れ社会側の反応といった社会心理学的態度も関心の対象となりやすいだろう．その結果，そうした関心を背景に行われる移民研究（migration studies）も，さしあたって特定の移民集団の示す社会文化的特徴を記述する対象指向的な研究や，あるいは移民受け入れに伴って発生する様々な社会問題の告発といった実践主義的なものとなりがちであり，現地人と移民集団間の集団間関係（nature of group life）（Gordon 1964＝2000: 3）を視野に入れた研究は後回しにされがちであるといえよう．

　こうした特徴は日本に限らず，欧米の移民研究においても共通するものであり，例えば，1964 年に米国において Gordon が *Assimilation in American Life*（Gordon 1964＝2000）を著したのは，まさにこのような問題意識によるものであった（Gordon 1964＝2000: 1）．日本においても 1990 年代以降の外国籍人口の急増過程で多くの移民が日本に定住化する中で，移民固有の文化や宗教，エスニック・アイデンティティやエスニック・ネットワーク，日本社会の排外意識，あるいは多文化共生策の推進といった観点から多くの研究がなされてきたことは，対象指向的かつ実践主義的な研究手法が日本における移民研究でも主流であったことを示すものといえよう[1]．

　しかしながら，こうした対象指向的，実践主義的な研究手法は，移民受け入れの初期においてこそ，その現象としての新しさを明らかにし，当面の政策課題を明らかにするという点で有益であるものの，そこで見られる記述主義的，ジャーナリスティックな傾向は集団間関係に対する視点を欠くが故に，移民の中長期的な移住過程（migratory process）（Castles et al. 2014: 27-8）を見通す上では限界を抱えることが多いとされる．なぜなら，移民は，エスニック・コミュニティ等，受け入れ社会の多数派から隔離された下位社会にお

いてのみならず，当然のことながら，学校や職場で受け入れ社会の構成員として現地人と同様の社会生活を継続的に営んでいるのであり，集団間関係を視野に入れ中長期的な移住過程の変遷を明らかにしなければ，彼女／彼らの置かれた状況の一部しか明らかにできないためである．

　実際，日本の移民研究が見出した到達点の一つが「多文化共生社会」という理念であり，そこでは移民と現地日本人の間の集団間関係は明らかにされないまま，専ら文化的差異への注目（対象指向的研究）とその承認の必要性（実践主義的研究）が繰り返し強調され，本来，もっとも重視されるべき労働，教育分野における社会的統合政策の構想にまで議論が及ばなかったことはこうした限界を示すものである．

　では，移民と現地人の間の集団間関係を論じるとはどのようなことであろうか．その際に有効な視点の一つが階層的地位である．業績主義的に構成される現代社会において，社会経済的な資源配分の状況とそこにおける個人の位置づけを示す階層的地位は，個人と社会構造を媒介するきわめて重要な概念であることは言うまでもない．よって，移民研究において階層的地位に注目することは，移民と現地人の間に見られるライフチャンスの配分状況の差異に注目するということ，ひいては業績主義的な現代社会の編成原理に照らし，理想的な配分関係がどのように行われるべきかを構想することを意味する．

　もちろん，これは移民と現地人の間の社会文化的な差異を無視するということではない．ただ，現代社会においては社会文化的な差異の多くは私的な領域における個人の選択の問題とされ，それ自体に対して社会的な強制力を行使することは禁じられている．それに対して，社会政策による国家の介入など，直接的な是正の対象となりうる社会的不平等にかかわる論点について検討することは，移民受け入れの社会経済的影響，及びそれに対する政策的課題について考察する上で優先度の高い論点であるといえる．

　しかしながら，日本で移民の階層的地位に注目した研究は，階層研究においても，また移民研究においてもまれであった．その理由は，日本では

1990年代に入るまで，在日コリアンを除けば，外国籍人口はきわめて少なく，階層研究においてこれまで独自の論点を構成するまでではなかったこと，また，移民研究の側でも特定のエスニック集団を対象とし，その社会文化的な特徴の記述や彼女／彼らが直面する課題を扱った対象指向的，実践主義的な事例研究が多く，階層的地位に焦点を当てた研究はまれであったためと考えられる．

その結果，移民人口の急増を過去約四半世紀にわたって経験し，現在，240万人を超えるニューカマー外国籍人口を擁する日本において，移民の受け入れがもたらす社会経済的影響を論じる適切な理論的枠組みが存在しないという状況が生じている．つまり，移民を社会の構成員と認めた上で，そこにおける社会経済的な資源配分のあり方について論じることができないという状況である．確かに，これまで移民の教育や労働といった切り口から，彼女／彼らの階層的地位に関わる事柄が論じられたことはあった．しかし，それは特定のエスニック集団に限定された記述的なものにとどまり，複数の移民集団間での階層的地位の分布の差異や日本人と移民集団との間の階層的地位達成構造の違いといったことについて論じた研究はほとんどなかったといってよい．

こうした状況を受け，本研究では移民の階層的地位を軸にその移住過程を分析するための理論的枠組みの再検討を行う．具体的にはこの点について膨大な研究の蓄積がある米国の移民研究を中心に，近年，移民の社会的統合の問題が顕在化している欧州諸国の研究成果も参照する．さらに1990年代以降の日本で行われた数多くの移民研究を再検討することで，日本の移民研究において新たな理論的枠組みを提示することを目指す．

第 I 部　問題の所在，及びその背景

2　米国を中心とした欧米の移民研究における階層的地位の位置づけ

2-1　古典的同化理論

　米国における移民研究は 19 世紀のシカゴを舞台にシカゴ学派によって始められた．当時の米国は欧州から大量の移民が流入し，また南北戦争終了に伴い南部から多くの黒人が北部に移動していた時期であり，シカゴは急速な都市化を経験していた．そうした中，Park and Burgess（1921＝1969）はその後，米国の移民研究において現在に至るまで理論的枠組みの支柱となってきた移民の同化（assimilation）に関して以下の定義を行っている．

　　"a process of interpenetration and fusion in which persons and groups acquire the memories, sentiments, and attitudes of other persons and groups and, by sharing their experience and history, are incorporated with them in a common cultural life"（Park, R. E. and E. W. Burgess 1921＝1969: 735）

　　"the name given to the process or processes by which peoples of diverse racial origins and different cultural heritages, occupying a common territory, achieve a cultural solidarity sufficient at least to sustain a national existence."（Park, R. E. 1930: 281）

　これらの定義では，同化とは主に文化や意識といった側面に焦点を当てた概念であり，階層的地位への特段の注目が見られたわけではない．また，Park の業績としてよく知られている人種関係循環モデル（Race-Relation Cycle Model）（Park 1950）においては，社会文化的背景が異なる人々の「接触（contact）」を経て，諸集団間の有利な位置をめぐる「競合（competition）」

第3章　日本の移民研究における方法論的課題

による社会の不安定化，そして集団間の優劣が決まり社会が安定化する「応化（accommodation）」，そして集団の境界を越えた人々の個人的なつながりが集団間の優劣関係を掘り崩して訪れる「同化（assimilation）」といった過程の存在が提唱されているものの（Park 1950, 樽本 2016: 66-7），階層的地位に対する特別な注意は払われていなかったといってよいだろう．

　米国の移民研究は戦間期の移民流入が中断された時期を経て，戦後，Gordon（1964＝2000）によって再度，整理されることとなる．Gordon はその古典的名著である『Assimilation in American Life』を執筆するにあたってエスニック集団間の文化的差異や移民に対する差別行為などの記述ではなく，集団生活そのものの特徴，あるいは社会構造における集団間関係に焦点を当てた分析を行うことの必要性を強調している（Gordon 1964＝2000: 1, 5, 14）．この背景には，当時の米国の移民研究がエスニック集団間の文化的差異に注目したものや，あるいは個人のパーソナリティと移民に対する偏見との関係に関するものが大半であり，階層的地位などの特定の分析概念に基づき集団間関係を分析した研究がほとんどなかったことがあるとされる（Gordon 1964＝2000: 4）．

　この目的を達成するため，Gordon は同書においてその後の移民研究に大きな影響を与えることになったいくつかの重要な概念の厳密な定義を行っている．第一に米国社会を構成する下位社会をエスニシティ，宗教などの垂直的分断線とそれらの内部を水平的に分断する社会階級から定義し，特にエスニシティと社会階級によって区切られる下位社会をエスクラスとして定義している．このエスクラスとは例えば，中流上層白人プロテスタントであるとか，中流下層アイルランド系カトリックであるといった形で表現されるものであり，その内部には各種組織のネットワークや非公式な社会関係が含まれ，同じエスクラスに属するメンバーは，生涯を通じて家族や友人関係などの第一次集団関係のすべてと学校や職場といった第二次集団関係の一部をその中にとどめておくことが可能であり，またそうするよう奨励されるとしている（Gordon 1964＝2000: 30-1）．これは，移民研究において移住過程における階

層的地位の位置づけが明確に定義されたという点において画期的なものといえよう．

　さらに，Gordon は同化を7つの側面からなるものとして定式化しており，そのことがその後，移民研究において定量的分析が発達する契機となった．その7つの側面を列挙すると，移民が受け入れ社会の言語や，服装，感情的表現を身に着けることからなる文化的・行動的同化（cultural, behavioral assimilation），受け入れ社会の境界，クラブ，コミュニティ組織など小集団に加入する段階の構造的同化（structural assimilation），自らの所属する以外のエスニック集団との婚姻が進む婚姻的同化（marital assimilation），受け入れ社会の国民であるという意識が生じるアイデンティティ的同化（identificational assimilation），受け入れ社会の側の偏見や差別がなくなる態度受容的同化（attitude receptional assimilation），移民と現地人の実際の行動に変化がなくなる行動受容的同化（behavior receptional assimilation），エスニック集団間に文化・価値レベルでも政治的行動のレベルでもコンフリクトがなくなる市民的同化（civic assimilation）からなる（Gordon 1964＝2000: 樽本 2016: 67）（表3-1）．これらの同化の諸側面の間に，明確な因果関係は想定されなかったものの，文化的・行動的変化は最も初期に見られる文化変容（acculturation）と位置付けられたほか，いったん構造的同化が起きれば，その他の点でも一挙に同化が進むといった見解が示されている．

　なお，以上の定式化は必ずしも移民の受け入れ社会への同化を必然的なものとしていない点に注意が必要である．実際，Gordon は当時の米国社会の状況を，知識層を除けばさまざまなエスニック集団の成員は，親密な第一次集団的関係のほとんどを自らのエスニック集団と社会階級の範囲内にとどめ，他のエスニック集団や他の階級のマジョリティとの交友は，人格的な交わりを伴わない第二次集団的関係に限定されている構造的多元主義の状況にあるとしており，長期的にもこうした状況は変わらないだろうとしていた（Gordon 1964＝2000: 228, 257）．また，同理論は，複数のエスニック集団が互いに婚姻を通じて生物学的に融合し，その結果として文化的にも新しい米国文化

表 3-1　同化の変数

下位過程／状態	同化のタイプ／段階	専門用語
文化パターンがホスト社会のものに変わる	文化的／行動的同化	文化変容
第1次集団レベルでホスト社会の仲間関係，クラブ，制度に大規模に参入	構造的同化	な　し
大規模なエスニック集団間の婚姻	婚姻的同化	融　合
もっぱらホスト社会に準拠した同胞意識の発展	アイデンティティの同化	な　し
偏見を受けない	態度受容的同化	な　し
差別を受けない	行動受容的同化	な　し
価値闘争や権力闘争を行わない	市民的同化	な　し

出所：Gordon（1964＝2000: 67）．

を形成するというメルティングポット理論，あるいは移民集団の文化やコミュニティ生活のかなりの部分が保持される文化的多元主義理論の検証にも使用可能であると明示的に述べられている（Gordon 1964＝2000: 70）．

このように Gordon の同化理論の定式化は，エスニック集団の定義に階層論的視点を組み込み，同化過程を明確な7つの指標に細分化するなど，その後の米国の移民研究に大きな貢献をした．とりわけ，同理論に対する一般的なイメージと異なり，同化を必然的なものとみなすことはなく，むしろそれまで手付かずだったエスニック集団間の関係（集団間関係）を中立的な観点から分析するための理論的枠組みを提供した意義は大きい．しかしながら，同理論は，戦間期，及び戦後に米国社会でみられた同化主義と混同されたことから，その後，公の場で議論されることはほとんどなくなっていったとされる（樽本 2016: 69）．

2-2　階層論的視点の導入，及び経済的同化に関する研究の隆盛

しかしながら，この間，米国の移民研究は，Blau and Duncan（1967）による階層研究の計量的分析の発展を受けて，移民の構造的同化に関する研究から経済的同化（economic assimilation）に関する研究へとシフトしていくこととなった（Alba and Nee 2003: 28）．これは Gordon が定義した同化過程全般ではなく，むしろエスクラスそのものに焦点を当てた分析と見ることが可能

であろう.

　移民の経済的同化に関する研究では，社会的同化（social assimilation）と経済的同化がほぼ同一視されており，教育や職業的地位や収入といった点で移民が現地人の平均を超えることが，社会的同化とほぼ同義とみなされてきた．これは 1970 年代以降，米国に流入した多くの移民が出身国においては農業に従事しており，学歴も低く，米国においては労働市場の底辺層からスタートしていたことを経験的に反映した理論的枠組みであったといえる．

　更に，近年になり，学歴の高い高度技能移民が見られ，移民の社会経済的背景が多様になると，より洗練された分析手法として，学歴や年齢などの要因を統制した上で観察される階層的地位の分布が現地人と一致することを以て経済的同化とみなすといった研究も多く見られるようになった．

　具体的には Chiswick（1978a, 79, 80）がセンサスのデータを用いて移民の賃金を現地人のそれと比較したのが米国における移民の経済的同化に関する研究の嚆矢といえよう．同研究が明らかにしたのは，移民の賃金水準は米国に来てから一世代の内に現地人の水準に近づくという楽観的な結果であった．これに対して，Borjas（1985, 87, 90, 94）や LaLonde and Topel（1992）らがこれを移住時期による違い，つまりコーホート効果であると反論したことがその後，長い間続く論争のきっかけとなった．例えば，Borjas は移民の移住からの賃金水準の上昇が急激な理由を，近年になるほど，移民の人的資本の面から見た質が低下した結果，入国直後の賃金水準が低下しているためであると指摘し，Chiswick の推定した賃金水準の上昇カーブは過大推定であるとした．また，LaLonde and Topel（1992）は，近年になるほど移民の賃金水準が低下している理由を移民の学歴構成の変化ではなく，米国の労働市場において非熟練労働に対する需要が低下していることに由来するとしている．

　更に Duleep and Regets（1999, 2002）は，移民の人的資本投資モデル（Immigrant Human Capital Investment Model, IHCI モデル）として，ホスト社会でその人的資本をすぐに評価されにくい移民ほど，就労の機会費用が小さいことから，移住後も就労せずに学業に従事するなど，追加的な人的資本への投資

により積極的になり，結果的に短期間の内により大きな賃金水準の上昇を経験することになることを明らかにした．その結果，Chiswick の推定した賃金カーブはそのデータ上の制約にもかかわらず，ほぼ実際のものに近いことが示されている．

また，人的資本を始めとした個々人の属性からその経済的達成を明らかにする研究とは別に，労働市場やホスト社会における移民受け入れの社会的文脈等に注目した研究が社会学を中心に行われてきた（Raijiman and Tienda 1999: 242, Alba and Nee 2003: 163）．代表的なものとしては，労働市場において労働者は安定的で高い賃金水準を享受する層と不安的で低い賃金水準に甘んじる層に分かれており，移民が主に後者に組み込まれるという二重労働市場理論（Piore 1979）や，移民コミュニティやネットワークが人的資本の形成や新規ビジネスの立ち上げに有利に働くとするエスニック・エンクレーブ論（Portes and Bach 1985, Portes and Manning 1986）などがある．しかし，エスニック・コミュニティの存在がエスニックビジネスを産み，そこで同胞が雇用されることで就労や人的資本蓄積の機会を得ることで，ホスト社会での経済的達成を遂げていくという同理論の普遍的妥当性については必ずしも明らかではないとされている（Raijiman and Tienda: 1999: 249）．その一方で，移民は労働市場のメインストリームでの成功が妨げられていることから，自営業に進出するとしている Light（1972, 79a, b, 85）等の研究の系譜も根強く存在しており，現在でもなお論争的なテーマであるといえよう．

これらの研究は，主に米国の経験をもとにしたものでありつつも，階層論の理論的枠組みを使用することで，特定の受け入れの歴史的文脈にかかわらず，移民の経済的同化過程を分析する普遍的枠組みを提示したものといえるだろう（Alba and Nee 2003: 28）．これは同化主義と同化理論の混同を避けるという意味でも，効果的であったといえる．その一方で，経済的同化に関する研究の多くは，その方法論的精緻さを有する反面，Gordon が視野に入れていたように経済的側面を含む同化過程全般を視野に入れたものではないという限界を有していた[2]．そうした中，再度，こうした視点に基づいた研究

が行われることとなる．それが Portes and Rumbaut（2001＝2014）らによる「分節化された同化理論」及び Alba and Nee（2003）による「新しい同化理論」である．

2-3　同化理論の再構築①：分節化された同化理論

「分節化された同化理論」とは，米国に 1965 年の移民法改正以降やってきた新しい移民の第二世代の受け入れ状況を分析するために Portes and Rumbaut（2001＝2014）によって提唱された理論的枠組みである．そこでは，古典的な同化理論と同様，同化概念を基本的概念としつつも，今日における同化過程はきわめて多くの予測不可能な偶然性やあまりに多くの要因による影響を受けているため，同化が一様かつ直線的に進むことはなく，移民グループによって分節化された同化（segmented assimilation）の過程をたどるとされている．そして，この分節化された同化が起きるメカニズムとしては，まず親である移民第一世代の年齢，学歴，富，職業技能，英語能力などからなる人的資本の影響が大きいとしつつも，それに加えて，受け入れ国の移民政策や地域社会における人々の意識，及びエスニック・コミュニティの構造や規模といった要素からなる編入様式（mode of incorporation），並びに移民家族の構成が重要な役割を果たすとされる（Portes and Rumbaut 2001＝2014: 99-100）．

これらの要素が移民第二世代の同化過程に与える影響としては，まず，人的資本は第二世代の社会経済的達成にプラスの影響をもたらすことが予測されているものの，移民の編入様式は受け入れ社会における安定的な在留資格の提供の有無や，地域社会における良好な就業機会の提供の有無，及びそれらにおけるエスニック・コミュニティの援助の程度といったことを通じて，人的資本がどのように生かされるかを決定することとなる（表3-2）．また，移民家族の構成は，子どもが受け入れ社会で言語や価値観といった面で急速に文化変容を遂げていく中で，親から適切な助言や指導が得られるかといったことを通じて第二世代の同化過程に影響を与えるとされる（Portes and

表 3-2　分節化された同化のプロセス・モデル

第一世代			第二世代			
			外在的な障害			
背景の諸要因		世代間にまたがる文化変容の型	人種差別	二極化した労働市場	インナーシティのサブカルチャー	予想される適応結果
親の人的資本	影響	不協和型文化変容	差別に直面してもサポートがない	個人の資源のみで対処	敵対的な態度やライフスタイルに対抗するメッセージが存在しない	下降同化
移民の編入様式		協和型文化変容	差別に直面したら家族のサポートがある	親の指導助言や家族の資源を得られる	家族の願望に基づく対抗的なメッセージが存在する	大多数は上昇同化するものの差別によってそれが妨げられることがある
家族構造		選択型文化変容	エスニック・ネットワークのフィルターを通して差別を経験し、家族とエスニック・コミュニティからのサポートがある	家族とエスニック・コミュニティの後押しがあり親の指導助言を得られる	家族の願望とコミュニティ・ネットワークに基づいた対抗的メッセージが存在する	バイカルチュラリズムと結びついた上昇同化

出所：Portes and Rumbaut（2001＝2014: 126）.

Rumbaut 2001＝2014: 101-8）.

　例えば，編入様式が移民に対して敵対的であり，また移民家族の構成がひとり親世帯である場合など，子どもに対する十分な助言や指導を与えることができない場合，移民の子どもは親世代が持っていた送り出し国の言語や文化などを喪失し，受け入れ社会の文化へと急速に適応する不協和型文化変容（dissonant acculturation）を経験することとなる．この場合，親子の役割逆転による親の権威の低下により，子どもたちが成長過程において適切な助言指導を得られず，子どもたちは現地のストリート文化にさらされるなどの危険な状態に陥り，下降同化を経験する可能性が高いとされる．特にこれがひど

い場合，移民第二世代の間では反発的エスニシティ（reactive ethnicity）が台頭し，自己防衛的なアイデンティティと連帯意識が生まれ，反社会的な行動や社会的下降移動が広く見られるようになるとされる．

　一方，親の側に十分な人的資本があり，子どもたちと一緒に文化変容を遂げ，そして子どもたちを見守ることができる場合には，協和型文化変容（consonant acculturation）を経験する場合が多いとされる．この場合，親子は互いに助け合うことで受け入れ社会での同化過程を歩みやすいとされる．また，移民家族の親子がともに十分な規模と多様な制度を有する同国人のコミュニティにしっかりと埋め込まれており，そのコミュニティが移民家族の文化面での変化を緩和することが可能となる．この場合，両親の母国の言語と規範の一部を保持することが促進されることで，世代間の葛藤が緩和され，子どもたちも完全なバイリンガルとなる選択型文化変容（selective acculturation）を経験することとなり，もっとも良好な同化過程を歩むとされる（Portes and Rumbaut 2001＝2014: 112-3）．

　また，このような同化過程の多様性に加え，同理論では現在の米国社会において移民第二世代が直面する課題として，新しい移民の大半が有色人種に属すること，そして19世紀末から20世紀前半にかけて欧州から大量の移民が流入した時代とは異なり，現在の米国の労働市場が人的資本をベースとして高度専門職と非熟練労働者へと二極化した砂時計型（hourglass）の労働市場であり，非熟練労働からスタートして次第に経済的地位を上昇させるといった道筋が取れないといったことを挙げている．更に，米国社会に特有の固定化された下流層の存在とそこにおける反社会的な対抗文化の存在が，移民第二世代の上昇意欲を削いだり，麻薬の使用や学校からの中退といった逸脱行動を引き起こす危険性を指摘している（Portes and Rumbaut 2001＝2014: 114-27）．

　同理論は，同化概念を基礎としつつも，同化にいたる多様な経路の存在やそこに至る因果関係を個人から国家まで複数の次元における要素を用いて編入様式論として定式化した点が評価されるといってよいだろう．また，同化

概念についても，単に経済的同化に限定することなく，文化変容からアイデンティティまでも視野に入れ，それらの変化を包括的に扱っている点を高く評価することができる．これは Gordon の古典的同化理論がもともと持っていた理論的射程を取り戻したものといえよう．

しかしながら，以下の点において限界を持つと考えられる．まず，編入様式論は制度・構造的要因の重要性を指摘する点において，それまでの人的資本論を軸とした同化理論に対して比較優位を持つと考えられるものの，ともするとそこで想定されている制度・構造的要因を固定的なものと捉えてしまうことで，実際の移住過程の多様性や変化の可能性を捉えられないというものである．こうした限界については以下で検討する「新しい同化理論」の提唱者である Alba and Nee（2003: 158-63）によっても指摘されているものである．

また，分節化された同化理論はこの編入様式論から導出されるものであるが，その理論的射程はあくまで階層的地位の世代間移動を念頭に置いたものであり，世代内変動については直接，言及していないということである．これは従来の同化理論が階層的地位の世代内変動を扱ってきたことと比較すると同理論を扱いづらいものにしているといえよう．こうした点について新たな展開を提示したのが，以下で検討する「新しい同化理論」である．

2-4　同化理論の再構築②：新しい同化理論

分節化された同化理論と同様，同化概念を再評価し，再定義したものとして挙げられるのが，Alba and Nee（2003）による「新しい同化理論」である．同理論は米国の移民研究において 1970 年代以降，同化理論が廃れてしまったことを受けて，同化概念の再定義を行ったものである．

同理論ではまず，理論の根幹となるエスニシティ，及び同化概念について以下のように定義している．これは現在エスニシティに関する標準的な定義であるといえよう．また，同化に関しては，エスニックマイノリティがマジョリティに吸収されるという形での同化ではなく，複数集団間の境界が消滅

することを以て，同化としている点に注意が必要である．

> "(1) ethnicity is essentially a social boundary, a distinction that individuals make in their everyday lives and that shapes their actions and mental orientations toward others; (2) this distinction is typically embedded in a variety of social and cultural differences between groups that give an ethnic boundary concrete significance; and (3) assimilation, as a form of ethnic change, may occur through changes taking place in groups on both sides of the boundary."(Alba and Nee 2003: 11)

では，エスニック集団間の境界が消滅するとはどのようなことなのであろうか．この点について，同書におけるメインストリームの定義が参考となる．

> "A useful way of defining the mainstream is as that part of the society within which ethnic and racial origins have at most minor impacts on life chances or opportunities."(Alba and Nee 2003: 12)

これは，ライフチャンスの配分に大きくかかわる教育制度や労働市場といった現代社会における主要な社会制度や（Alba and Nee 2003: 28），結婚などの一般的な社会的慣習（Alba and Nee 2003: 11）内においてエスニックマイノリティとマジョリティの間に断絶がなくなることを以て同化としており，そしてそのようなエスニシティによるライフチャンスの格差がなくなった社会的領域そのものをメインストリームとしている．そして，このように定義することで以下のように主張することが可能になる．

> "This conception, we want to underscore, allows for ethnic and racial origins to be powerful determinants of opportunities in the society as a whole, particularly when those outside the mainstream are compared

to those in it." (Alba and Nee 2003: 12)

"Moreover, it does not imply that full equality of opportunities obtained within the mainstream, because life chances are still strongly differentiated by social class and other non-ethnic factors. Thus, we do not limit the mainstream to the middle class: it contains a working class and even some who are poor, not just affluent suburbanites." (Alba and Nee 2003: 12)

　つまり，同理論によれば，社会におけるライフチャンスの配分に大きくかかわらない場，例えば家族の集まりや自分自身のルーツを意識するといった文脈でエスニシティが保持されることは十分に想定されており，古典的同化理論が批判された一方的なエスニシティの喪失といった事態は回避されることとなる．また，エスニシティ以外の要因によるライフチャンスの違いの存在（e.g. 学歴）についても想定されており，同化の基準（ベンチマーク）を白人中流層といった個別具体的なグループに限定せず，純粋にエスニシティによる差異に限定した議論を行っている．

　また，同理論は同化過程におけるメカニズムとして以下のものを想定している．まず，個々人は文脈制約的な合理性（context-based rationality）を有しており，社会的，文化的に制約され，目標達成に対する完全な情報を有しない中，行動を決定するとされる．これは，新古典派経済学が想定する完全情報下における合理的個人のような「薄い」合理性ではなく，より現実的な「厚い」合理性と表現されている（Alba and Nee 2003: 37）．

　その上で同化過程を決定づけるものとして，直接的な要因と間接的な要因を挙げている．直接的な要因としては，個人の人的資本の程度や社会的ネットワークといったものが，間接的な要因としては移民政策や労働市場などよりマクロな社会制度が想定されている．なお，同理論では同化は必然的ではなく，またそこに至る経路も複数あることを想定しており，古典的同化理論

が批判されたような必然的，かつ単線的な同化といった視点はとっていない（Alba and Nee 2003: 38-9）．

　メカニズムとして作用しうる要因は以下の四つである．一つ目は個人の合目的的行為（purposive action）である．これは受け入れ社会でのよりよい生活を求めて，移民個々人がとる行動が含まれ，必ずしも同化自体を目的としたものではないとされる．例えば，移民が受け入れ社会の言語を学ぶことは，必ずしも同化自体を目的としたものではなく，現地でのよりよい就労機会の獲得のためであるといったことが想定されている．二つ目はエスニック・ネットワークなどの社会的ネットワークの効果（network mechanism）である．これは移民が受け入れ社会において差別に直面した場合などにネットワーク内での相互扶助や集合行為によってマジョリティの側に働きかけるといったことが想定されている．三つ目は金融，人的，社会関係資本などの資本のタイプ（forms of capital）である．移民が持ち込む金融資産は移動先での開業資金となったり，学歴は受け入れ社会でのよりよい職の獲得につながったり，成功した同胞からなるエスニック・コミュニティの存在は後から来た移民の経済的成功を助けるといったことがこれに含まれる．四つ目は制度的な要因（institutional mechanism）である．これは受け入れ社会の移民制度や移民に対する社会的眼差し等，マクロな社会状況を意味する．米国の場合1960年代に行われた公民権運動の成果，あるいは戦後の高度経済成長などがこれに該当する．最後に，二つ目から四つ目にかけての要因が一つ目の要因である個人の目的を持った行為に対する制約条件となることで，移民の受け入れ社会での行動全体が説明されることとなる．これらによって「新しい同化理論」はミクロからマクロまで幅広い要因を視野に入れることが可能になる（Alba and Nee 2003: 39-57）．

　このように定式化された理論的枠組みを用いて，同書では米国社会への同化が確認されている19世紀後半から20世紀初頭にかけて欧州や東アジアから大量に来た移民の同化過程について分析を行っている．その結果，これらの古い移民は米国社会においてほぼ同化したことが確認されているが，その

一方でこうした状況は歴史依存的な一度きりの現象であり，現在みられる新しい移民には妥当しないのではないかという米国の移民研究における代表的な論点について，六つの観点から検討を加えている．

第一に，1920年代に世界恐慌により国際移動が極端に低調になったことが，結果的にその後の移民の同化に貢献したとの見解に対して，今後，米国への移民が減少する可能性が十分にあることを指摘している（Alba and Nee 2003: 126-31）．

第二に新しい移民が非欧州から来た非白人からなっており，それが同化を困難にするのではないかとの指摘に対しては，古い移民にも東アジア系が含まれていたし，また欧州からの移民にしても，米国に来た当初は白人と捉えられていなかったことなどを挙げて，今後，エスニシティや人種の境界が変化する可能性が十分にあることを以て反論としている（Alba and Nee 2003: 131-4）．

第三に，現代の経済構造は単純労働者と専門職に二極化した砂時計型経済（hourglass economy）であり，古い移民が来たころのような大規模な経済成長は望めないのではないかとの指摘に対して，こうした指摘は全体としては正しい部分もあるものの，労働市場の内部を見れば人的資本の程度に応じて異なるパスが見られるし，また，以前に増して教育機会が行き渡っていることから世代間の階層移動が容易になっていると反論している（Alba and Nee 2003: 134-40）．

多文化主義（multiculturalism）の存在が移民の同化を妨げるのではないかとの指摘に対しては，米国社会の文化的多様性に関する寛容度は上がっているものの，それは私的領域に限った話であり，公的領域では依然として英語を基盤とした文化が主流であることを以て，その影響を否定している（Alba and Nee 2003: 140-5）．

トランスナショナリズムの影響に対しては，このような現象は国際移動には昔からつきものであり，新しいものではないこと，及び量的な拡大についても世代間を超えた影響という点に限ってみれば，やはりその影響は限定的

ではないかとの反論を行っている（Alba and Nee 2003: 145-53）．

　国勢調査の調査項目に人種／エスニシティの項目が見られるなど，国家による同概念の制度化が進んだことや，それに基づいたアファーマティブアクションなどの政策が展開されたことによって，むしろ同化が妨げられるのではないかという批判に対しては，確かに過去にそのような政策はなかったものの，政治的，社会的な利益を求めて同胞人口が団結するといった現象は当時も広く見られており，現在の状況が特にエスニックアイデンティティの維持を促進するといったことはないだろうとしている（Alba and Nee 2003: 153-6)[3]．

　更に同書では，二重労働市場理論（Piore 1979），世界都市モデル（Sassen 1988），分節化された同化理論，及び複数のエスニック・グループが併存し続ける多元主義理論（pluralism）（e. g. Glazer and Moynihan 1970）といった競合する理論的枠組みについても検討を行っている．

　その結果，いずれの理論的枠組みにも共通するのは，エスニシティやそれに由来する社会的不平等を硬直的なものと捉えている点であるとする．そのため，エスニック・グループ間の関係が将来にわたって変化しない恒常的なものと捉えられており，集団間関係におけるダイナミズムが捨象されていると指摘し，これらは歴史的な経験に照らしてみても問題のある前提であるとしている．また，いずれの理論的枠組みにおいても同化過程における中流階級への包摂を自明視することで，かえって緩やかなものも含めた移民の社会的上昇移動の可能性を否定している点も問題であるとされる（Alba and Nee 2003: 158-63）．

　また，現代における多元主義理論の代表的なものといえるエスニック・エンクレーブ理論（Portes and Bach 1985）は一部のエスニック・グループに関しては妥当するものの，すべての移民に妥当するものではないと批判しているし，第二世代においてはその魅力は消滅し，受け入れ社会のメインストリームでの成功を目指すようになると批判している（Alba and Nee 2003: 163-6)．

以上のように，「新しい同化理論」は古典的な同化理論の成果を踏まえつつも，それに対する批判を乗り越え，同化理論を再構築しようとしたものとみることができる．その際，中心となる概念は，Gordon が定式化したのとは異なり，個々人の間のライフチャンスの分布の違い，つまり移民の階層的地位である．これはそれまでに行われた経済的同化に関する研究の蓄積を踏まえたものであり，それによって，WASP 中流層に対する文化的同化を提唱する同化主義と古典的同化理論の混同に対して明確な線引きが可能になったということができるだろう．

　また，同理論は個人の合目的的行為（purposive action）という概念によって，経済的同化と社会的同化の間の橋渡しをすることで，単に経済的同化にとどまらない移住過程全般を視野に入れることを可能にしている．その一方で社会的ネットワークや個々人の人的資本や社会関係資本，受け入れ社会の制度・構造的要因も視野に入れることで，多様な移住過程を想定することを可能にしている．これは同理論が編入様式論的な視点を包含することを意味している．

　さらに，同理論において同化概念は主要な社会領域（メインストリーム）においてエスニシティによるライフチャンスの配分の差異がなくなることと厳密に操作化されるとともに，中長期的にはこれがエスニック集団の境界自体を変化させる（消失させる）可能性にも言及されている．これは同時代において競合する理論である「分節化された同化理論」においてエスニック集団や同化概念に関する厳密な定義がなされなかったのとは対照的であり，この点が同理論のもっとも大きな比較優位となっているといえよう[4]．

　しかしながら，このような概念装置の精緻さを除けば，「新しい同化理論」は「分節化された同化理論」とその問題意識や論証の仕方について大きく異ならないというのも事実であり，前者が後者を乗り越えたといったように，両者の違いをことさらに強調する必要はないともいえる．特に移民第二世代の教育達成については「分節化された同化理論」による良質な研究の蓄積が多く見られることから，両者をことさらに競合関係として捉えることは，先

行研究を参照する上で不都合が生じる．つまり，ここで押さえておくべきことは，移民研究においては，あくまで社会的同化理論が主流であり，現代でもその理論的刷新を経る中で有効な理論的枠組みとして機能しているということである．

2-5　ジェンダーへの注目

一方，これらの移民研究のメインストリームにおいて，ジェンダーの視点は積極的に議論されてきたとは言い難い．実際，Gordon（1964＝2000）やその後のPortes and Rumbaut（2001＝2014），及びAlba and Nee（2003）においても，ジェンダーに関するまとまった議論は行われていない（Donate et al. 2006: 12）．わずかに移民の経済的達成に関する研究において，女性の労働参加といった観点から研究が行われてきたものの（e. g. 家族投資仮説（Family Investment Hypothesis; FIH）（Duleep and Sanders 1993），それはあくまで男性を中心とした研究に付随するものにとどまり，Morokvasic（1983）及びそれに続く一連の研究群のように，ジェンダーによる移住過程の構造化を明らかにするといった射程の長いものではなかった．では，移民におけるジェンダーという視点はどのような形で切り拓かれてきたのであろうか．以下では小ヶ谷（2016）の整理に従って論を進めたい．

移民研究におけるジェンダーという視点は欧米では1980年代より注目されてきたものであるが，そこでの関心は主に1980年代初頭にMorokvasic（1983）によって提示された二つの課題に答える形で展開されてきたとされる．Morokvasic（1983, 84）によれば，移民女性は当初，移民男性の被扶養者や妻，母といった存在として位置づけられ，彼女たちの労働の経済的貢献度や移住過程における役割についてはほとんど検討されてこなかったという．その後，移民女性への研究関心が少しずつ高まったものの，そこで行われた研究の多くは移民女性の個人的属性に応じた受け入れ国への適応の差を論じるというものがほとんどであり，移民女性をとりまく構造的要因に関する論点が見落とされていた．このような先行研究における理論的枠組みをMorokvasic (1983) は，非歴史的かつ，還元-個人主義的と批判し，それを乗り越える方法として，①個々の移民と移住過程を関係づける構造的アプローチの必要性，及び，②ジェンダー，階級，及び人種の関係から移民女性の移住過程を具体的に解明する必要性を提唱したとされる．

こうした問題提起の内，①の構造的アプローチへの要請へ的確に答えた研究として Glenn (1992) の研究を挙げることができる．同研究は米国における 19 世紀中葉から現在まで，白人家庭での家事労働といった形で有償労働に従事していたメキシコ系女性，中国系女性，日系女性，黒人女性を取り上げ，こうした有償労働と彼女たちがエスニック・コミュニティ内部で果たしていた妻や母といった再生産役割を比較することで，抑圧装置としての階級，人種，及びジェンダーの相互作用を明らかにした．また，国際移動における「移民の女性化」について明らかにした Sassen (1988) は，国境を越えて行われる多国籍企業の経済活動とそれによる途上国のローカルな労働市場の破壊と変容が，途上国の若い女性を先進国への潜在的な労働力のプールとして位置づけてきたことを明らかにしている．

一方で，このような分析視角は，Morokvasic の提唱する，構造的制約における個人の主体性という，もう一つの重要な視点を欠きがちであった．Hondagneu-Sotelo (1994) はこうした問題点に対して，移民ネットワーク論にジェンダーの視点を導入することで応えようとしたといえよう．同研究は米国における非正規メキシコ移民コミュニティに注目した研究であり，そこでは米国とメキシコの間の季節労働者の移動について取り決めたブラセロ計画の終了（1964 年）から 1986 年の移民法改正を経て今日にいたるまでの法的・制度的な変化の中で，移民女性がどのような役割を果たしてきたか，そしてジェンダー関係がどのように変動し，再編されたのかといったことがフィールドワークを中心とした研究によって明らかにされている．

このように，移民女性をめぐる研究は，移動パターンのジェンダー分析から始まり，その後，移動そのものがジェンダー間の不平等をどのように再編するのかという視点に移っていったとされているが，こうした視点に代わり，

現在，主流となりつつあるのがジェンダーを移住過程形成の重要な要素の一つとみなすフェミニスト的研究であるとされる．

この段階の研究は，実践，アイデンティティ，制度など移動のあらゆる局面におけるジェンダー的要素を取り扱うものであり，そのひとつの到達点として挙げられるのが Ehrenreich and Hochschild et al. (2002) による『Global Women-Nannies, Maids, and Sex Workers in the New Economy』，及び Morokvasic et al. (2003) による『Gender on the Move』など，移民とジェンダーをめぐる代表的な論者の論考からなるアンソロジーである．

Ehrenreich and Hochschild et al. (2002) においては，先進国における女性の就業率の上昇が社会における育児，老人の介護といったケア要員の不足 "Care Deficit" を生み，それが経済のグローバル化による途上国／地域の産業構造の転換と相まって先進国への途上国女性のケアワーカーとしての流入を生んでいると指摘している．その際，米国で家事労働者として働く移民女性や，セックスワーカーとしてタイで働く移民女性，そして先に渡航した同胞男性の妻として米国に渡った女性など，当事者への直接の聞き取りに基づいた豊富な事例分析が展開されている．中でも興味深いのは，移民女性が担っているのが，近代家族における家事や育児を滞りなくこなすことを期待される専業主婦や，夫の老親の世話をする「ヨメ」役割といった，それぞれの社会における「伝統的」家族像を維持するための労働であるということであろう．一方，移民女性が国際移動を選択した背景には，送り出し国における「伝統的」妻，母役割からの解放・逃避があるとされ，移動の動機と移動先での役割との関係にこうしたズレがあることが，受け入れ社会で彼女たちが様々な葛藤を経験する原因となっているとする．

以上のように，移民研究におけるジェンダーという視点は，受け入れ社会への移民の適応過程を論じる従来の（相対的にシンプルな）理論的枠組みを批判し，乗り越えようとするところから始まったという経緯があることから，両者はある程度，独立して発展してきたようにも見える．実際，こうした一連のジェンダー研究において，主流派の移民研究において頻繁に用いられる

ように，計量モデルに基づく階層論的な分析手法をとるものはまれであり，ジェンダーに基づく移民研究と主流派の移民研究の間に共通する部分は少ないようにも見える．

しかしながら，このような見方は必ずしも正しくない．なぜなら，このような表面的な違いにもかかわらず，移民女性をジェンダー，階級，及び人種の相関関係から具体的に解明するという視点は，階層論を軸として展開してきた，いわゆる主流派の移民研究と基本的な視点を共有しているからである[5]．

実際，近年，ジェンダーに基づく移民研究と主流派の移民研究の間には歩み寄りが見られ，それを端的に示したのが，これまでの一連の議論を牽引したMorokvasicらによる『*Paradoxes of Integration; Female Migrants in Europe*』（Anthias, Kontos, and Morokvasic 2013）であるといえよう．

同書は，社会的同化概念を軸とした社会的統合概念[6]がトランスナショナルな現代の国際移動のリアリティを捉えられていないという問題意識から始まっている（Anthias, Kontos, and Morokvasic 2013: 4）．なぜなら，社会的統合という概念には受け入れ社会の中心的文化／価値への一方的な同化が望ましいとする規範的な傾向があるからである．そのような自文化中心主義的な前提は，受け入れ社会自身にある多様性を無視するだけではなく，人種や宗教，文化といった点から同化可能な移民とそうでない移民に選別すること，あるいは移民個々人の持つ文化的特徴を同化されるべき劣ったものと見なすのを助長すると鋭く批判する．

さらに，彼女たちは，こうした論理に基づき，現在の欧州の移民政策が，人的資本や文化的特性によって受け入れ可能な移民を選別する新自由主義，及び同化主義的な観点から構成されていることを批判している．なぜなら，本来，市民権や永住権こそが社会的統合の前提条件となるはずなのに，現実には社会的統合への意欲やその可能性が，市民権や永住権の取得の条件となるのは矛盾しているというのである（Anthias, Kontos, and Morokvasic 2013: 4-5）．

それに代わって提唱されるのが，社会的包摂概念である．同書によると一般的に「社会的統合」として移民当事者たちに意識され，目指されている状態は，受け入れ社会の中心的文化／価値への同化ではなく，社会生活の様々な局面で受け入れ国の人達との平等が達成されている状態，つまり同書が定義するところの「社会的包摂」が達成された状態であるとしている（Anthias, Kontos, and Morokvasic 2013: 5-6）．さらに彼女らの提唱する同概念は，通常の社会的包摂概念とは異なり，トランスナショナルなつながりも視野に入れたものである点が特徴である（Anthias, Kontos, and Morokvasic 2013: 7-8）．

　しかしながら，ここで展開される社会的包摂概念は Alba and Nee（2003）が定式化した「新しい同化理論」における同化概念と実質的に異ならないといえよう．なぜなら，先述したように「新しい同化理論」においては，同化概念を文化的な同質化ではなく，社会のメインストリームにおけるエスニシティ境界の消失と定義しており，Anthias, Kontos, and Morokvasic（2013）が提示するように，文化的な側面ではなく社会生活の諸側面（≒社会のメインストリーム）におけるライフチャンスの配分に注目する社会的包摂概念とほぼ変わらないといえるためである[7]．

　このような観点に立つことで，Boyd が 1984 年に Morokvasic（1983）の問題提起を受けて提唱した「二重の障害」(the double disadvantages of being foreign born and being female）（Boyd 1984: 1094），及びその後の一連の移民女性の労働参加に関する研究群（e.g. Antecol 2000, Salway 2007, Read 2004, Dumont et al. 2005）の意義が改めて評価されるといえよう．なぜなら，ライフチャンスの配分という意味で，労働市場はまさに社会のメインストリームというべきものであり，そこへの参加（労働参加）の状況について明らかにすることは，移民女性の社会的統合について論じる上でも避けて通れない論点であるためである．

　さらに近年になると，移民女性の職業的地位一般についての研究（Parella et al. 2013）や医師などの高度専門職（e.g. Oikelome and Healy 2013）に就く移民女性についての研究，あるいはエスニックビジネスの展開におけるジェ

ンダーの影響（e. g. Light 2007）といった研究が見られることは，こうした問題意識に基づいた研究の広がりを示すものといえよう．つまり，ジェンダーの視点に基づく移民研究においても移民女性の階層的地位に基づいてその社会的統合を論じるという手法は有効な方法といえるのである．

2-6　同化理論の米国以外への応用

このように移民研究における主要な理論的枠組みである同化理論は米国の経験を分析対象とする中で発達してきた．しかしながら，第2章で見たように，近年，国際的に国際人口移動が活発化し，多くの国が送り出し側から受け入れ国へと転じる国際移動転換（migration transition）（Castles et al. 2014: 46-51）を経験する中で，こうした国／地域で移民の社会的統合の状況が論点となってきている．

例えば，Kogan（2010）や Reitz（1998, 2002）は，戦後，大量の移民を受け入れた欧州諸国における移民の社会的統合の状況を分析するにあたって，労働市場の構造や柔軟性，移民政策，及び福祉国家レジームといった制度・構造的な要因が重要であることを指摘している．

特に Kogan（2010）は EU 加盟 15 か国における移民労働者の失業率や職業的地位に関して行った国際比較研究において，植民地からの移民受け入れの経験を持つ伝統的な移民国の方が，そうした経験を持たない新しい移民国に比較して，EU 域外の非先進国からの移民（第三国からの移民）の保有する人的資本に対する評価が高い傾向にあり，移民が高い職業的地位に就く傾向があることを明らかにしている．また，新しい移民国の間でも，統合政策をとる国の方が，寛容な失業手当給付の影響から失業率は相対的に高くなるものの，一方で，十分な求職活動を行えることから，就職した場合の職業的地位は高くなる傾向があるとする．また，労働市場の柔軟性については，解雇規制が厳しいなど，硬直的な労働市場の国ほど，雇用者が「リスキー」な労働者を忌避する傾向が見られることから，移民の失業率は上昇し，その職業的地位も低くなる傾向があるとする．

これは福祉レジームとの対応では，自由主義レジームに属する国の方が，保守主義や社会民主主義レジームに属する国よりも，移民の労働市場における現地人との格差は縮まる傾向にあることを意味している．また，保守主義と社会民主主義レジームの間では，失業率は後者の方が高くなるが，いったん就職した場合の職業的地位は後者の方が高くなるとする．こうした研究は，移民受け入れにおいて制度・構造的な要因が重要であることを示すものといえよう．

　このように，米国の移民研究では個人の階層的地位に注目する傾向が強い反面，欧州では国の政策等，制度的な側面への注目が強いことが指摘されてきた（Morawska 2008）．一方，近年，米国を中心とした移民研究の成果がそれ以外の国・地域に妥当するかどうかという点が論点となりつつある（FitzGerald 2015: 116-7, 125）．

　このような研究を代表するものとして挙げられるのが Alba and Foner (2017) による北米と西欧の6か国における移民の社会的統合の状況に関する比較研究である．

　まず，同書では社会的統合（integration）というカギとなる概念を，労働市場や教育といった社会の根幹，主流をなす社会的領域において，移民と現地人との間の格差が消滅することと定義し，多数派の特定の社会文化的特徴に対する移民の一方的な同一化を意味するものではないとしている．これは米国の移民研究における社会的同化（social assimilation）とほぼ同概念であるとされるものの，同概念に付きまとう米国中心主義的な印象を避けるために統合（integration）という概念を用いているとされる．

　同書が検討対象とするのは，米国，カナダ，英国，フランス，ドイツ，オランダの6か国であり，いずれの国も戦後，大規模な移民の流入を経験している点が共通している．そしてこれらの国における移民の社会的統合の状況を，経済的側面，居住地，宗教，政治，第二世代，そしてアイデンティティの観点から分析している．

　移民の社会的統合についてしばしば参照されるのが，国の成り立ちから移

民の社会的統合状況の差異を説明しようとするナショナルモデル，福祉国家としての類型から説明しようとする政治経済モデル，移民国家とそれ以外という観点から説明する移民国家モデル，米国の移民受け入れの歴史を特殊なものとみる米国例外主義，そして自由主義諸国間の移民政策の収斂を指摘する収斂モデルであるとされる．その上で，同書はこれらの要素は社会的統合の状況に影響することも多いものの，いずれか単一のモデルから説明されることはないことを明らかにしている．また，社会的統合の状況においても，どこかの国がすべての面で良好なパフォーマンスを示すということはなく，例えば，移民の経済的統合の状況については，米国が最も遅れており，英国が最も進んでいるという結果が出ている一方，アイデンティティや政治参加といった点においては，米国やカナダで社会的統合が最も進んでいるといったように，個々の社会制度や歴史的文脈に応じて社会的統合の状況が異なることが示されている．

そうした中，社会的統合の状況に大きな影響を与えているのが，米国における人種間関係（color line）の存在とそれに対する異議申し立て運動，つまり公民権運動の存在であるという．米国では植民地時代からの黒人奴隷の使用と彼女／彼らに対する厳しい人種差別の歴史を有する一方で，1960年代にはそれに対抗する激しい公民権運動があったことから，その後の新たな移民受け入れにおいてもそれはそのまま人種／民族間の平等化に寄与しているとされる．類似の経験はカナダにおけるケベック州の取り扱いにも見られるとするが，それは異なる言語，文化に属する白人間の平等を目指したものである点，米国の経験とは異なるとされる．また，こうした経験を持たない欧州諸国においては，移民の有する人的資本やあるいはもともとの言語，宗教，文化的な特性により社会的統合状況が異なるものの，それはある種，状況依存的なものともいえ，何か制度的に担保されているわけではないことが大きく異なるとされる．

同書によって，米国の移民研究において主流とされる社会的同化理論が米国以外の経験を分析する際にも有用であることが示されたといってよいだろ

う．これは同枠組みが階層概念を中心として構成されることで，特定の社会的文脈から離れた形で移住過程を分析することが可能であるためといってよい．また，その際，社会的同化と社会的統合を読み替えることで，社会的同化という言葉に付きまとう米国中心的なイメージを取り除き，より普遍的な理論的枠組みとして提示することが可能であることも示された[8]．つまりこれは現代の移民研究において階層的地位を軸に移住過程を分析する社会的統合アプローチが主流となっていることを示すものといえる[9]．

2-7 定住性に関する議論

さて，ここまで検討してきた欧米の移民研究において，移民とはどのような人たちのことを指すのであろうか．現在，国際的な移民研究の発展を踏まえ，最も網羅的な形で国際移民に関するデータセットを構築しているOECDや国連の定義を見ることでその全体像をつかむことができるだろう．

OECDや国連の定義によれば，移民とは「その出身国を離れそれ以外の国に居住している者」を指す．また，「居住している」ことの定義は国連では1年間以上，OECDでは更新回数に上限のない在留資格での居住のことを指しており，よく日本で言及されるような「移住当初から永住資格を持っている」ことといった定義はなされていない．

実際，OECDによると国際移民とは永住移民（permanent migrant）と一時的移民（temporary migrant）からなるとされ，前者には更新回数に上限のない在留資格による居住全般が含まれ，その場合，日本に居住する外国籍人口の大半がこれに含まれる．一方，後者に分類されるのは日本の場合，「留学」，「企業内転勤」，及び「技能実習」といった自ずから在留期間に上限のある在留資格による在留者であるが，これらの人々も「移民」と見なされるのが通例である（Lemaitre et al. 2007）．

一方，日本について論じる場合に強く意識される定住性や永住性といった概念は，国際的な移民研究では移民であることとは別の論点であり（Duleep 2015: 131-4），定住性や永住性の強度の違いが移住後の移住過程に影響を与

えるという論の立て方が通例である．これは例えば，その大半が非正規移民で季節労働者として米国とメキシコの間を行き来する米国の移民研究（e.g. D. Massey による Mexican Migration Project（MMP））や，近年，グローバリゼーションによって注目を浴びたトランスナショナリズムの視点に基づく研究，あるいは永住性の強弱と人的資本への再投資の関係を探った Duleep & Dowhan（2002a, b），米中間の移民についてそれを検証した Chunyu（2011），1986 年の米国の移民法改正による非正規移民のアムネスティによる彼女／彼らの賃金への影響を明らかにした Powes and Seltzer（1998）といった研究を挙げることができるだろう．こうした研究の成果を踏まえ，Duleep（2015）は永住性（being permanent）とその国への適応過程の間には互いに影響を与え合う関係があるとしている．

つまり，国際的な移民研究において移民とは永住性や定住性は可変的なものであり，それ自体が分析対象となることで，その汎用性や普遍性を高めているといえよう．

2-8　小　括

以上のように，米国を中心とした移民研究においても，その当初は対象指向的，実践主義的な研究が多く見られたものの，Gordon における同化理論の総合（canonical synthesis（Alba and Nee 2003: 23））を境にそれは大きく変わったといえるだろう．とりわけ，階層的地位を軸に集団間関係を問うという理論的枠組み自体は Gordon によって包括的に示され，以来，ずっと変わらなかったといえる．

その後，同化理論と同化主義の混同といった紆余曲折もありつつも，同化理論は経済的同化により焦点を当てた形で進展してきた．さらに近年では，「分節化された同化理論」や「新しい同化理論」によって文化やアイデンティティの変容も含めた移住過程全体を視野に入れた理論として再定義され，依然として移民研究における主流となっている．また，近年では同枠組みは制度・構造的要因の影響も視野に入れつつ，米国と移民受け入れの文脈が異な

る国・地域の経験にも応用されるようになることで，移民研究における社会的統合アプローチの重要性は高まっているといえるだろう．

なお，これらの移民研究において分析対象である移民とは，ほとんどの場合，それぞれの出身国を離れて暮らす人と，きわめて緩やかに定義されている．そこでは日本で移民について論じる際に所与とされる強い永住性に関する仮定はなされず，内部に様々なカテゴリーに属する人たちを含むものであった．こうしたことが移民研究の汎用性や普遍性を高めているといえよう．

3 日本の移民研究における理論的枠組み

日本の移民研究は 1990 年代以降の外国人人口の急増を受けてその数を増してきたが，その流れを見ると，欧米の移民研究の潮流を参照しつつも独自の発展を遂げてきたといってよいだろう．その特徴を挙げるとすれば，主に小規模のフィールドワークをベースにした記述的な研究，及びそれに基づいて社会アドボカシーを行う実践主義的な研究が多い一方，大規模なデータを基に，特定の理論的命題について検証した研究が少ないということである．特に，欧米の移民研究で中心的命題であった社会的同化／統合概念については，意図的に議論することを避けてきたとでもいうべき経緯があり，欧米の移民研究と直接比較可能なものは少ない．

しかしながら，移民人口の急増という世界的に共通した社会変動を分析対象とする以上，それらから導き出された結論は欧米の移民研究と共通する問題意識に裏打ちされたものが多いのも事実である．以下では，欧米の移民研究の特徴である集団間関係への注目，移住過程における階層的地位への注目，及び制度・構造的要因の影響といった点について日本の移民研究がどのように議論してきたのかを明らかにする．

第3章　日本の移民研究における方法論的課題

3-1　集団間関係への注目

(1)　奥田，田嶋，広田らによる都市エスニシティ研究

　日本における移民研究の嚆矢ともいうべき研究は奥田・田嶋（1991, 92, 95），広田（[1997] 2003）らによる都市社会学的エスニシティ研究である．これらの研究は1990年代にかけて急増した外国人人口の生活状況について，池袋，新宿，及び横浜といった大都市インナーエリアに居住するアジア系ニューカマー外国人を対象に調査研究を行ったものである．これらの研究では，以下のことが明らかにされてきた．

　第一に，1980年代後期の「団塊」としての越境アジア系ニューカマーズの来日に当たっては，もともとこれらの地域が国内移動者を受容してきた土地柄だけに，移動する人々を迎え入れるサブカルチャーが醸成されていたこと．一方で，若手労働力を中心とした越境移動者が，バブルの後遺症に悩むこれらの衰退・空洞地区に賃借人や消費者として貢献した側面があったことも明らかにされている．また，この時期流入したアジア系ニューカマー外国人は，移動先での成功を望む積極性や能動性を身に着けた，都市部の中高学歴者からなっており，同じく大都市である東京での生活には早期に適応できたことも指摘されている．その後，94年に行われた調査では，その後，続々と来日した層はこのような経験を活かし，よりスムーズな適応過程が見られたことが明らかにされている（奥田 2003: 382-3）．

　その後，2000年代に入ると，90年代に来日したニューカマー外国人の多くは，すでに結婚や出産を経て家族形成を経験しており，第二世代の社会的適応が課題となりつつあるとされている．また，居住形態を見ると，木賃アパート，賃貸共同住宅，ワンルーム・マンション，そして分譲マンション，建売住宅といったようにより資産価格の高い不動産に住むようになっており，また居住地から見ても，子育て期に差し掛かることで郊外への移動が頻繁に見られるようになっているとする．また，そうした過程で出身国や第三国への再移動も見られるとされる（奥田 2003: 384-5）．

第Ⅰ部 問題の所在,及びその背景

　こうした状況において,受け入れ側である日本人住民との関係においては,「微妙な間合いをとりながらも,いわばクサビ型に相互に入れ組み浸透しあう関係が見られる」とし,エスニシティ系列ごとの「ローカル・エスニック・コミュニティ」が生成されているわけではないことを指摘している（奥田 2003: 389）.

　こうした視点を受け入れ側である日本人と新たに流入してきたニューカマー外国人の間のミクロな相互作用からなる共生に向けた実践として描き出したのが広田（[1997] 2003）であるといえよう. 広田は,ニューカマー外国人——「エスニシティ-越境者」と呼ばれる——と受け入れ側の日本人——「共振者」と呼ばれる——の間で日々生じる様々な葛藤や衝突を制度,構造的な次元に回収されない形で,乗り越え,ずらし,迂回していく「融通無碍」な実践が見出されるとし,その様子を横浜の鶴見区をフィールドとして描き出した.

　また,奥田と協働してこれらの研究をリードした田嶋（2010）はその後の研究において,中国系移住者の日本における移動と定着の諸相について,ローカル,リージョナル,そしてグローバルレベルで展開する移住者の社会空間形成に注目することで明らかにしている. その結果,同研究においては,受け入れ社会,及び送り出し社会の変容,そして,世界中に散らばる中国系移住者のエスニック・ネットワークによって作られるトランスナショナルな社会空間が成立していることを明らかにしている.

　こうした視点は,しばしばこれらの研究において言及されるように,米国のシカゴ学派都市社会学の影響を受けたものとされている. 実際これらの視点は Park and Burgess（1921＝1969）に見られるように,複数のエスニック集団間の集団間関係を問うという意味で問題意識を共有しているといえるだろう.

　その一方で,集団間関係をエスクラスのような特定の分析概念を用いず,もっぱらミクロな相互作用の諸相を記述によって分析するという手法は,やや素朴であるようにも見える. 例えば,Gordon（1964＝2000: 47-52）は,逸

脱とマージナリティに関わる論点として，職場や学校や公共組織等において，階級やエスニシティを超える第一次集団関係が起きることがままあるとしているものの，これは既存のエスクラス間の関係を壊すものではないことから，「原則を証明する類の例外」と位置付けている．また，異なるエスニック集団の境界に立つ人物について，社会学概念としてのマージナル・マンの状態に置かれることも指摘しており，こうした人物においてはアイデンティティの揺らぎや社会認識について他のマジョリティとは異なる傾向が見られることを指摘している．奥田の指摘する「微妙な間合いをとりながらも，いわばクサビ型に相互に入り組み浸透しあう関係が見られる」や広田のいう「融通無碍な実践」とはいわば，こうした類のことである可能性が高いが，これらの研究においてこうした点について検討を加えた形跡は見られない．

　また，田嶋の研究は Massey（1987）や Castles et al.（2014）らに代表される移民研究を参照しているように見えるものの，これらの研究の根幹である制度・構造的な視点，あるいは社会階層的な視点に基づいた系統だった分析は行われておらず，個人的，同郷的なものも含め，ネットワークが広がっていることを指摘するのみであり，Massey らの研究と問題意識を共有するものの，実際の理論的展開においては異なるものとなっている．実際，これらの研究がもっぱら地域社会におけるミクロな相互行為に注目し，マクロな視点を持っていないことについて，梶田他（2005: 295）は次のように批判している．

> 「第一に，共生という言葉は自らが持つ響きの良さを保つために，モデルに適合しない現実から目をそらす，あるいはそれを排除する傾向があった．現実をみない例としては，池袋や新宿で調査を重ねた奥田道大らの議論を挙げることができる．彼は，都市インナーシティという磁場において共生の作法が規範となり，外国人を受け入れる「地域社会の懐の深さ」を強調する．一連の調査報告を好意的に読めば，「不法」と「資格外」とを問わず共生の実態が存在することを訴えているともとれるだ

ろう．しかし，この「共生」が進む池袋や新宿は，警察力の集中的な投入により多くの非正規滞在者を排除してきた地域でもある．そうした現実にまったくふれず，「ものわかりのよい住民」と「生活基盤を築く外国人」だけを見る奥田共生論は，都合の悪い現実を消去した空想上の地域社会モデルでしかない．」（梶田他 2005: 295）

このように，都市エスニシティ研究は日本における移民と現地日本人の集団間関係を問うという重要な地平を切り開きつつも，分析に当たってはもっぱらミクロな相互作用の記述にとどまったことから，その理論的展開に支障をきたしたといえよう．

(2) 谷による在日朝鮮人研究

それに対して，谷の在日朝鮮人を対象とした研究（谷 2015）は，ミクロな相互行為にとどまらず，日本人と在日朝鮮人の間の民族関係を生活構造論的視座に基づいて分析をしている点，上記の研究とは一線を画するといってよいだろう．

同研究においては，民族についてヴェーバー的な定義が採用されており，いわば共通の出自に関する信念を共有する人間集団，つまり「信念集団」（谷 2015: 46）として定義されている．その結果，民族を実態視せず，相対化することが可能となり，民族団体に参加するといった民族役割を，その人の持つ社会的役割のすべてではなく，「生活主体としての個人が文化体系および社会構造に接触する，相対的に持続的なパターン」（鈴木 1986: 177）である生活構造の中のひとつの役割として位置づけられるようになるとする（谷 2015: 46-7）．つまり，民族関係の分析とは，民族役割を一要素として内包する生活構造の重層的なあり方そのものを明らかにすることなのである（谷 2015: 48-9）．更に，同研究は民族関係を，民族性の表出と他民族との関係の軸に整理し，それぞれ顕在-潜在，結合-分離といった形態をとるとした上で，これらの組み合わせて得られる「顕在-分離」，「潜在-分離」，「潜在-結合」，

「顕在-結合」という4類型に分け，更にこれらの類型の組み合わせで16通り（4*4）の関係があるとしている．

　こうした形で定義される民族関係は同研究に独自のものとされるが，先行研究との関係は以下のように説明される．まず，民族関係論に関する先行研究としては，①社会心理学的アプローチ，②地域社会学的アプローチ，③社会文化的アプローチ，④社会経済的アプローチが挙げられるとする（谷2015: 57）．この内，米国の移民研究において主流をなす社会経済的アプローチについては，日本における先行研究は極めてまれであるとし，その理由としては対応する社会運動の不在，研究者における問題意識の欠如，及びデータの不足といったことが挙げられているものの，内在的な検討は行われておらず，その理論的な関係については必ずしも明らかではない（谷2015: 68）．

　こうした理論的枠組みに基づき，4家族57人の生活史の聞き取りを行った結果，以下の結論を導き出している．まず社会移動については，日本社会における在日朝鮮人への差別構造により，ニッチな業種における自営・管理がひとつの到達点として存在しており，そこでは個人の頑張りである「自力主義」，家族や親族，同胞のネットワークによる支援である「家族主義・相互主義」が重要であるとされる．また，階層的地位の世代間移動については親世代の経済的・文化的階層基盤の持つ意味が大きいとされ，親が医者や弁護士などの専門職の場合，子の社会移動は容易であるとされる．地域的な差異も大きく，商工業者が多い地域では地元のネットワークに豊富な雇用機会があることから社会移動のチャンスが大きい反面，そうした機会に乏しい地域では社会移動のチャンスも限られているとされる．民族間関係との関連では，社会移動を経験するほど，日本社会との結合のチャンスが増えるとしている（谷2015: 361-4）．

　民族性と民族関係の関連については，強い家族主義による親世代からの継承の効果が大きく，そこでは母親—オモニの影響が大きいこと，世代が下るにつれて，単なる継承から個々人の嗜好や選好などがかかわってくる獲得の要素が強くなること，日本人との混住地域の方が「顕在-結合」関係が見ら

れやすいこと，またその場合，居住歴が長く地域社会へのコミットメントが強い人たちが多いほうが，様々な形で個人的な接触を持つ機会が大きいことから，より「顕在-結合」的な関係を取り結びやすいこと——同研究ではこれを「バイパス結合」と呼んでいる——が明らかにされている（谷2015: 365-9）．

以上のように，同研究は理論的枠組みに乏しい日本の移民研究において，明示的に集団間関係を取り扱った貴重な研究ということができるものの，その理論的構成においては不十分な点も多いといえる．第一に，民族間関係という形で集団間関係を扱っているものの，先行する欧米の移民研究の成果を十分に参照しないまま，生活構造論という独自の概念によって分析を進めていることである．

その結果，同研究において提示されている諸概念には，既存の移民研究の枠組みと類似したものが多い．例えば，同研究のカギ概念である生活構造とは，Gordonが整理した社会構造（social structure）という概念にほぼ近い．つまり，「ある社会の成員が共有し，その成員を集団の中に位置づけ，各成員をその社会の主要な制度的活動すなわち経済活動や就労，宗教，婚姻や家族，教育，政治，娯楽といったものに参加させるもの」（Gordon 1964＝2000: 27）であり，これはおおむね谷が採用する生活構造の定義と一致する．

また，先述したようにGordonはこの社会構造を更に，私的で親密であり感情的要素を含み，パーソナリティの全体が関与する家族や友人関係からなる第一次集団と，その接触が私的ではなく，公的もしくは偶発的で，親密ではなく，断片的でもある職場や地域活動といった第二次集団とに分け，この内，第一次集団レベルでの関係が築かれた状態を構造的同化（structural assimilation）と呼んでいる（Gordon 1964＝2000: 28, 66-7）．このことは，谷が主張する，地域社会などの共通の生活構造の中での頻繁な個人的接触が，民族性を顕在化させたままでの民族間の結合関係である「顕在-結合」関係を生むという結論とほぼ同趣旨のことを述べているといえる[10]．

その一方で，同研究は集団間関係を分析するとしつつも，それは一次的な

接触が行われる地域社会などの限定された範囲にとどまり，二次的な社会関係における集団間関係については明らかにされていない．その結果として，明らかにされるのはミクロな相互行為のレベルでの民族集団間の関係とそこにおける民族性の表出の組み合わせだけであり，Gordon が明らかにしたようなナショナルレベルでみたエスクラス相互の関係といったことは明らかにされないという限界を有する．これは社会的統合アプローチを採用するならば，本来，回避された問題であるといえる．

以上のように，日本の移民研究において集団間関係を扱った研究は行われてきたものの，そこにおける理論的枠組みや結果の解釈においては，先行する移民研究の成果を十分に検討，参照したものと必ずしも言い難い．その結果，これらの研究本来の問題意識に十分に応えられていないという状況が見られる．

3-2 構造的分断アプローチ

移民研究においては，二重労働市場理論に見られるように労働市場を始めとする制度・構造的要因の影響によって，移民の社会的同化が妨げられているとする理論的枠組みが存在する（Raijman and Tienda 1999: 242, Alba and Nee 2003: 163）．同視点に基づく研究は移民の持つ異質性を制度・構造的な分断と重ね合わせて論じることから，構造的分断アプローチとでもいうべきものであり，90 年代の日本のように，急激な移民人口の増加を経験した社会において直感的に受け入れられやすく，日本でも多くの移民研究がこのようなアプローチをとってきた[11]．

（1） 梶田による外国人労働者研究

ニューカマー外国人の急増した 1990 年代初期に出された優れた著作の一つが『外国人労働者と日本』（梶田 1994）である．同書はともすると外国人労働者問題に関する研究が，ルポルタージュやドキュメンタリーなどジャーナリズムの観点からの事実発見に重きを置きがちだったことに対して，欧米

の移民研究も参照しつつ，より理論的分析へと関心の重点移行を試みたものである（梶田1994: 12, 27-8）．これは，Gordon（1964＝2000）のように，過度の対象指向性と実践主義を乗り越えようという試みが日本の移民研究において明確に意識された嚆矢といえよう．

同書では，公式的には外国人労働者受け入れ政策を持たない日本政府の特徴を「バック・ドア」からの外国人労働者の導入と位置付けつつ，長期雇用を前提とする日本的経営と外国人労働者の関係，欧米の移民研究で主要な論点と位置付けられる外国人のセグリゲーション現象の日本における展望，言語，宗教，及び家族観などの文化的側面，性・風俗産業で働くアジア人女性の問題，日系ブラジル人を中心とした日系人の流入，外国人労働者の定住化の可能性，移民第二世代の教育問題，外国人に対する市民権付与の可能性の検討といった論点について，その時点での最新のデータを踏まえた端的な整理がされており，現在でも十分に応用可能な視点が示されているといえよう．

例えば，日本が90年代にニューカマー外国人の急増を経験するまで，外国人労働者の受け入れを行ってこなかった理由として同書は，農村部に多くの余剰労働力人口を抱えていたこと，日本企業内部での合理化やオートメーション化が進んでいたこと，主婦のパートや学生のアルバイトに代表される外部労働市場が発達していたこと，長時間労働に代表される柔軟な雇用政策が可能であったこと等を挙げている．しかしながら，80年代後半になって，日本においても追加的な労働力の絶対的な不足が顕在化し，また日本経済の成長によって円の力が強まり，外国人が日本で働く魅力が増したことや，情報化の進展，サービス労働の増大等に伴って，労働力の再編が必要となったことが，外国人労働力の受け入れに適合的になったとする（梶田1994: 19-23）．これに対して，西欧諸国では戦前のずっと早い時期から産業化が進んでおり，また出生力も低かったことから，農村部に大量の余剰労働力を抱えているということもなく，また労働組合の力が強く，日本のような柔軟な雇用政策をとれなかったこと等から，その欠損部分を外国人労働者が担うことになったとする（梶田1994: 16-7）．

また，日本的経営に代表される日本の労働システムにおいて外国人労働者がどのように位置づけられるかという議論においても，技術者や専門職などの特別な能力を要する労働，企業の正社員などの一般的労働，パート，アルバイト，派遣労働者などからなる非熟練労働の三つの内，外国人労働者が担うことになるのは，第一と第三の労働分野であり，国ごとの固有の雇用慣行やシステムが強い第二の労働分野における外国人労働者の受け入れは進まないだろうとし，これは西欧諸国の場合でも同様であるとする（梶田 1994: 54-62）．

　外国人女性の問題についても，日本の性風俗産業で働くアジア人女性の存在を社会問題として告発する視点が非常に強いことを指摘しており，それが同現象を外国人労働者問題の一つとして認識させるのを妨げていると指摘している（梶田 1994: 127）．このことは，アジア人女性の存在を単なる性風俗現象やそこにおける人権侵害の問題に限定することで，国際移動におけるジェンダーというより大きな視点を見落とす可能性を指摘したものである（梶田 1994: 127-30）．

　更に，同書は今後の中長期的な展望に関する論点として，外国人労働者の定住化，及び第二世代の教育問題，外国人に対する市民権付与について論じている．この内，定住化に関しては，サイヤード（A. Sayad）による「定住化の三段階」仮説を参照している．それによると，国外への出稼ぎ労働（国際移動）は，必ずしも十分とはいえない農村社会や家族の収入を補充すべく家族や共同体の要請によって行われる第一段階，農村における開発の遅れ，人口爆発，通信手段の発達による先進国からの情報の流入，農村共同体の衰退の中で，都市生活へのあこがれや消費社会への参加の意識が芽生えたことにより，より個人主義的な動機に基づく第二段階，そして国際移動先に同胞からなるエスニック・コミュニティを形成するようになり，そこで家族呼び寄せや形成が行われ，送り出し国との結びつきが次第に失われる一方，エスニック・コミュニティ内にとどまることで現地社会への同化も十分には進まないまま時間が過ぎる第三段階からなるとされる（梶田 1994: 176-8）．

第 I 部　問題の所在，及びその背景

　以上の議論をもとに同書では，日本において今後，外国人の定住化が起きるかという問いに対して，家族呼び寄せの可能性，及びその前提としての外国人労働者の受け入れ方式について議論している．その結果，家族の呼び寄せは基本的人権にかかわる問題であり，今後，外国人労働者の受け入れが拡大していく中で，それを禁止することは難しいだろうとの見解を示している（梶田 1994: 186-7）．また，新興国を除くアジア諸国全般と日本の経済格差が急速に縮むこともやはり考えにくいとする（梶田 1994: 190-1）．更に，日本社会の単一民族性や均質性を強調する向きについても，グローバルな人の移動が現実のものとなった現代世界の中で，移動先の選択は相対的な問題であり，日本の排他主義を以って，移民の定住化の可能性を否定する議論には問題があるとしている（梶田 1994: 192）．しかしながら，こうした議論にもかかわらず，梶田は日本における移民の定住化の可能性については明確な結論を出すことを避けている（梶田 1994: 192）．

　以上のように，梶田の議論は 1994 年当時に出されたものであるにもかかわらず，様々な現象をバランスよく取り上げているのみならず，現在でも応用可能な普遍的な視点を提示している．特に，日本的経営を始めとする日本の労働市場において，外国人労働者がその技能や在留資格，エスニシティによって「緩やかな二重構造」に置かれていることを明らかにした部分は，現在でも妥当する部分が大きいとされるなど（上林 2015: 40），大いに評価されるべきであろう．

　しかしながら，欧米の移民研究の成果を積極的に参照していくとしつつも，実際には社会的同化理論を始めとする先行する移民研究の理論的系譜を十分に参照していないという点は，その後の日本の移民研究にも共通する問題である．

　では，なぜこのような問題が起きるのであろうか．その理由として考えられるのは，欧米の移民研究が移民の永住性や定住性を所与のものとしないのに対して，日本においては暗黙裏に強い永住性を仮定することで，議論の幅を狭めてしまっているためと考えられる．

この点について考えるに当たって，参考となるのは日本の移民受け入れの状況を「バック・ドア」政策（梶田 1994: 52-3）による結果と呼ぶことに象徴されるように，90 年代におけるニューカマー外国人受け入れの経験を評価する際に，これを欧米の移民受け入れの経験とは異なる，どこかイレギュラーなものとして捉えてしまっているという事実である．実際，梶田は同書中において以下のように述べている．

> 「第一に，本来「外国人労働者」として扱われるべき人々が，「外国人労働者」としてではなく，「不法就労者」「就学生」「留学生」「研修生」「難民」などの，それとは異なるカテゴリーとして入国したり滞在したりする結果となりやすい」（梶田 1994: 32）．

この対比として西欧諸国では，「外国人労働者」ないしは「移民労働者」という概念は，かなり明確に定義されるとする（梶田 1994: 32）のだが，果たしてそれは本当であろうか．確かに，一部の西欧諸国において戦後のゲストワーカーによる外国人労働者の導入は，二国間協定に基づいた厳密なものであったことから，外国人労働者の定義はその観点からは明確であったといえるものの，それは戦後の一時期に限ったことであり，現在も含めそれ以外の時期においては移民受け入れの大半は梶田が指摘する日本の経験と同様，「不法就労者」「就学生」「留学生」「研修生」「難民」などの多様なカテゴリーからなる人たちである．そして現在，主に非熟練労働力に従事する外国人労働者を大量に受け入れている国は先進諸国にはなく，就労を目的とした国際移動は一部の高度専門職に限定されているのが実情である（OECD 2017: 18）．

こうしたことを鑑みるならば，日本の 1990 年代以降，現在に至るまで採られている政策は，同時代的に見ればむしろ標準的なものであり，「バック・ドア政策」と一方的に呼ぶのは必ずしも適当ではないだろう．むしろ，このような視点を採ることにより，日本の経験を特殊な事例とみなす風潮が

生まれることが問題であろう．この点については1989年の入管法改正を現在に至る「90年体制」として明確に位置づけた明石（2010: 39-47）も指摘するところであり，日本の移民研究の理論的発展を阻む障害となってきたといえる．

(2) 梶田らによる「顔の見えない定住化」仮説

しかしながら，そのような構造的な問題点を抱えつつも，構造的分断アプローチに基づいた研究は，競合する理論的枠組みの不在もあり，日本の移民研究において主要な理論的枠組みとして位置づけられることとなる．その代表的な研究が梶田他（2005）による「顔の見えない定住化」仮説である[12]．

同書においては，先行する移民研究を検討する中で，その理論的枠組みを三つのパラダイムに分けている．第一が伝統的パラダイムとされるものであり，移動におけるプッシュ-プル理論（Harris and Todaro 1970），労働市場における人的資本（Borjas 1999），社会文化における同化（Gordon 1964）がセットになっているとされる．そこでは，移民は移動に伴うコストと賃金格差による便益計算により移動し，人的資本に応じて労働市場で処遇され，同化が進めば差別もなくなり，移民としての痕跡も残らない．国家の役割が考慮されることもほとんどなく，移民ネットワークも一時的かつ過渡的な役割を持つものとしてしか位置づけられないとする（梶田他 2005: 14）．

第二のパラダイムは非伝統的パラダイムとされるものであり，第一のパラダイムが個人を単位とした説明に傾斜してきたのに対し，このパラダイムは集団，及び社会構造の水準に力点を置くとする．すなわち，金銭，学歴，技能といった個人の持てる経済的・人的資本のみならず，集団に対する差別や集団の連帯，及び社会的制度といった要素が移民の運命を決めるとする．「二重労働市場理論」（Piore 1979），「移住システム論」（Massey et al. 1987），「社会的資本論」（Portes 1995）といった理論群がこれに相当するとしている（梶田他 2005: 15-6）．

最後に，第三のパラダイムとされるのが，トランスナショナル・パラダイ

ムである．これは国民国家を超える移民ネットワークの存在を描き出すトランスナショナリズム研究を指すものである．同書はこの内，第二の非伝統的パラダイムが日本の状況に最も適合的であるとし，これを理論的枠組みとして採用した（梶田他 2005: 17）．

また，同書では非伝統的パラダイムに基づいて分析を進めるにあたって，国家，市場，移民ネットワークという3つの要素に注目した理論構築を行っている．これらはそれぞれ入管政策や統合政策からなる国家的要素，企業行動や景気動向等からなる市場的要素，そして移住システム及びエスニック・コミュニティ等の社会関係資本からなる移民ネットワーク的要素として論じられ，相互に影響しあうことで移民の移住過程を形作るとしている．

このような理論的枠組みに基づき，同書が明らかにしたことは，以下のとおりである．まず，1989年の入管法改正により「定住者」の在留資格が日系3世までを対象に認められるようになり，日系ブラジル人の自由な来日，そして就労が可能となった．これと並行して，当時，バブル景気を背景に逼迫する日本の労働需給があり，両者が相まって日伯両国にまたがる職業あっせんビジネスが成立することとなった．これは日系ブラジル人の移住過程においては，家族や同郷者からなる相互扶助型移住システムではなく，市場を介した市場媒介型移住システムが作動していることを意味する．

その結果，日本側の労働需要に応じてフレキシブルに職業あっせんをするシステムが構築されたとする．つまり，日系ブラジル人労働者は地域社会にまとまった数で集住しつつも，それは派遣労働者用の借り上げ住宅である等，地域社会との十分な接点がない匿名性の高いまま，頻繁な転居を繰り返すこととなり，日系ブラジル人の間での社会関係資本の蓄積も進まず，それが彼女／彼らの社会経済的地位を低いままにするとした．これが「顔の見えない定住化」とされる状態である．

この研究は日系ブラジル人の移住過程に限定した分析ではあるものの，これまで十分な理論的枠組みの検討がないまま進められてきた日本の移民研究において，最もまとまった論考を展開したものと評価することができる．し

かしながら，同研究においては，その野心的な試みにもかかわらず，事実認定のあり方や参照すべき先行研究の範囲，解釈において依然として問題があるといえるだろう．

　第一に，参照すべき移民研究の範囲が90年代までのものが中心で，2000年代以降の動きをカバーできていないという点である．例えば，伝統的パラダイムとして挙げられるものは，1970年代くらいまでのものであり，Gordon（1964）以降の米国の移民研究の進展をほとんどフォローしていない．また，実際には先述したように，伝統的パラダイムと非伝統的パラダイムは相互に参照しあっており，異なるのはその社会経済的同化に対する見通しの若干の違い程度である．また，その際，ミクロレベルで見た個々人の階層的地位を軸としてマクロレベルで見た社会的統合の状況を明らかにするという論理構造自体は両者に共通のものであり，梶田らのように制度・構造的要因のみにその原因を帰着させるのは，こうした研究の展開の根幹を見落としているといえよう．

　第二に，その結果，定住化の概念が，梶田らが批判した都市エスニシティ研究の共生モデルと大差ないものとなってしまっている．つまり，「顔の見えない」という時に暗黙裡に想定されているのは，「顔の見える」状態と考えられるが，これは都市エスニシティ研究が極めてナイーブに想定したミクロな相互行為レベルでの「共生モデル」と概念上差異がないといえよう．こうしたプリミティブな概念化に意味がないことは，谷（2015: 46-9）においても指摘されているところであり，理論的枠組みとしてはむしろ若干後退しているといわざるを得ない．

　また，同書の主張の一つが，従来の日本の移民研究がGordonのいうエスクラスの内，エスニシティにしか目を向けていないのに対して，政治経済的領域での格差解消を目指すべきというものであり，そのため，「異なるエスニック集団が，社会文化的領域で集団の境界と独自性を維持しつつ，政治経済的領域での平等を可能にすること」（梶田他2005: 298）を「統合」として定義している．しかしながら，梶田らが採用している理論的枠組みでは，社

会的統合の有無はもっぱら制度・構造的レベルで決定され，個々人の階層的地位，つまりエスクラスについては視野に入れないため，実際には，社会的統合の有無について判断することはできないという論理的問題を抱える．

その結果，同仮説は分析対象が拡大するにつれ，その適用範囲を確定できないという問題を抱えている．例えば，浅川（2009: 55-6）は，顔の見えない定住化仮説はブラジル人派遣労働者がより高い賃金を求めて頻繁に転職できた景気拡大局面においてのみ妥当し，それが一般的ではなくなった時期においては，職場をきっかけとした日本人とのパーソナルネットワークが発達しつつあるとし，顔の見えない定住化とは，ある時点における状態を記述したものにすぎないとしている．これはミクロな事実認定の仕組みを持たない同仮説が分析対象とする時代や集団が広がるにつれて，その適用範囲を確定できなくなってきていることを示すものである．

では，なぜ梶田らは社会的統合アプローチを採用することで，こうした問題を回避しなかったのであろうか．その理由は，彼らの日本の経験に対する評価が他の日本の移民研究と同様，日本特殊主義に陥っていたためであると考えられる．実際，梶田らは日系ブラジル人を研究対象として選択するにあたり，定住外国人（デニズン）に相当するのは，在日コリアンを除けば，インドシナ難民，日系人の半数程度，中国帰国者等に限られるとし，西欧諸国でみられたような，受け入れられた外国人が定住化し，家族呼び寄せを行うという事態は，これらのカテゴリー以外ではほとんど見られないとしている（梶田他 2005: 43）．

その結果，日本における外国人の定住化は，欧米の移民がたどったような一時的滞在→永住→帰化という移住過程をたどらず，変則的な形で進行しているとする（梶田他 2005: 42-4）．こうした認識が，彼らをして社会的統合アプローチを採用することを妨げたのではないか．

以上のように，日本において構造的分断アプローチは方法論的に最も独自の発展を遂げた分野ということができるであろう．こうした発展の理由は移民が構造的に搾取されているという結論が，実態としての移民受け入れを前

提に政策面での不備を指摘，告発するという日本の移民研究の実践主義的傾向と親和的であったためと考えられる．

しかしながら，ミクロな事実認定を行うことができない同アプローチによる研究は，移民受け入れの実態が進むにつれ，その適用範囲や受け入れからの時間的経過に伴う変化を的確に把握することができず，その理論的有効性を失いつつあるといえるのではないか．

3-3　社会的統合アプローチへの接近

ここまで見てきたように，日本の移民研究では社会的統合アプローチは半ば意図的に無視されてきたといえるが，同アプローチと問題意識を共有する研究は皆無なのであろうか．実は，こうした視点に基づく研究は近年，日本においても移民受け入れの社会学的実態が明らかになるにつれ，少しずつ見られるようになってきている．

(1)　鈴木による非正規滞在者研究

鈴木（2009）は，当初の在留期間を超えて日本に滞在する非正規滞在者の生活状況を追跡調査し，合法的な在留資格がないにもかかわらず，在留期間の長期化に伴い，その社会経済的地位が上昇していることを明らかにした．同書においては，既存の日本の移民研究において非正規滞在者は，その在留資格上の不安定さ故に，周辺的な労働力として，国籍やエスニック・グループに応じて二重構造的な労働市場の底辺部分に固定的に分断されるものと位置付けられてきたことを批判し，彼らが厳しい環境下に置かれながらも，環境に対する能動的な働きかけを通じて，自らの状況を改変している姿に目を向ける必要があることを指摘している（鈴木 2009: 58-9）．

その結果，同書では，男性長期非正規滞在者がその在留資格の不安定さ故に，就ける仕事の種類や労働環境が相対的に劣悪なものが多いという状況こそ変わらないものの，日本社会での滞在期間が長期化する中で，日本社会についての情報を獲得し，日本語や技能・技術を習得することによって，確実

に賃金の上昇を経験したり，リーダーや工場長といったより上位の職位に就くようになったりすることを明らかにしている．また，入職経路も多様化しており，滞在の長期化に伴ってより賃金の高い事業所へ移る者も見られるなど，労働市場における地位が相対的に上昇していることを明らかにしている（鈴木 2009: 417-8）．また，こうした変化は国籍にかかわらずある程度共通した変化として観察されることも明らかにされている（鈴木 2009: 482）．

以上のように，同書は，従来の日本の移民研究にほとんど見られなかった社会的統合アプローチを採った数少ない研究であると評価することができるだろう．しかしながら，社会的同化理論のようにミクロレベルで見た個々人の階層的地位をもとにマクロレベルで見た社会的統合の状況を評価する論理構造を持たないことから，社会的統合の達成を直接，マクロな制度・構造的レベルで証明しなくてはならないという課題に直面している．

そのため，同書では科学哲学者バスカーの社会活動の転態モデル（Transformation Model of Social Activity: TMSA（Bhaskar 1989, 93））を採用し，個々人の行為と制度・構造の間の相互作用を許容する視点をとると明言することで，ミクロレベルで観察された社会経済的地位の上昇を直接，制度・構造レベルでの変化につなげるという論理構造をとっている．

しかしながら，同書が採用したこのようなアプローチは，移民研究においては一般的なものではなく，米国における新同化理論や分節化された同化理論とほぼ問題意識を共通する以上，これは本来，標準的な社会的統合アプローチを採っていれば，回避された問題といえる．

(2) 坪谷による高学歴中国人研究

これに対し，近年，高度人材移民としてその日本社会におけるプレゼンスを増す高学歴な中国系移民について明らかにしたのが坪谷（2008）である．坪谷はこれまで移民研究において一時的滞在者としての位置づけか，あるいは送り出し国からの頭脳流出という文脈でしか捉えられてこなかった留学生を研究対象とし，これを移民研究の中に積極的に位置づけようとした．その

結果，日本に滞在する高学歴中国人は，日本での留学を経て，日本の大企業や大学などで管理職や専門職として働いており，社会経済的には新中間層としての地位を築いている一方，古典的な同化理論が想定するような一時的滞在者から永住者へという単線的な変化，あるいは受け入れ社会への社会文化的同化によって経済的・社会的上昇の機会を得るという古典的な同化過程を経ておらず，日本での滞在をあくまで一時的なものと捉える「永続的ソジョナー」（Uriely 1994）としての意識を持っているとする．

また，日本に滞在する自分たちの存在を，単純労働に従事する非正規滞在者や，戦前から日本に居住する老華僑，あるいは本国に残る他の中国人とも異なる存在として位置づけており，トランスナショナルな空間における新中間層としての独自のアイデンティティを有しているとする．同書はこれを，従来の「単純労働者／専門的労働者」という捉え方を超えて，その二つの中間に位置する「技能形成型」移民（坪谷 2008: 225），あるいは，同化なき社会的統合と呼んでいる（坪谷 2008: 206-7）．更に，高学歴中国人は個人主義的であり，エスニック・グループを形成するという傾向も極めて弱く，また，中国人としてのアイデンティティも極めてシンボリックなものにとどまり，エスニシティ集団として団結するといった側面は極めて弱いといったことも指摘している（坪谷 2008: 191-2）．

同研究の成果は，これまでそのプレゼンスの大きさに反して，ほとんど系統だった分析の対象とされてこなかった高学歴中国人の移住過程に注目したという点において，画期的なものであるということができよう．また，留学生として来日した高学歴中国人の多くが日本で管理職や専門職といった地位に達していることも明らかにしており，社会的統合アプローチと問題意識を共有していることも見て取れる．

しかしながら，同書の主眼は，あくまでも高学歴中国人のアイデンティティであり，社会経済的地位達成構造自体にはさほど関心は向けられておらず，むしろそれはアイデンティティを規定する所与としての位置づけを与えられているともいえよう．実際，参照されている移民研究を見ても，「新しい同

化理論」や「分節化された同化理論」といった最新の動向をフォローしておらず，同化を同化主義と同一視する等（坪谷 2008: 206），Gordon の同化理論の俗流的解釈の段階にとどまっているとさえいえるだろう．

　また，同書の主眼であるアイデンティティの問題についても，例えば Gordon の古典的同化理論においてさえ，異なるエスニック集団の境界に置かれている人々が持つアンビバレントな感情はマージナリティの問題として扱われており，同化過程が直線的に進むことを想定しているわけではないこと（Gordon 1964＝2000: 49-50）を鑑みれば，高学歴中国人移民が抱くエスニックアイデンティティの揺らぎを以って，すぐさま古典的同化理論の反証とすることは適当ではない．

　また，同書が前提としている Uriey（1994）の研究では，永続的ソジョナー概念が論じられる前提として，米国に住むイスラエル人の特殊な立場，つまり，イスラエル，そしてユダヤ社会において出移民という行為への強い否定的態度が前提されているものの（Ueirly 1994: 431），坪谷は日本に住む高学歴中国人に対してそのような前提が成り立つのかどうかという検討を行っていない．むしろ，同書が明らかにした高学歴中国人が日本に住む他のカテゴリーの中国人とは異なるアイデンティティを持っているという事実は，彼女／彼らが Gordon のいうエスクラスに近い意識を持っていると考えることさえできる．

　しかしながら，永続的ソジョナーという特殊な概念にこだわったために，社会的統合アプローチに基づく移民研究の蓄積を有効に参照することができないという問題を同書は抱えているといえよう[13]．

（3）　Liu-Farrer による中国人留学生研究

　一方で，欧米の標準的な社会的統合アプローチに基づいて，日本における中国系移民の生活実態を明らかにしたのが，Liu-Farrer（2011）であるといえよう．これまでの欧米を中心とした移民研究においては，留学生は主に低所得の送り出し国からの人材流出（Brain Drain）あるいは，受け入れ国側の人

材獲得（Brain Gain）といった主に経済学的な観点から論じられ，受け入れ社会への社会的同化や統合の対象として論じられることはまれであった．こうした中，Liu-Farrer（2011）は，日本における中国人留学生の移住過程を明らかにすることで，留学が日本における労働移民受け入れの入り口としての役割を果たしていることを明らかにした．

しかし，これはしばしば誤解されるように，中国人留学生の多くが学業を隠れ蓑に，実際は就労を目的として来日しているということを意味するものではない．確かに，中国から日本への留学生が急増した1980年代から90年代にかけては，一部，そのような現象も見られたものの，その後，中国経済が発展し日本との経済格差が縮まり，中国の労働市場自体が高度化していくにつれ，そうした動機は合理性を失っていった．その一方で，むしろ二極化する中国の労働市場で高い所得を得るため，日本で学位の取得が目指されるようになるとともに，卒業後も日本にとどまり，日本企業で就労経験を積むことが一般化してきた．留学が日本における労働移民受け入れの入り口としての役割を果たしているというのは，このように留学から始まる移住過程が日本での就労に至る主要なパスになっていることを意味する．

また，同研究では中国人の日本の労働市場におけるキャリアパスについても明らかにしている．それによると，中国人留学生は日本の大学などを卒業後，ほぼ日本人学生と同じ求職プロセスを経て，主に小売，貿易関係の業務を扱う日本企業に採用されるという．その際，採用されるポジションは対中ビジネスの連絡調整役であることが多く，その後のキャリアパスにおいて，在中国事務所に派遣されることも多い．しかし，中国人が採用される企業の多くは中小企業であり，昇進や昇給の機会が限られることから，彼女／彼らは頻繁な転職，ないしは同一分野での起業を経験することが多いと指摘されている．それ以外の職域としては，情報処理関係のエンジニアとして就労する場合が多いことも指摘されている．その場合も日本での昇進の機会は限られていることから，転職や起業といった選択肢が選ばれることが多いとされる．

なお，こうした経験は男女間で基本的に大きく変わることはないものの，女性の場合，日本の労働市場におけるジェンダーギャップの影響から，外国人であることと，女性であることの二重の障害に直面することが指摘されている．特に中国においては，社会主義体制の影響を受け，男女ともに等しく就労するとの意識が強く，日本のジェンダー観には大きな違和感を覚えることが多いことが指摘されている．

更に，同研究は中国人の移住過程が個々人の属性だけではなく，日中間の経済的関係といったマクロな要因に大きく影響されていることを指摘している．つまり，中国人の日本への留学経験や，日本での就労経験の日中双方での経済的価値は，ここ近年の日中間の経済的つながりの重要性の高まりに裏打ちされている部分が大きいとする．また，中国人留学生の日本での就労機会やその後のキャリアパスもそうした影響を強く受けているとする．

同研究は，基本的にインタビューに基づくものであり，居住期間の長期化における階層的地位の変化について大規模なデータに基づき定量的に示したものではないものの，日本に住む外国人のマジョリティを占める中国人の移住過程を網羅的に明らかにした点で，画期的な研究といえよう．また，同研究は留学のように基本的に誰にでも開かれた移住過程を分析対象としており，その結果，ニューカマー外国人全般に応用可能なものと捉えることができるだろう．これは本研究にも大きな示唆を与える研究である．

(4) 竹ノ下，金，稲月，是川らによる階層論的研究

日本には，移民の階層的地位を直接測定した研究はないのであろうか？この点については，数少ない例外として，竹ノ下（2004, 2005, 2012, 2015），Takenoshita（2006, 13, 17），金・稲月（2000）及び是川（2012, 15）の研究を挙げることができる．

竹ノ下（2015: 64）は，米国や欧州の社会学研究においては，階層，ジェンダー，及び人種・エスニシティが社会的不平等を形成する主要な要因とする見方が主流であるものの，日本の階層研究においては，人種・エスニシテ

ィに関してはほとんど無視されてきたことを指摘している．この背景には，日本が「一億総中流」と並んで「単一民族」からなるという強い同質性に関する言説が支配的であったためとする．

　一方で，米国の移民研究では Portes らの提唱する編入様式論（mode of incorporation）が主流であるとされ，そこでは移民受け入れの制度的文脈として，①政府の移民集団に対する政策，②労働市場の構造，③エスニック・コミュニティという三つの次元が重視されているとする（竹ノ下 2015: 65）．そして，戦後の米国の多様な移民の受け入れの経験を反映して，Gordon（1964＝2000）に代表される古典的同化理論の想定する単線的同化ではなく，受け入れの文脈に応じて同化過程が異なるという分節化された同化理論が主流となっているとする（竹ノ下 2015: 66）．また，同時に竹ノ下はこうした視点は米国の経験を中心としたものであるとし，Reitz（1998）や Thomson and Crul（2007）といった米国以外の移民研究者が指摘する制度・構造的な要因の重要性を強調している（竹ノ下 2015: 68）．

　その上で，竹ノ下は，日本の移民受け入れの経験に対して，在日コリアンと日系ブラジル人の例を引きつつ，編入様式論を用いてその階層的な地位について整理している．その結果，金・稲月（2000）といった研究を参照しつつ，在日コリアンが日本社会における強い就職差別を反映して，高学歴層であっても自営業やあるいは同胞ネットワークに依存した就職をしていること，及びその結果として日本人との階層的地位の差はほとんど見られないことを指摘している（竹ノ下 2015: 71-3）．

　また，日系ブラジル人については，彼女／彼らが流入した時期が脱工業化やグローバル化の中，非正規雇用が増加した時期と重なったこともあり，そのほとんどが派遣労働者として製造業で就労していたこと，そしてその結果，日本人と比較して相対的に低い地位にとどめ置かれている一方，エスニック・ビジネスなどの自営業は発達してこなかったことを指摘している（竹ノ下 2015: 73-7）．

　是川（2012, 15）は日本では例を見ない国勢調査の個票データを用いて外

国人男性の職業的地位達成について定量的分析を行った．是川（2012）では，2000年の国勢調査の外国人票の全数を利用して，15-64歳の生産年齢人口における上層ホワイトカラーでの就労確率，自営開業確率，及び外国籍の親を持つ15-18歳人口における高校在学確率について分析を行った．その結果，日本における外国人の定住化における個々人の階層達成の差異は，主に人的資本の違いから説明されることが明らかになった．その一方で，階層達成における機会構造は，主に人的資本の効果を低減させることを通じて，集合レベルで層化／分断されており，その結果，国籍間格差が大きいことが示された．これは，ここまで見てきたように構造的分断アプローチが主流であった日本の移民研究において明らかにされてきたことと，整合的な結果といえよう．

　さらに是川（2015）では，2010年に実施された国勢調査の個票データの内，中国籍とブラジル国籍を有する男性人口の総数，及びそれに対応する日本国籍人口の10%抽出標本を用いて，上層ホワイトカラーでの就業確率を分析することを通じて，その経済的達成について分析を行った．その結果，中国人男性の間では，日本人男性と比較して経済的達成の遅れがあまり見られず，一方，ブラジル人男性の間では，ほぼすべての面で経済的達成が遅れていることが示された．また，中国人男性の間でも学歴によって，大きな差が見られ，二極化の傾向が見られること，及びブラジル人男性の場合，低学歴者の間でのみ日本人に対して若干の優位性があることが示された．こうしたことから，日本における外国人労働者の経済的達成に関しては，分節化された同化理論が妥当することが示された．

　これらの研究は数こそ少ないものの，日本の移民研究において欧米の移民研究と比肩しうる数少ない成果ということができるだろう．しかしながら，その内容面においては未だ不十分な点があるといわざるを得ない．例えば，参照されている理論的枠組みが「編入様式論」や「分節化された同化理論」に偏っていることである．実際，その結果を素直に読むならば，むしろ「新しい同化理論」が適合的な状況も見られるものの，その可能性について十分

に検討されていない.「分節化された同化理論」もその基本的な理論枠組みは人的資本論をベースにした同化理論と同じ系譜に属するものであり,同化理論へのアンチテーゼとして「編入様式論」や「分節化された同化理論」に言及することはその理論的骨子を見失うことにつながってしまう.これは,既存の日本の移民研究が構造的分断アプローチを採用してきたことに,引きずられたためと考えられる.

　こうしたことから,日本の移民研究においても,実質的には社会的統合アプローチと問題意識を共有する研究が見られるようになってきているといえよう.しかしながら,そこでは「新しい同化理論」等,欧米の移民研究で標準的に用いられる理論的枠組みを参照した研究はほとんど見られず,工夫して独自の理論的枠組みを構築しようというものがほとんどであった.また,ほぼ唯一,階層論的枠組みに基づいて行われた竹ノ下や是川の研究も,本研究と問題意識や方法を共有するものの,既存の日本の移民研究に引きずられ,用いているデータやそこから得られた結果の解釈において若干,不十分なところが見られる.

　以上の研究から,日本においても社会的統合アプローチが妥当する可能性が高いことが示されたといえよう.では,同アプローチを検証するにあたって先端的領域とされる,社会的統合におけるジェンダーの影響や移民の階層的地位の世代間移動について,日本の移民研究にはどのような蓄積が見られるのであろうか.

3-4　ジェンダーへの注目

　先述したように,欧米の移民研究において,社会的統合アプローチと並んで重視されているのが,移住過程におけるジェンダーの影響である.日本の移民研究においては,ジャンルとしての国際結婚研究というものがあり(e.g. 宿谷 1988,武田 2011,賽漢 2011,佐竹他 2006),これが移民女性のジェンダーの問題を扱ってきたといえるが,これは日本人男性と結婚したアジア人女性に限定した議論であり,移民女性の移住過程全般におけるジェンダー

の影響という視点は依然として弱いといわざるを得ない．また，性風俗産業で働く外国人女性についてのルポルタージュ等，主に社会問題としてジャーナリスティックに扱ったものが多い一方，学術的に移民研究としてこれを扱ったものは Parreñas（2011），小ヶ谷（2013），佐伯（2015）等を除けば少なく，移民女性の社会的統合といった視点は希薄であったといえよう．

むしろ，日本の移民研究では移民のエスニックな存在として過度に強調するあまり，そこにおける伝統的な女性役割を固定的に捉えるといった傾向さえ見られる．例えば，谷の在日コリアンに関する研究では，直系家族における文化の継承において，伝統的な女性役割である母―オモニの役割の重要性が強調されていることは，その典型例といえよう（谷 2015: 87, 365）．

移民女性の移住過程におけるジェンダーの影響について明らかにした研究としては，Liu-Farrer（2011）や坪谷（2008: 125-46）において高学歴中国人女性が日本社会で直面するジェンダー問題が指摘されてきたことや，高畑（2011）といった研究において，かつてエンターテイナーとして来日し，日本人男性と結婚したフィリピン人女性たちが，現在，介護職で働くようになってきていることを挙げることができるだろう．また，Parreñas（2011），小ヶ谷（2013），佐伯（2015）はグローバルな移民研究における成果も踏まえ，日本におけるフィリピン人女性の移住過程について，階層移動の観点から分析している．

しかし，これらの研究のレベルは高い水準にあるものの，移民女性全般を対象とした網羅的なものではなく，移民女性の移住過程におけるジェンダーの役割を分析する上では，十分なものとはいえない．

こうした研究を除けば，日本の移民研究において，概してジェンダーに関する関心は低かったといえる．実際，日本の移民研究で主流をなした都市エスニシティ研究や，梶田他（2005）を一つの到達点とする「顔の見えない定住化」仮説においても，ジェンダーという側面について扱われることはなく，男性を所得稼得者とする世帯ないしは個人が暗黙裡に分析対象とされてきたといえるであろう．

つまり，移住過程におけるジェンダーの影響について，日本においては欧米の移民研究と部分的に問題意識を共有する部分はあるといえるものの，移民女性全般の社会的統合の状況におけるジェンダーの影響に関する分析は行われてこなかったといえるだろう．

3-5　世代間移動に関する研究

移民第二世代の階層的地位の世代間移動については，直接，そういった問題意識に基づいて行われた研究は少ないものの，主に教育学の分野でニューカマーの子どもの日本の学校への適応という文脈から行われてきた一連の研究が存在する．代表的なものとして挙げられるのが，鍛治（2007），Chitose（2008），清水（2006），児島（2006），是川（2012, 17, 18c），Takenoshita et al.（2013），Ishida et al.（2016）といった研究であろう．

清水（2006）は神奈川県のある地域の小中学校に通うニューカマーの子どもたちの内，79名を対象として調査を行ったものであり，その結果は国際的な移民研究の水準に十分，到達しているものといえるだろう．

清水によると，ニューカマーの子どもたちは出身国によって異なるものの，親の子どもの教育に対する態度（「家族の物語」）は日本の学校文化や制度に対して批判的な態度に結び付きにくいものであり，学校への適応は子どもたち自身にゆだねられていることが明らかになった．また，学校においては教師のニューカマーの子どもたちの学校への適応や学習達成に対する評価が，「うまくやれている／いない」かの二分法に陥りがちであり，またそれを左右するのは主に「エスニシティなるもの」の顕在化の程度，つまりエスニックなバックグラウンドに求められがちであることが明らかにされている．

また，教師のこのような認識とセットになっているのが子どもたちに対する「手厚い支援」の有無であり，いったん「うまくやれている」と評価すると，支援が一切なされなくなり，その後，子どもたちが経験する躓きや不安といったことは感知されなくなってしまうという．一方，このように継続的な支援がなされないことから，子どもたちは，一度は「うまくやれている」

と評価されつつも，その後，次第に学習についていけなくなったりすることで，次第に学校に対して否定的な態度をとるようになると同時に，それが「エスニシティなるもの」の顕在化と結びつくという．その結果，エスニックアイデンティティを顕在化させた子どもの学校からのドロップアウトにつながり，それが教師の側の「エスニシティなるもの」に非行化の要因を見る認識と一致していくこととなるのである．

一方，こうした状況に対して，ニューカマーの子どもたちを継続的に支援が必要な存在と位置付け，その内的な差異にも注意を払いながら支援を継続した場合，「エスニシティなるもの」を顕在化させたまま，学校に適応するという状況が見られたことを明らかにしている．

以上の結果は，Portes and Rumbaut（2001＝2014）らの分節化された同化理論の提示したものとほぼ一致するといえよう．つまり，学校における不適応と「エスニシティなるもの」が顕在化した状況とは，Portes らの提唱する不協和型文化変容にほぼ一致するといってよいだろう．この状況は学校からのドロップアウトや非行化に結び付くことが清水（2006: 129-34）によって明らかにされているが，これは Portes らのいう反抗的エスニシティの顕在化とほぼ一致するといってよい．

また，清水が成功事例とする「エスニシティなるもの」を顕在化させたまま学校への適応に成功するというケースは Portes らの提唱する協和型文化変容，あるいは選択的文化変容に該当するといえよう．こうした事例を生むためには，教師や支援団体といった社会的資源の存在を必要としているが，これは Portes らが社会経済的資源に恵まれた親やエスニック・コミュニティの存在をその成立条件としていることとも一致するといえよう．

しかしながら，清水は米国の移民研究におけるこうした成果を参照していないため，これらの結果は移民第二世代の社会的統合に関する議論ではなく，あくまで学校文化への適応という臨床的課題として提示されるにとどまっている．しかしながら，両者の間の問題意識や結論は似通った部分が多く，本来的には移民第二世代の社会的統合に関わる論点として提示されるべきもの

第 I 部　問題の所在，及びその背景

である．

　同研究と同様の特徴を示す研究としては，児島（2006）による日系ブラジル人の子どもの日本の学校文化に対する適応過程についてエスノグラフィの手法を用いて明らかにした研究が挙げられる．同研究では，日系ブラジル人の両親が持つ日本滞在の見通しや今後のライフプランによって「家族の物語」が生成され，それが子どもの教育戦略にも影響を与えていることが明らかにされている．また，子どもたちの学校文化への適応過程において，教師は日系ブラジル人の子どもの持つ特性を集団的なものではなく，あくまで個人的な差異への対処として位置づけ，そこで手に余る部分については，生徒の性格，才能，努力といった個人的な要素に還元する傾向があるという．

　その一方，子どもたちの逸脱行動が目に余る場合には，文化的な差異にそれを還元し，そういった逸脱行動を放置する傾向があることを明らかにしている．子どもたちの側では，学校文化への同調圧力に対して，様々な抵抗行為を繰り返し，それによって自らの尊厳とアイデンティティを確立するといった振る舞いが見られるものの，その結果として子どもたち自身が自らの希望を実現する可能性を狭めてしまうことも明らかにしている．

　これは主に清水によって明らかにされたことと，おおむね一致するものといえよう．そして，その意味で Portes & Rumbaut らの分節化された同化理論と問題意識や結論を共有するものといえる．

　一方，こうした課題を移民第二世代の社会的統合の問題として論じた研究に，鍛治（2007），是川（2012, 17, 18c），Ishida et al.（2016）を挙げることができる．

　鍛治（2007）は中国出身生徒の進路規定要因を独自の調査から定量的に明らかにした，おそらく日本での初めての研究である．その理論的枠組みは高校進学の有無，及びその後の大学進学，そして総体としての教育年数全体を従属変数とした地位達成モデルである．これは欧米の移民研究においても用いられる標準的な手法であるといえよう．

　その結果，高校進学の有無や進学した高校のレベルについては，小学校後

半に来日した子どもたちが最も進学率が高く,小学校前半以前,あるいは中学の学齢期に来日した者ほど,進学率が低下するというものであった.また,この時点では親の出身階層はほとんど影響を与えていないことも明らかにされた.一方,大学進学の有無については来日時期の影響は消え,親が農家であったかどうかという親の出身階層の影響が大きいことが明らかにされた.

このように,日本語能力を始め,日本社会への適応が進んでいると考えられる小学校前半以前に来日した者がむしろ低い高校進学率しか示さないことについて,同研究はこれを Zhou and Bankston III (1998) の指摘する親子間の文化的葛藤による親の子どもに対する管理・統制能力の欠如と同じ現象ではないかとしている.つまり,早い時期に来日したことが,日本社会への適応を推し進めた結果,親との母国語でのコミュニケーションや親との文化的背景が異なることによる摩擦を生み,そのことがかえって子どもの学習意欲を削いでしまうというのである.これは欧米の移民研究の成果を参照した上で独自のデータを解釈している点で,他の研究には見られない説得的な内容といえよう.

しかしながら,同研究では参照されている先行研究が90年代で止まっており,Portes and Rumbaut の分節化された同化理論は参照されていないなど,その結果の解釈には依然として不十分な点も見られる.仮に分節化された同化理論の枠組みを用いるならば,鍛治の研究は不協和型文化変容が観察された結果として結論付けることができるであろう.

Chitose (2008) は,本研究と同様,分節化された同化理論の枠組みに基づき,国勢調査 (2000年) の個票データを用いて,外国人を1人以上含む世帯の全数について,そこに所属する7〜14歳までの子どもの義務教育段階における就学の有無について,分析を行っている.その結果,国籍ごとの就学率の違いは様々な社会経済的条件を統制した後も日本人と比較して低い傾向にあること,また,5年前の居住地が同一住所である場合,及び世帯員に日本人を含む場合に就学率が上昇することを明らかにしている.更に,興味深い結果としては,父親ではなく,母の学歴,就業状態が子どもの就学の有無に

大きな影響を及ぼすことが明らかにされている．

Takenoshita et al. (2013) は，分節化された同化理論やトランスナショナリズムの観点から，静岡県における日系ブラジル人に関する調査結果と SSM 調査データを比較する形で分析を行い，日系ブラジル人の高校進学の有無は，父親の学歴，職業（正規雇用かどうか），日本語能力などに依存していることを明らかにしている．また，女性の場合，高校進学率が低いというジェンダー間の不均衡があることも指摘している．一方，エスニックコミュニティの形成が阻害されがちな日系ブラジル人の間では，分節化された同化理論が想定するようなエスニックコミュニティによる支援が期待できないという結論を得ている．

Ishida et al. (2016) は，日本で初めて PISA のデータを用いて日本の高校に在学する移民の子どもの学力達成について，日本人生徒との比較を行うことで明らかにした．また，分析に当たっては社会的同化理論の派生形である言語的同化理論（Linguistic Assimilation Hypothesis），及び社会経済的地位仮説（Socioeconomic Status Hypothesis）の妥当性を問う形で分析を行っており，移民研究一般との相互参照性を意識した分析を行っている．

その結果，移民第一世代に属する子どもは日本人学生との間に学力格差を示していたこと，及びそれは親の学歴などの社会経済的地位から強い影響を受けていたものの，日本人との格差をすべて埋め合わせるほどではなかった．また，移民第二世代では，日本人学生との学力差は確認されなかった．また，そうした中，家庭での日本語使用が特に重要な役割を果たしていることが示された．

同研究は日本においても国際的な水準での移民研究が可能であることを示したものといえるものの，PISA のデータにおける移民の子どもに分類される生徒は 5 か年分をプールしてもわずか 300 名程度であり，また，国籍の内訳も不明であるばかりではなく，2000 年から 12 年間にわたるデータのため，その内的な同質性もきわめて低いと予想され，その結果の解釈に当たってはあまりにも手がかりが少ないのも事実である．もちろん，得られた結果自体

はPISAのデータを用いた他の国の事例と大きく変わらないものとなっているが，しかし，それはあくまで結果論であり，同分析の結果が正しいことを保証するものではない点に注意が必要であろう．

さらに，是川（2012）は，2000年に実施された国勢調査の個票データを用いて，外国籍の親を持つ子の高校在学について分析を行い，親の学歴によって子の高校在学率に大きな差があること，及び母子家庭において特に高校在学率が低くなることを明らかにしている．これは移民第二世代において高校進学がその教育達成における大きな障害となっていることを示すものといえよう．

また是川（2017, 18c）では2010年に実施された国勢調査の個票データを用いて外国籍の親を持つ子の高校在学について分析を行い，外国籍の母を持つ子どもの場合，日本人の母を持つ場合と比較してその高校在学率は低い傾向にあるものの，それは移民第二世代一般に見られる傾向であり，親世代での階層的地位や家族形態といった要因と子どもの高校在学との結びつきは相対的に弱いことが示された．つまり，分節化された同化理論は日本には妥当しない可能性が高いといえる．その一方で，移民の低い教育達成は，子ども自身の日本国内での居住期間の長期化に伴う日本社会への適応によって自然と解消する可能性が低いことも示された．これは多言語での情報提供や日本語教室など教育現場に対する今後のより一層の政策的支援の必要性を示している．

以上のように，移民の子どもの教育達成という論点については，主に教育社会学の分野で学校文化への適応過程研究という形で蓄積が見られることが示され，直接参照されることはほとんどないものの，その問題意識，方法論，及び結論については，「分節化された同化理論」と共通する部分が大きいことが明らかにされた．実際，鍛治（2007）でZhou and Bankston III（1998）の成果が引用されていることは，そうした共通性の存在を示すものといえよう．また，Ishida et al.（2016），是川（2012）においては，社会的同化理論が明示的に作業仮説として提示されている．これは日本の移民研究においても，社

会的統合アプローチに基づいて移民の階層的地位の世代間移動を論じる素地が十分にあることを示すものである．

4　日本の移民研究における社会的統合アプローチの可能性

4-1　日本の移民研究の問題意識とその理論的展開

　以上のことから明らかになったのは，日本の移民研究では欧米の移民研究で中心的論点であった社会的同化／統合という概念について，理論的にも実証的にも直接検討されたことがほとんどないということである．これは日本の移民研究の展開を欧米のそれと比較する上で直面した最も大きな課題であった．

　こうした背景には，日本の移民研究が戦前の同化主義政策への反省から，それを想起させる同化や統合といった概念を用いることを避けてきたことや，また，日本の移民受け入れの経験をどこかイレギュラーなものとみなすことで，欧米の移民研究の核である同化や統合といった概念をどこか日本とは関係のないものとみなしてきたことがあるといえよう．

　しかしながら，詳細な検討を加えた結果見えてきたのは，問題意識及び方法論上の課題に関する日本と欧米の移民研究の類似性，共通性である（表3-3）．実際，日本の移民研究は集団間関係への注目という基本的視点から始まり，構造的分断アプローチ，社会的統合アプローチ，そしてそこにおけるジェンダーや階層的地位の世代間移動に至るまで，欧米の移民研究において重視されてきた論点を一通り網羅しているといえる．しかしながら，欧米の移民研究を参照することを避け，独自の概念を構築しようとする傾向が強かったことから，結果的に具体的な理論的展開において限界を抱え，その本来の問題意識に十分に応えられなかったといえる．本稿においてこうしたことが明らかになったことの意義は大きいといえるだろう．

　そうした中，日本の移民研究は今後，どのような理論的枠組みを軸に進め

第 3 章　日本の移民研究における方法論的課題

表 3-3　日本，及び海外における移民研究の主なテーマと対応関係

主なテーマ	海外における代表的研究	日本における代表的研究
集団間関係への注目	人種関係循環モデル (Park 1950)	都市エスニシティ研究 (奥田・田嶋 1991, 93, 95，広田［1997］2003) 在日朝鮮人研究（谷 2015） システム論（小内 2007）
構造的分断アプローチ	二重労働市場理論 (Piore 1979) 世界都市モデル (Sassen 1988) メルティングポット理論 (Glazer and Moynihan 1970)	外国人労働者研究（梶田 1994） 顔の見えない定住化仮説（梶田他 2005）
社会的統合アプローチ	社会的同化理論 (Gordon 1964) 分節化された同化理論 (Portes and Rumbaut 2001) 新しい同化理論 (Alba and Nee 2003)	非正規滞在者研究（鈴木 2009） 高学歴中国人研究（永続的ソジョナー研究）（坪谷 2008） 中国人留学生研究（Liu-Farrer 2011） 階層論的研究（竹ノ下 2004, 05, 12, 15, Takenoshita 2006, 13, 17，金・稲月 2000） 日系ブラジル人研究（浅川 2009）
ジェンダーの視点	二重の障害（Boyd 1984）	国際結婚研究（宿谷 1988，武田 2011，賽漢 2011，佐竹他 2006） エンターテイナー研究（Parreñas 2011，高畑 2011）
世代間移動	分節化された同化理論 (Portes and Rumbaut 2001)	ニューカマーの子どもの日本の学校への適応に関する研究（鍛治 2007，清水 2006，児島 2006，Ishida et al. 2016）

出所：筆者作成．

られていくべきであろうか．まず，重要なのは日本の移民研究においても，社会的統合という概念を正面から扱う必要があるということである．これは日本の移民研究が個別の問題意識や分析概念において，欧米の移民研究と類似したものを生み出してきたことから見えてきた方向性といえる．

　例えば，欧米の移民研究に見られた集団関係への注目という視点は，日本においては 1990 年代の移民研究の勃興期に，奥田らの都市エスニシティ研究や谷の在日朝鮮人研究において見られた視点であったことはすでに確認したとおりである．よって，集団間関係を論じるという基本的な問題意識にお

いて，欧米の移民研究の理論的枠組みを日本に応用することは十分に可能といえよう．

一方，集団間関係を分析するにあたり，日本で主流であった構造的分断アプローチは，移民受け入れが始まった当初は移民と日本人の差異を制度・構造上の分断と重ね合わせて論じることもあり，直感的にも非常に説得的であったものの，この間，移民の受け入れの規模が拡大し，また受け入れからの期間も長くなるにつれ，その移住過程の多様性や経時的変化を捉えられないという問題が生じ始めてきている．

そうした流れを受け，近年，日本でも社会的統合アプローチに基づいた研究が行われるようになってきている．しかしながら，社会的統合アプローチは単線的な統合過程を想定し，同化主義と親和的であるというイメージが日本では強いため，社会的同化理論を直接参照した研究はほとんど見られなかった．その結果，現代の移民の移住過程の多様性やその経時的変化を捉えようという問題意識を持ちつつも，方法論的にそれをうまく反映することができずにいたといえよう．

もちろん，同化理論と同化主義の混同という問題は米国の移民研究でも長い間見られたものであり，日本の移民研究のみを責めることは不当といえよう．しかしながら，米国の移民研究では移民の社会文化的特徴ではなく，その階層的地位を軸に移住過程を分析するというアプローチをとることでこうした問題を乗り越えることに成功したといえよう．その結果，米国で生まれた社会的同化理論は同化を統合と読み替えることで，現在では，もともとは構造的分断アプローチが主流であった欧州の移民研究でも用いられるようになるなど，普遍的な理論的枠組みとして用いられつつある．

このことは，日本の移民研究において階層的地位を軸として移民の移住過程を分析する社会的統合アプローチを採用することが十分可能であることを意味するといえよう．また，日本の移民研究のこれまでの展開を踏まえるならば，その本来の問題意識により的確にこたえるものと見ることも可能である．よって，その検証に当たっては日本の移民研究がこれまで解こうとしつ

つ，十分に解けなかったものを中心に見ていくことが必要である．

4-2 本研究における論点

こうしたことを踏まえ，本研究においてはどのような論点に基づいた探究がなされるべきであろうか．第一に移民の労働市場における統合について探究することが必要不可欠であろう．労働市場における統合は本章で繰り返し見てきたように移民の移住過程のあり方を規定する最も中心的な課題であり，これを外して移民の階層的地位，及び社会的同化／統合について論じることは難しい．もちろん，日本の移民研究がこうした点について十分に論じてこなかったことは，すでに見てきたとおりであるし，そうした見解は本研究のみならず，日本の移民研究においてもある程度共有された問題意識である．

また，次に重要な論点として浮上してくるのが，ジェンダーの視点であろう．ジェンダーの視点は本章でも確認した通り，これまで労働市場への移民の統合を論じた移民研究のメインストリームにおいてもほとんど論じられてこなかった論点であり，近年，ようやく研究の蓄積が見られるようになったものである．移民に占める女性の割合が増加する移民の女性化といった現象が進んでいることも指摘される中，移民女性の階層的地位についてジェンダーの視点から切り込むことは非常に重要なものであると考えられる．

もちろん，ジェンダーの視点はこれまで移民研究においてあまり扱われてこなかったこともあり，社会的統合アプローチの中でも理論的位置づけがまだ十分ではない点があるのは事実である．しかしながら，そうした点こそがまさに近年，ジェンダーの視点による移民女性の階層的地位に関する研究の重要性が高まっていることの理由であり，本研究としてもそうした流れを無視することはできないだろう．

最後にこれらの視点が主に同時点における横断面で見た差異に関する論点であるのに対して，時間軸に沿った展開として重要なのが移民第二世代の階層的地位，つまり移民の階層的地位の世代間移動である．これは先行研究の内，主に「分節化された同化理論」が中心的論点として扱ってきたものであり，

第Ⅰ部　問題の所在，及びその背景

第二次世界大戦後，そして冷戦の崩壊後に移民の大規模な流入を経験してきた欧米において現在，大きな論点となっているものである．日本においても第 2 章で見てきたように，1990 年代以降，ニューカマー外国人人口の流入を経験しており，移民第二世代の階層的地位について論じることは必要不可欠なものと考えられる．よって，本研究では三つ目の論点として移民の階層的地位の世代間移動について論じることとする．

これらの三つの視点はいずれも日本の移民研究がこれまで探究してきた主要な問題意識の内に含まれるものであり，これらを日本における移民の社会的統合アプローチの妥当性を検証する上で最優先の課題とすることに大きな違和感はないだろう．更に，これらの論点は，実際の移住過程の進展においてもその横断面（ジェンダー）そして時間軸（世代）に沿ってみた場合に重要性を増しつつあるものであり，現在，これらの論点を一体的に扱うことは必要不可欠な取り組みといえる．

こうした論点について検証することで，日本の移民受け入れの経験における社会的統合アプローチの妥当性を検証していきたいと考える．これは同化主義と同化理論の混同が著しい日本において野心的な取り組みといえるものの，今後の日本の移民研究の発展にとっては避けて通れない道であると思われる．

注
1) 日本の移民研究の先駆けともいうべき駒井洋の一連の研究をまとめた著作（駒井 2016）は，1980 年代から現在に至るまでの日本の移民受け入れの経験とそれに関する研究を網羅した貴重な資料であるものの，そこでも理論に関わる章は見られず，そして政策提言によって締めくくられていることは，日本の移民研究の対象指向性と実践主義を端的に示しているといえる．
2) 米国の社会学者である FitzGerald (2015: 115-6) はこうした状況を指して，まるで社会学者は移民集団間の社会経済的地位達成に関する ethnoracial Olympic games について論じているようだと評している．
3) この点については，Waldinger (2017)，及び Park & Waldinger (2017) がほぼ同様の主張をしている．Waldinger (2017) では，トランスナショナリズムと社会的同化理論は対立を避けてきたものの，両者は基本的に両立しえず，

第 3 章 日本の移民研究における方法論的課題

また社会的同化の方が実際には現実に近いとしている．Park & Waldinger (2017) はこの点についてスペインからの出移民を事例に論証している．
4) 実際のところ，Portes らの同化概念は Anglo-Conformity とされた古典的同化概念と同様であるといえよう．古典的同化理論と異なるのは，同化過程の複数性を想定した点である．この点，後述する新しい同化理論では，同化概念に洗練が見られるため，同化過程の複数性自体は直接の問題とはならなくなる点に注意されたい．
5) この点については，Mahler and Pessar (2006) が移民研究におけるジェンダーの視点を開拓する上でエスノグラフィの貢献を評価しつつも，階層的地位に注目した量的な研究の手法との連携の重要性を説いている．
6) Morokvasic らはここでいう社会的統合概念はシカゴ学派に端を発する社会的同化理論が扱ってきたものと同じであるとしている（Anthias et al. 2013: 3）．
7) さらに，こうした類似性は具体的な分析手法においても見て取ることができる．同書第 2 章において Ayres et al. (2013) らが移民女性の労働参加率や職業分布などについて各種労働統計を用いて分析していることは，移民研究におけるジェンダーという視点が，その実際の展開においても，階層的地位を軸として発展してきた社会的同化理論と大きく違わないことを示すものといえよう．もちろん，同書もその後の章においては，エスノグラフィ（Biography と同書では呼ばれている），あるいは制度分析の手法による分析が続いており，いわゆるオーソドックスな地位達成モデルに基づく研究は行われていない．しかし（記述統計を用いたものであれ），計量的な手法による移民女性の階層的地位の分析が一連の論考の冒頭に示されたことの意義は，これまで同視点に基づく研究群が定量的な手法をほぼ一切用いてこなかったことを鑑みるならば，大きな意義を有するといえる．
8) この点に関しては，FitzGerald (2015: 118-9) も assimilation と integration は政治的な意味合いから使い分けられるが，実際に意味することはほとんど変わらないと指摘している．
9) この他，欧米の移民研究において参照されることは少ないものの，日本でしばしば参照されるものとして，Soysal (1994), Joppke (2010), といった政治制度上の移民の位置づけに関する研究が挙げられる．そこでは，特定の国家の国民であることによる人権から，普遍的に人であることに由来する人権といった考え方が重要になってきていることが明らかにされている（Soysal 1994, FitzGerald 2015: 127）．同様の考え方は，Hammer (1990=1999) の denizenship という受け入れ国に帰化しないまま，長期滞在者として相当程度の権利を享受している人々を指す言葉などにも見て取ることができるだろう（樽本 2016: 108）．これらの研究は主に市民権を始めとした政治制度的上の議論であり，移民の社会的統合の実態を明らかにするという移民研究の主

第 I 部　問題の所在，及びその背景

流とは異なる問題意識によるものといえよう．こうした政治学上の規範的な議論が社会学的な実態分析と同じ俎上に乗るということ自体に，日本の移民研究特有の状況があるといえよう．

10)　谷（2015: 20-1）はハーバマスの議論に拠り，政治経済的平等の問題は「システム」に，社会文化的多様性の問題は「生活世界」に次元を異にして存在しているとし，その上で，生活世界を植民地化するシステムへの対抗の論理をいかに構築しうるか，つまり，結合的な民族関係によるシステム変革可能性という形で，都市における共生と統合の問題を定式化したい，としている．これは小内（2007）における「システム共生」と「生活共生」という分類とも類似したものであるが，いずれも Gordon の第一次関係集団，第二次関係集団，及び構造的同化といった概念によって置き換えるとわかりやすい．

11)　ちなみに Castles et al.（2014: 27-8）はこうした視点を歴史構造アプローチ（historical-structural approach）と呼び，ネオマルクス主義に由来しており，社会，経済，文化，そして政治構造により個人の行動が決定され，かつそれは社会の不平等を維持，再生産すると主張している．また，それに対置される立場を機能主義的社会理論（functionalist social theory）と分類している．

12)　時期的にはほぼ同時期に大久保（2005）による日系ブラジル人の地域労働市場における分断構造に関する研究がある．同研究によれば，エスニシティによる地域労働市場の分断は明確であるものの，それは日系ブラジル人の流入によって起こったものではなく，それ以前に日本人を相手として既に存在していた構造であるとされる．

13)　この点について，Liu-Farrer（2011: 135）は永続的ソジョナーというのも一つの見方といえるものの，それよりもむしろ new overseas Chinese という新しいアイデンティティが見られることを指摘している．またこうした意識は本人たちの中国へのこだわりを示すというよりも，日本社会の移民に対する閉鎖性の裏返しの結果であるとの指摘も行っている．

第 II 部

移民の階層的地位に関する実証研究

第4章　移民男性の労働市場への統合状況とその要因*
―― Immigrant Assimilation Model に基づく分析

　1990年代以降，日本では移民受け入れをめぐる議論が繰り返し行われ，とりわけ階層的地位をめぐる論争はそこでも中心的な地位を占めてきたものの，日本における移民研究は特定のエスニック集団を対象とした小規模なものが多く，階層的地位を軸にナショナルレベルの移民の社会的統合の状況を明らかにした研究はほとんど見られなかった．

　これまで外国人の日本の労働市場における位置づけは，もっぱらそのエスニシティや在留資格によって決定されると見なされることが多く，その結果，外国人の階層的地位は，来日直後にそれぞれの属性に基づき決定された後は，所有する人的資本の違いや居住期間の長期化によって変化することをほとんど想定されてこなかった．また，昇進にあたって長期にわたるコミットメントを要する日本型人事制度は外国人に対して閉鎖的であり，外国人が高い職業的地位に就く場合でも，それは企業のエンジニアなど専門的・技術的職業に限定され，管理的地位やその候補としての正規事務職での就業は限られたものであると考えられてきた．

　一方，欧米の移民研究では，階層的地位を軸にその社会的統合について検証するというアプローチが採られ，特に外国人労働者の経済的達成については，Immigrant Assimilation Model (IAM) に基づく研究が蓄積されてきた．また，近年では人的資本を始めとする個人的属性に着目するのみならず，受け入れ社会の制度・構造的な要因も視野に入れた理論的枠組みが主流になりつつある．本研究でもこうした潮流を踏まえ，IAM に基づき外国人の日本の労働市場への統合状況について明らかにすることを目指した．

　その結果，外国人男性にとって海外で蓄積した人的資本の移転可能性は一部の例外を除き制約されているものの，人的資本の水準の違いは，日本人男性の場合以上に外国人男性の職業的地位の決定に重要な役割を果たしていることが示された．さらに Immigrant Human Capital Investment Model (IHCI モデル) が予想するように人的資本の移転可能性が低いほど居住期間の長期化に伴ってより大きな職業的地位の上昇を経験する一方，それによって日本人と外国人男性の職業的

地位の差が消滅するほどではなかった．また，管理的職業並びに正規事務職につく場合，人的資本の移転可能性はより制約される傾向を示す一方，IHCIモデルが妥当せず，居住期間の長期化に伴う職業的地位の上昇は限定的であることが明らかにされた．

以上のことから，IAMが想定するように日本において個々の移民の移住過程における労働市場への緩やかな統合が見られるといって良いだろう．

1 日本における外国人人口の増加とその階層的地位

　日本においては1990年代以降，外国人人口の急増を経験してきており，2017年12月末の中長期在留外国人人口は約223万人に達する．この内，男性は約半数の107万人であり，国籍別では中国，ブラジル，ペルー，及びベトナムといった国からの外国人が多くを占めている．また，外国人男性の多くは就業しており，その日本社会への社会的統合を論じる上で，職業的地位を始めとする階層的地位に注目する必要性は高いといえる．

　実際，これまでの移民受け入れをめぐる社会的な論争においても，移民の階層的地位は重要な関心であったといえよう．例えば，移民受け入れの是非をめぐるこれまでの議論は外国人労働者の労働市場底辺層への集中，その結果としての治安の悪化など，外国人の階層的地位と重要な関連をもつものとして論じられてきた．最近では，高度人材外国人の受け入れが政策として積極的に推進されているが（倉田・松下 2018: 88-90），これも移民の階層的地位が受け入れの政策効果を左右する重要な要素であることが意識された結果といえる．

　このように，外国人の階層的地位は重要な要因として意識されてきたものの，受け入れの是非をめぐる議論において，実際の外国人の階層的地位について言及されることはほとんどなく，受け入れの是非をめぐる議論は常に観念的なレベルで争われてきたという特徴が見られる．

　一方，移民受け入れの経験において日本よりも先行する欧米の移民研究においては，第3章で検討したように，移民集団間，あるいは移民集団と現地人の間の集団間関係について階層的地位を軸に見ていく社会的同化理論に基づくアプローチ（社会的統合アプローチ）が主流であった．特に，移民男性の労働市場における賃金や職業的地位は，人的資本論を基礎とする移民の経済的同化モデル（Immigrant Assimilation Model，以下IAMと略）（Duleep 2015）と呼ばれる手法によって分析されてきており，当初は現地人より低い

第II部　移民の階層的地位に関する実証研究

移民の社会経済的地位がその後，受け入れ社会での居住期間の長期化に伴って現地人の水準に接近していくということが検証されてきている．

こうした状況を踏まえ，本研究では日本における外国人男性の職業的地位を分析することで，外国人男性の労働市場への統合状況，及びその要因について明らかにする．ここでいう外国人の労働市場への統合とは，人的資本の違いなどを考慮した外国人男性の職業的地位の分布が日本人男性のそれと有意に異ならない状態と定義される（Alba and Nee 2003: 28）．分析対象とするのは，非熟練労働から高度人材までを幅広くカバーする中国人及び，専ら非熟練労働に従事するとされる（日系）ブラジル人である．これは欧米の移民研究において最も基礎的な論点でありつつも，日本において十分に検討されてこなかった論点であり，また現在，検討に対する社会的要請が非常に大きい論点でもある．

また，その分析に当たっては，IAMにおいて重視されてきた人的資本の側面だけではなく，第3章で採りあげた「新しい同化理論」（Alba and Nee 2003）などが重視するように，受け入れ社会の制度・構造的な要因も考慮に入れる必要があるだろう．具体的には日本の労働市場において特徴的とされる長期雇用制度や年功型賃金制度に代表される日本型人事制度（川口 2017: 20-2）における外国人の位置づけを考慮する必要がある．

さらに，これまで日本の移民研究においては，小規模な事例調査に基づく研究が多かったものの，欧米の移民研究では頻繁に用いられてきた国勢調査の個票データを用いることで，複数の移民集団のナショナルレベルでの社会的統合の状況を明らかにすることを目指す．こうした点に配慮することで，欧米の移民研究の成果と日本の現状の接続を図りつつ，日本固有の状況についても明らかにすることができるものと考えられる．

2 先行研究の検討

2-1 米国における移民研究

　グローバルな移民研究をリードしている米国において移民男性の労働市場における職業的地位については，主に移民の経済的同化モデル（Immigrant Assimilation Model, IAM）（Duleep 2015: 108-12）に基づく分析が行われてきたのが特徴である．これは労働経済学における人的資本論に基礎を置きつつ，国際移民に固有の状況として，人的資本の国際的な移転可能性（International Skill Transferability）や受け入れ社会における移民による人的資本への再投資（Immigrant Human Capital Investment Model, IHCI モデル）について検証するというものであり，これまでもっとも多くの研究の蓄積が見られる．

　Duleep（2015: 108-12）によれば IAM の基本的理論枠組みとして想定されているのは以下のメカニズムである．まず，Chiswick（1978a, 79, 80）によれば受け入れ社会の労働市場における移民の賃金や職業的地位は，その移民がいかに受け入れ社会で評価されるスキルを有しているかによって決定されるとする．また，その程度は移民自身の入国時の教育水準に比例するとされるものの，出身国と受け入れ国の社会的距離が遠い場合には，出身国で取得した学歴などの人的資本は受け入れ社会ではさほど評価されず，移動直後の賃金や職業的地位は低くなるとされる（つまり，人的資本の移転可能性が低い）．さらに，移民は国際移動後に受け入れ社会の言語の習得やその他の人的資本への再投資に励むことで，受け入れ社会に固有のスキルを身につけ，賃金や職業的地位の上昇を目指すとされるが，その速度は人的資本の移転可能性が低いほど，また移動からの時間が経っていないほど早いとする．

　また，IAM を職業的地位の観点から整理した職業的地位移動モデル（Occupational Mobility Model）（Chiswick 1978b, Chiswick et al. 2005）によれば，移民の受け入れ国での職業的地位は移動からの時間的経過に伴って U 字型

をたどるとされている．これは，出身国で取得した人的資本が移動直後には過小評価されることで，職業的地位の低下を経験するものの，その後，言語習得を始めとする受け入れ社会固有のスキルを獲得することで，もともとの人的資本に見合った地位を再獲得するというものである．

さらに，Duleep and Regets（1999, 2002）は移民の人的資本投資モデル（Immigrant Human Capital Investment Model，IHCI モデル）として，受け入れ社会でその人的資本を評価されにくい移民ほど就業しないことの機会費用が小さいことから，再度，学業に従事するなど，移動後の追加的な人的資本への投資により積極的になり，結果的に短期間の内により大きな賃金水準の上昇を経験することになることを明らかにした．また，同理論によれば，受け入れ国での評価は低くとも，出身国で獲得した人的資本は，受け入れ国で新たに人的資本へ投資する際の助けとなるといった効果もあるとされている．Chiswick による IAM の定式化においては，移民の経済的地位が現地人と同程度にまで上昇するメカニズムについては，必ずしも明確ではなかったものの（Duleep 2015: 110），同理論は社会的同化理論の核となる経済的同化過程に対して，理論的な基礎付けを与えるものといえよう[1]．

一方，個人の人的資本を軸とした分析だけではなく，受け入れ社会の労働市場の構造など，制度・構造的な観点から分析したものとして二重労働市場理論（Piore 1979 [2014]）や，移民コミュニティやネットワークが人的資本の形成や新規ビジネスの立ち上げに有利に働くとするエスニック・エンクレーブ論（Portes and Bach 1985, Portes and Manning 1986）などを挙げることができるだろう．しかしながらこれらの理論的枠組みは個々のケースについては妥当するものの，移民の経済的同化という論点における普遍的妥当性についてはなお論点となっているとされている（Raijiman and Tienda 1999: 249）．

以上のように米国の移民研究においては，IAM を基礎とした研究が発展してきた．また，近年ではこうした研究は「新しい同化理論」や編入様式論に見られるように新たな理論的展開の基礎となっていることは第 3 章で確認した通りである．さらに，近年，第二次世界大戦後，大量の移民受け入れを

経験した欧州を中心に，米国以外の地域の経験に IAM を軸とした理論的枠組みを応用する例が見られるようになってきており（e. g. Pichler 2011, Kogan 2010），こうした動きは同理論的枠組みの日本への応用可能性を示唆するものといえる．以下では日本における移民研究のこれまでの展開を整理した上で日本の経験に IAM に代表される社会的統合アプローチを適用することが可能かどうかを検討したい．

2-2　日本の移民研究における外国人の階層的地位の位置づけ

　日本の移民研究においては，IAM のように人的資本論をベースに移民の経済的同化に関して論じるというスタイルはほとんど見られず，日本的経営における外国人労働者の位置づけなど，制度・構造側の要因に焦点を当てた研究が多かったといえる．また，個々の外国人労働者に焦点を当てた研究においても，分析対象は小規模なものにとどまり，日本における外国人労働者の階層的地位の全体的な状況について必ずしも明確な結論を出すことができていない．

　そうした中，日本の労働市場における外国人労働者の位置づけについて，早くも 1990 年代初頭に整理した研究として挙げられるのが梶田（1994）である．同研究では日本的経営における 3 種類の労働分野――①技術者や専門職などの特別な能力を要する労働，②企業の正社員などの一般的労働，③パート，アルバイト，派遣労働者などからなる非熟練労働――の内，外国人労働者が担うことになるのは，第一と第三の労働分野であり，国ごとの固有の雇用慣行やシステムが強い第二の労働分野における外国人労働者の受け入れは進まないだろうとしている（図4-1）（梶田 1994: 54-62）．

　また，同書は稲上・桑原（1992）の研究を引用し，日本における外国人の労働市場においては外国人労働者自身の在留資格の「合法性」「不法性」に基づく形で「緩やかな二重構造」が生じてきているとしている（梶田 1994: 74）．このような整理は今から 20 年以上前に行われたものであるものの，近年，日本の労働市場における外国人労働者の位置づけについて整理した上林

(2015: 28-41) でも梶田による整理をほぼそのまま踏襲しているなど（図4-2），今もってなお有効な仮説と位置付けられているといえよう．

　また，梶田による整理は日本の労働市場における外国人労働者の位置づけ全体を俯瞰したものであったが，この内，日系人の労働市場について更なる精緻化を試みたのが梶田他（2005）による「顔の見えない定住化」仮説である．同仮説は日系ブラジル人に限らず，理論的指向性が弱いとされる日本の移民研究においてもっとも精緻な理論化を試みたものといえるものの，個人レベルでの階層的地位の変動を同定する論理構造を持たなかったため，個々のケースにおいて具体的な適用条件が明確ではなく，分析対象や時代的背景が変化した場合，同仮説の妥当性を検証することが困難になっている．

　例えば，浅川（2009: 55-6）が，「顔の見えない定住化」仮説はブラジル人派遣労働者がより高い賃金を求めて頻繁に転職できた景気拡大局面においてのみ妥当し，それが一般的ではなくなった時期においては妥当しないとしていることは，こうした限界を端的に示すものである．また，同仮説は日本企業の経営行動の変化から，日系人の雇用について説明するものであるものの，実際にはほとんどの企業が日系ブラジル人を雇用していないという事実については何ら言及していないことも，同仮説の妥当性の検証を難しくしている．

　一方，外国人労働者に対する日本の労働市場の構造的要因に注目しつつも，それをよりミクロな観点から分析した研究として橋本（2012）を挙げることができる．同書は労働経済学の視点に立ちつつ，行政の広報・出版物，新聞やインターネットサイトから外国人労働者雇用に関する情報を収集し，公刊統計とのマッチングによって作成したデータを用いて計量分析を行い，外国人労働者を雇用する企業がどのような特性を持っているかという観点から分析を行っている．その結果，日系ブラジル人の雇用の不安定さが日系ブラジル人自身の手取り給与最大化という行為とその結果としての高離職率という労働力供給側の要因と，彼／彼女らを生産変動対応の労働力として間接雇用する企業の需要行動が相まった結果であることを示している．また，外国人労働者を雇用する企業には，生産性が低く，低い賃金水準しか提示できない

第 4 章　移民男性の労働市場への統合状況とその要因

図 4-1　日本的経営における外国人労働者の位置づけ

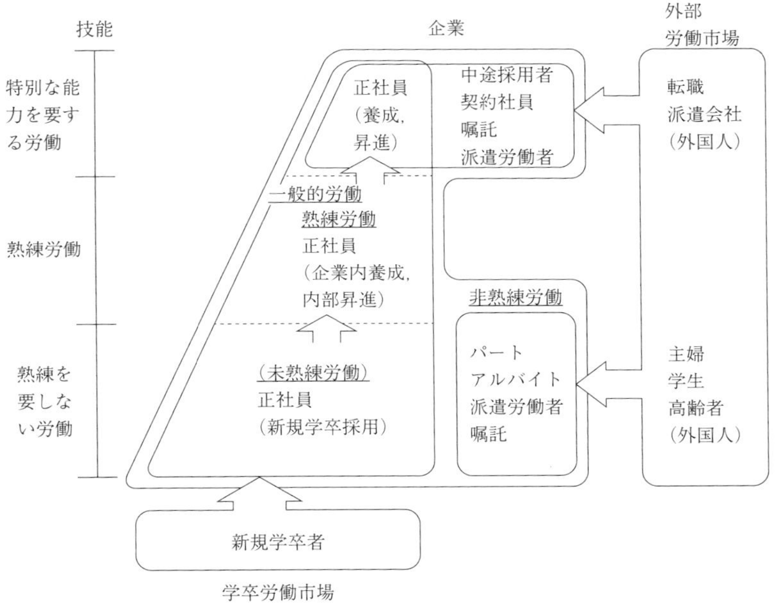

出所：経済企画庁（1988: 99）．

図 4-2　日本の移民労働市場のモデル

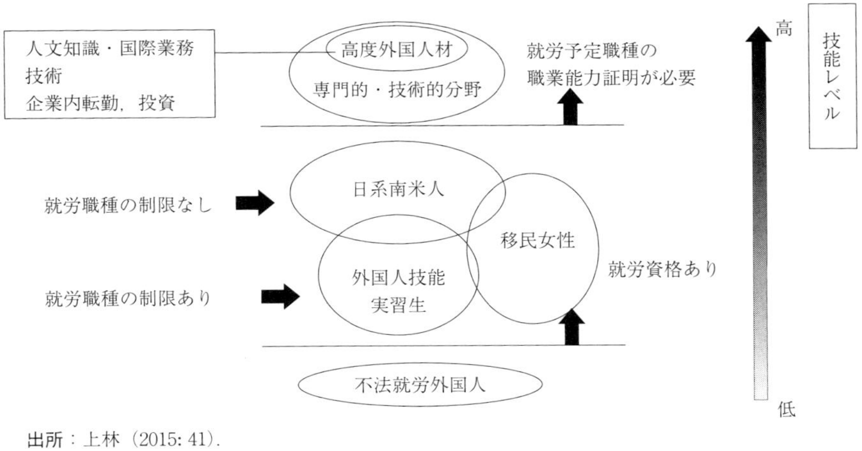

出所：上林（2015: 41）．

ため，日本人労働者の確保に困難を抱えているという，従来，通説的であった見方に合致する企業が多く見られた一方，高い生産性やその結果として高い賃金水準を提示している企業も 3-4 割程度含まれるなど，通説的見方とは異なる結果も得られている．

これは主に社会学の領域で蓄積されてきた外国人労働者研究に対してミクロデータの定量的分析に基づく基礎付けを与えたものといえよう．特に日系ブラジル人に関して「顔の見えない定住化」仮説が提示するのと同様の結果を明らかにしつつも，その前提条件を企業の行動原理から定量的に明らかにしたことは，「顔の見えない定住化」仮説の限界を乗り越えたということができるだろう．

また，Hashimoto (2017) は，本研究と同様，国勢調査の個票データを用いて，日本における外国人の職業選択について分析を行っており，そこでは日本の労働市場において IAM の枠組みを適用する際に留意すべき重要な論点が網羅されているといえよう．同研究では，上層ホワイトカラーを専門的・技術的職業からなる Type I 職業と管理的職業，事務従事者からなる Type II 職業とにわけており，前者を日本的雇用システム (Japanese Employment System, JES) に比較的埋め込まれていない職業，後者を JES に埋め込まれている職業と位置付けている．その上で，Type I 職業は海外の大学の学位や海外での就業経験など，日本以外の地で形成されて人的資本をもとに日本の IT やサービスセクターで就業する傾向が強く，主に先進国出身の比較的若い年齢層によって担われており，その滞在期間は短いことを明らかにしている．一方，Type II 職業は，企業の内部労働市場を通じて地位を高めていく日本固有の職業的地位であり，主に日本の大学を卒業した中国や韓国などのアジア出身者によって担われていることを示している．これは梶田 (1994) が示した日本的経営における外国人労働者の位置づけを，外国人個々人の人的資本の観点からミクロに基礎づけたものといえるだろう．

また，実際の企業に対するヒアリングやアンケート調査を通してこうした点について明らかにした研究として，労働政策研究・研修機構 (2004, 06, 08,

09a, 09b, 2011a, 2011b, 2012, 2013a, 2013b, 2016）や日本政策金融公庫総合研究所（2017）を挙げることができる．この内，労働政策研究・研修機構による研究は，日系人や技能実習生といった主に非熟練労働に関わる調査研究（同 2004, 06, 09a, 2011a, b, 2012, 2016）及び，留学生や高度人材外国人に関する調査研究（同 2008, 09b, 2013a, b）からなり，前者については「顔の見えない定住化」仮説（梶田他 2005，橋本 2012）において確認されたのとほぼ整合的な結果を，後者では留学生を始めとする高度人材外国人について，多くの企業において，日本人の採用や労務管理との特段の差を設けていないことを明らかにしている．また，日本政策金融公庫総合研究所（2017）では中小企業における外国人雇用の実態について，事業所アンケートによって調査した結果，中小企業にとって外国人労働者は人手不足への対処という側面と国際化を含めた新たな成長への投資という側面があることが明らかになっており，こうした点について定量的な観点から分析した橋本（2012）と整合的な結果が得られているといえよう．

さらにミクロデータを用いて階層論的な視点から個々の外国人の社会的統合の状況を明らかにした研究として挙げられるのが竹ノ下（2004, 2005），Takenoshita（2006, 2013, 2017），Takenaka et al.（2016），及び是川（2012, 15）による研究である．

竹ノ下（2004, 2005），Takenoshita（2006, 2013, 2017）の研究は外国人の経済的同化に関する命題の日本における妥当性を検証した貴重な試みであり，本研究にも大きな示唆を与えるものである．それらを要約すると，日系ブラジル人の場合，人的資本の程度や日本での居住歴の長短にかかわらず，ブルーワーカーとして就業する傾向が強い一方，中国人の場合，人的資本の蓄積や居住期間の長期化により経済的地位を上昇させることが示されている．また，その際に想定されるメカニズムとしては，国際的な人的資本移転可能仮説や二重労働市場理論を始めとした労働需要仮説，そして編入様式論に代表される出身地域別階層化仮説（竹ノ下 2005）といったものが想定されている．

Takenaka et al.（2016）は，日本における外国人の経済的同化について，

IAMが妥当せず，むしろ日本での居住期間の長期化により賃金が低下する，負の同化モデル（Negative Assimilation Model）（Chiswick and Miller 2011）が妥当するとしている．また，日本国内で取得された学位もむしろ海外で取得されたものに比べて所得を押し上げないこともIAMが妥当しないことを示す典型的な根拠としている．またこうした結果が得られた背景には，日本で海外の学位や語学能力などに対する需要が相対的に大きいことがあるとし，これを明治期のお雇い外国人以降の伝統に沿ったものと位置付けるだけでなく，さらに同研究はこうした結果を非西欧圏における移民受け入れの経験においてみられる新しい現象と位置付けている．

　以上のように，日本の移民研究は制度・構造決定論に基づく定性的なアプローチから始まりつつも，近年，定量的分析が行われるようになる中で，既存の制度・構造的なアプローチの妥当性の検証やそれを越えた新たな事実発見が行われるようになってきている．また，社会的統合アプローチに基づき，外国人労働者個々人の階層的地位に注目した研究も行われるようになった結果，これまで見落とされがちであった移民の経済的同化という事実が明らかになりつつあるといえよう．こうした結果はいずれも日本の移民研究において，欧米の移民研究と同様，IAMを軸とした社会的統合アプローチを応用する余地があることを示すものである．

3　命題，及び探究課題

　以上を踏まえ本研究では以下の命題を検証する．これはIAMにおける基本的命題であり，これまでの日本の移民研究ともその問題意識を共有するものである．また，同モデルの日本の経験への応用可能性についても，断片的ではあるものの先行研究によりおおむね検証されつつあるものといえよう．なお，本研究ではAlba and Nee（2003）の「新しい同化理論」の考え方に基づき，外国人であるということが，職業的地位達成において有意な差をもたらさない状態にあることを以て，労働市場への外国人の統合が達成されたと

定義する．

　命題1：外国人は入国直後にはその低い人的資本の移転可能性のため，同程度の人的資本を有する日本人よりも低い職業的地位達成しか示さない．

　命題2：しかしながら，日本での居住期間の長期化に伴う社会的適応によって，やがてその地位は日本人と同程度にまで上昇する．

　命題3：その際，日本型人事制度に代表される日本の労働市場に固有の制度・構造的な要因の影響を受けつつも，外国人の職業的地位はあくまでその人的資本により決定されると同時に，日本の労働市場のメインストリームへの統合も見られる．

　人的資本の移転可能性とは学歴や就業経験といった人的資本の取得地がその評価に与える影響を指し，これが完全に保たれている場合，人的資本に対する労働市場における評価はその取得地にかかわらず完全に一致する．移民の受け入れという場合，一般的に送り出し国として想定されているのは，受け入れ国よりも経済的水準の低い国，地域である．その場合，出身国で蓄積された人的資本への低い評価や受け入れの労働市場での就業経験の欠如などから，移民の階層的地位は同程度の人的資本を持つ現地人よりも低い傾向を示すと考えられる（つまり人的資本の移転可能性が低い）（命題1）．

　しかしながら，IAMに基づくならば，居住期間が長期化する中で，受け入れ社会の言語の習得や，教育を受けるといったことを通じて，移民の階層的地位は次第に上昇し，現地人との階層的地位の差は消滅していくと考えられる．また，IHCIモデルに基づくならば，出身国で蓄積した人的資本の日本社会への移転可能性が低い人ほど，その後，日本語の習得など社会的適応に向けた取り組みに積極的になる可能性が大きいことから，その際の地位上昇の程度は大きくなると考えられる（命題2）．

また，外国人の職業的地位は日本型人事制度など，日本の労働市場に固有の要因により，もっぱら本人の人的資本ではなく，主に国籍ごとに決定されるという見方がこれまで主流であったものの，本研究ではそうした制度・構造的な影響の存在を認めつつも，職業的地位を決定するのはあくまで本人の人的資本であるという立場をとる．また，職業的地位達成の結果，専門的・技術的職業にとどまらず，日本型人事制度において基幹要員とされる管理的職業や正規事務職に就くなど，日本の労働市場におけるメインストリームへの統合も見られると考える（命題3）．

これに対して「緩やかな二重構造」仮説（梶田1994）や「顔の見えない定住化」仮説（梶田他2005）に代表されるこれまでの日本の移民研究においては，外国人の職業的地位は入国直後に，大半の未熟練労働者と一部の専門的・技術的職業従事者に分かれた後は，人的資本や日本での居住期間の長期化に伴って変化することはほとんど想定されてこなかった．その背景には，外国人の人的資本の移転可能性はおおむね国籍ごとに決まっており，その結果，外国人の職業的地位達成において人的資本の違いがもたらす効果についてはほとんど意識されてこなかった（命題1の対立仮説）．また，こうした状態は日本での居住期間が長期化したとしても変化することがほとんど想定されてこなかった（命題2の対立仮説）．また，一部の高学歴層からなる外国人は専門的・技術的職業に就くものの，日本型人事制度において基幹要員とされる管理的職業や正規事務職に就くことはまれであり，日本の労働市場におけるメインストリームからは原則，排除されるとする（命題3の対立仮説）．こうした見方は日本の移民研究における外国人の職業的地位達成に対する見方を代表するものといえよう．

また，同命題群を検証するにあたって以下の探究課題を検証する．

① 外国人の労働市場への基礎的な参入状況はどのようなものか？
② 外国人の職業的地位の分布は日本人と比べてどのような特徴を示すのか？

③ 外国人が海外で蓄積した人的資本の移転可能性はどの程度なのか？
④ 人的資本の移転可能性が制約された結果，人的資本の職業的地位に与える影響は日本人の場合と比べて小さくなるのか？
⑤ 居住期間の長期化に伴って外国人の職業的地位は上昇し，日本人男性との差はなくなるのか？　また，その上昇幅はもともとの人的資本の移転可能性が低いほど大きいのか？
⑥ 外国人の職業的地位達成は上層ホワイトの中でももっぱら専門的・技術的職業に限定され，管理的職業ではほとんど見られないのか？

　探究課題1は外国人の労働力供給，及びそれに対する労働市場における需要について明らかにするものであり，外国人の職業的地位を軸にその階層的地位を論じるにあたっての前提条件を確認するものである．仮に外国人の労働参加率が低く，あるいはその失業率が高いといった場合，外国人はそもそも日本の労働市場から排除されているということになり，職業的地位を軸に労働市場への統合を論じるという方針は必ずしも適当ではないということになる．一方，労働参加率や失業率に大きな違いが見られない場合，外国人に日本の労働市場への基礎的な参入は果たされていると考えられ，職業的地位は外国人の日本の労働市場への統合を論じるうえで重要な指標となるといえよう．
　探究課題2は外国人男性の職業的地位の（周辺）分布を概観することで，実際に観察される階層的地位の分布が日本人と外国人でどのように異なるのかを明らかにするもので，その後の議論全体の出発点となるものである．
　これらの探究課題によって議論の前提を確認した上で，以下の探究課題に答えることで各命題の検証を行う．
　探究課題3は主に海外で蓄積された人的資本（学歴，就業経験）が日本の労働市場においてどのように評価されているのかを明らかにすることで，人的資本の移転可能性の制約の程度を明らかにする（命題1）．
　探究課題4では，人的資本の移転可能性が制約された結果，同一国籍内で

人的資本の水準の違いによる職業的地位の差がほとんど見られなくなる，つまり人的資本の水準が上昇しても，職業的地位達成が進まないといった現象が見られるのかどうかを検証する（命題1）．

探究課題5では，日本国内での居住期間の長期化に伴って，外国人の職業的地位が上昇するのかどうか，及びその結果，日本人男性と外国人男性の職業的地位の差が消滅するのかを明らかにする．その際，IHCIモデルに基づけば，入国直後の人的資本の移転可能性が低い人ほど，その後の社会的適応に向けた取り組みに積極的であり，職業的地位の上昇の程度も大きいとされるが，日本でもそういった現象が見られるのかどうかも明らかにする（命題2）．

最後に，梶田（1994）以来，外国人労働者は日本型人事制度において基幹要員とされる管理的職業やその候補としての正規事務職に登用されることはなく，専ら専門的・技術的職業での雇用にとどまるとされてきており，それが外国人の労働市場のメインストリームへの統合を妨げてきたとされる．本探究課題では外国人が管理的職業並びに正規事務職に就くことがどの程度みられるのかを明らかにする（命題3）．

4 記述統計による分析

4-1 データ，及び方法

(1) 横断面データ及び，疑似コーホートデータについて

分析に当たっては2000年，及び2010年国勢調査のマイクロデータを用いる（総務省 2003, 2004a, b, 2012, 13）．なお，外国籍人口の内，国勢調査の調査対象となっているのは，日本に3か月以上にわたって住んでいるか，住むことになっている者であり，①外国政府の外交使節団・領事機関の構成員（随員を含む．）及びその家族，②外国軍隊の軍人・軍属及びその家族を除く者とされている．

第4章　移民男性の労働市場への統合状況とその要因

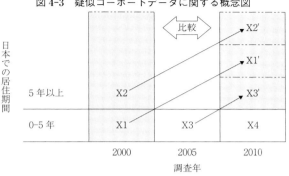
図4-3　疑似コーホートデータに関する概念図

出所：筆者作成.

　本研究ではこれらのデータから大きく分けて2種類のデータセットを作成して分析を行う．一つ目は2010年のデータの内，国籍が日本，中国，及びブラジルである男性で在学状況が卒業となっている者からなる横断面データである[2]．

　横断面データに含まれるのは，労働市場ですべての学歴の者が安定的に観察可能となる博士課程修了年齢以降であること，及び定年退職の影響を除くため，27歳から59歳とした．また，国籍は中国，及びブラジルとした．その理由は，中国人は近年，技能実習生のような非熟練労働から，調理人といった熟練労働者，そして大学卒業以上の資格を有する専門職まで幅広くカバーしているとともに，参照可能な先行研究も多いため，ブラジル人は日系人，及びその家族によって占められ，先行研究では専ら非熟練労働に従事することが明らかにされてきたグループであるためである．

　なお，中国，及びブラジル人については全数のデータを，日本人については総数の10%抽出詳細集計を用いる．その結果，本研究の分析対象となるのは2010年国勢調査時点で中国人88,263人，ブラジル人49,827人，及び日本人2,865,950人となった．

　二つ目のデータセットは疑似コーホートデータである（図4-3）．分析対象となるのは2000年の調査時点において27-49歳の人（$X1+X2$）全てと，

129

2010年の調査時点において 37-59 歳でかつ 5 年前の居住地が日本である人たちである（$X1'+X2'+X3'$）[3]．これらは，2000-05 年の間に新規に来日した人（$X3'$），及び 2000-2010 年の間に帰国した人（$X1-X1'$, $X2-X2'$）の影響を除けば，ほぼ同一の人たちで構成されているため，両者を比較することで 10 年間の日本居住による変化を近似的に示すことが可能である[4]．これは同一集団を継続的に追いかけることを目的とした疑似コーホートデータ的な考え方を採ることを意味する[5]．

（2）方　法

分析に当たっては，社会人口学的特徴と合わせ，まず外国人男性の労働参加の状況，失業率を始めとして，従業上の地位，及びその職業的地位といった労働市場への基礎的な参入状況について明らかにする．労働参加の有無は個々の外国人の労働供給への態度を示すものであり，これが日本人よりも低い場合，何らかの理由によって労働意欲が抑制されていることを示す[6]．これに対して，失業率は労働参加を選択した個々人が実際にどの程度，職に就けるかを示すものであり，仮にこれに差が見られた場合，日本人と外国人とでその労働力としての需要が異なることが予想される．

また，本研究では，就業者の労働市場における地位を示すものとして職業的地位に注目する．具体的には，管理的職業，及び専門的・技術的職業から構成され，労働市場において雇用の安定性や収入といった面で優位性を持つとされる上層ホワイトを職業的地位達成のベンチマークとして用いる．さらに Hashimoto（2017）に見られるように日本的雇用システムにおける外国人労働者の位置づけを明らかにするため，将来の幹部候補としての正規事務職[7]をこれに加える．なお，これは職業的地位の間に一元的な階層性が存在することを前提とした上で，それを要約する指標としての上層ホワイト就業という考えに基づくものである[8]．

次に，国境を越えた人的資本の移転可能性を分析するに当たっては，先述した横断面データの内，更に 5 年前の居住地が海外であるものに限定して分

析を行う．こうすることで，日本における居住期間長期化に伴う社会的適応の効果を極力排除した形で分析を進めることができる．

最後に，疑似コーホートデータを用いて，2000年から2010年にかけての同一集団の職業的地位の変化を明らかにする．これはおおむね居住期間の長期化による社会的適応の効果と見なすことが可能である．

4-2　分析結果

(1)　社会人口学的特徴

まず，横断面データから対象となる集団の年齢構成をみると，中国人男性は20-30歳代が多く，40歳代以降になると急速に減少する．日本人やブラジル人男性では全体的に均等に分布していることがわかる（図4-4）．

学歴についてみると，ブラジル人男性の28.5%，中国人男性の17.8%，日本人男性の8.2%が小中学校卒であり，外国人男性で低学歴層が多いことがわかる（図4-5）．一方，日本人男性の35.7%が大学卒業以上の学歴を有するのに対して，中国人男性の45.2%が大学卒業以上であり，中国人男性は高学歴層と低学歴層に二極化していることがわかる．一方，ブラジル人男性の場合，大学卒業以上の学歴を有するのは9.4%にとどまり，その大半が高校以下の学歴であることがわかる．

(2)　労働市場への基礎的な参入状況

次に，外国人男性の労働市場への基礎的な参入状況についてみていこう（表4-1）．第一に労働参加率をみると，日本人男性97.0%，中国人男性95.3%，そしてブラジル人男性98.2%と国籍間の差はほぼ見られないといってよいだろう．失業率についてみると，日本人男性6.5%，中国人男性7.5%，ブラジル人男性8.0%と外国人男性の方が若干高いものの，諸外国の例と比較するとその差は小さい[9]．こうしたことから，日本の労働市場において外国人労働者はその基礎的な参入を果たしているといえるだろう．

また，労働参加をしている男性について，その職業的地位の日本人と外国

第 II 部　移民の階層的地位に関する実証研究

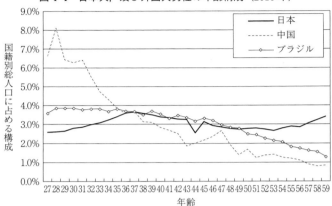

図 4-4　日本人，及び外国人男性の年齢構成（2010 年）

注：27-59 歳，在学状況が卒業の者に限定．外国人は全数，日本人は 10%
サンプル（ウェート調整済み）を用いて集計．
出所：平成 22 年国勢調査個票データより再集計．

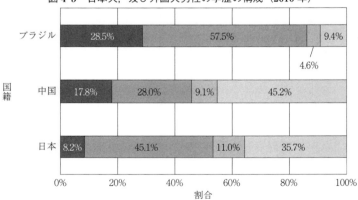

図 4-5　日本人，及び外国人男性の学歴の構成（2010 年）

注：27-59 歳，在学状況が卒業の者に限定．外国人は全数，日本人は 10% サンプ
ル（ウェート調整済み）を用いて集計．
出所：平成 22 年国勢調査個票データより再集計．

第4章　移民男性の労働市場への統合状況とその要因

表4-1　日本人及び外国人男性の労働関連指標（2010年）

	日本	中国	ブラジル
労働参加率	97.0%	95.3%	98.2%
失業率	6.5%	7.5%	8.0%
専門的・技術的職業従事者割合	14.1%	19.1%	2.0%
管理的職業並びに正規事務職従事者割合	16.0%	7.4%	1.4%

注：在学状況が卒業、年齢が27-59歳の者に限定．外国人は全数、日本人は10％サンプル（ウェート調整済み）を用いて集計．専門的・技術的職業従事者割合、及び管理的職業並びに正規事務職従事者割合はそれぞれ国籍別の労働力人口に占める割合．
出所：平成22年国勢調査個票データより再集計．

人の違いを見ていきたい（表4-1）．まず専門的・管理的職業に就いている者が労働力人口に占める割合は、日本人男性が14.1%であるのに対して、中国人男性が19.1%と日本人男性よりも大きい．一方、ブラジル人男性の場合、同職業に就く者は労働力人口の2.0%と非常に少ないことがわかる．また、管理的職業並びに正規事務職の割合をみると、日本人男性で同割合が16.0%であるのに対して、中国人男性で7.4%、ブラジル人男性で1.4%とその差は専門的・技術的職業の場合よりも大きい．これは、日本人よりも年齢構成が若いということにも関係すると考えられるが、日本型人事制度において中核的な地位を占めるとされる同職業に就く外国人が依然として少ない可能性を示すものである．また、中国人とブラジル人男性の間で上層ホワイト就業者割合に大きな違いが見られることは、両者が同じ外国人とはいえ、労働市場の異なるセグメントに埋め込まれている可能性を示すものである．

さらに就業者に限定して、職業的地位全体の分布をみると（図4-6）、外国人男性は日本人男性と比べて、生産工程職に多く就く一方、事務、及び販売といった職業に就く者が少ないことがわかる．特にブラジル人男性でこうした傾向が強いことは、梶田他（2005）などの先行研究において明らかにされてきたように、日系ブラジル人はその属性にかかわらず、ブルーワーカーとして働くことが多いということと一見、整合的である．また、中国人男性でサービス職業が多いことは飲食業（調理人）で働く者が多いことを[10]、農林

第II部 移民の階層的地位に関する実証研究

図 4-6 日本人及び外国人男性の職業的地位の分布（2010 年）

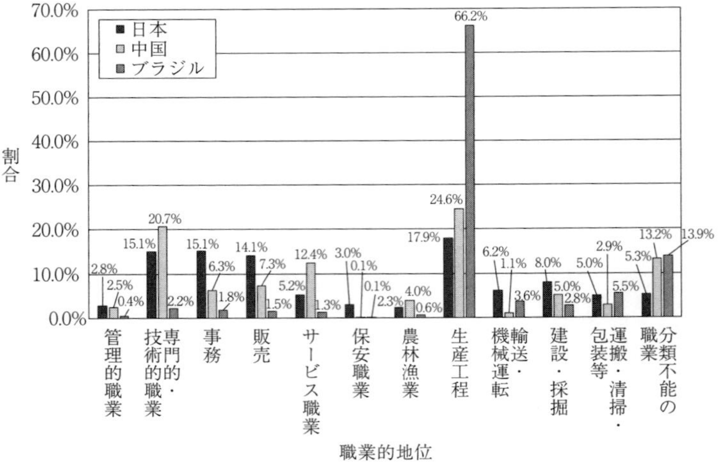

注：在学状況が卒業，年齢が27-59歳の就業者に限定．外国人は全数，日本人は10%サンプル（ウェート調整済み）を用いて集計．
出所：平成22年国勢調査個票データより再集計．

漁業が多いことは技能実習生としての就業が多いことを反映したものと考えられる[11]．

(3) 人的資本の移転可能性の検証

人的資本の移転可能性の程度を検証するにあたっては，先述したように横断面データの内，5年前の居住地が海外で年齢が27-59歳であるものに限定したものを用いる．

まず，年齢と専門的・技術的職業従事者が労働力人口に占める割合との関係をみる（図4-7左）．年齢はここではおおむね，就業経験年数に対応したものと考えられ，また先述したように，その就業経験はそれぞれの出身国で蓄積されたものと捉えることが可能である．

その結果，日本人男性の場合，専門的・技術的職業従事者の割合は年齢の上昇によって変化することなく，ほぼ一定であることが示された．これは専

図 4-7 日本人及び外国人男性の専門的・技術的職業従事者割合（年齢，学歴別，2010 年）

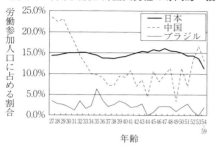
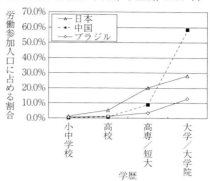

注：在学状況が卒業，年齢が 27-59 歳，労働参加をしている者に限定．外国人については 5 年前の居住地が海外である者に限定．外国人は全数，日本人は 10% サンプル（ウェート調整済み）を用いて集計．
出所：平成 22 年国勢調査個票データより再集計．

門的・技術的職業に就くにあたっては，就業経験ではなく，学歴を始めとする資格の有無が重要であることを示すものである．そのため，中国人男性の若年層で同割合が大きいことは，就業経験との関係を反映したものではなく，出生コーホートの違いによる特定の資格保有者数の違いを反映したものと考えられる．また，ブラジル人男性の場合，同割合は概して低く，またアップダウンはあるものの，年齢との関係では日本人男性と同様，ほぼ横ばいといってよいだろう．

一方，学歴と専門的・技術的職業従事者の割合との関係をみると（図 4-7 右），学歴の上昇に伴って同割合が大きくなることがわかる．また，国籍間の差異をみると，日本人男性は高専／短大卒までは外国人男性よりも専門的・技術的職業に就く傾向を示すものの，大学／大学院卒では中国人男性の方が多く同職業に従事するようになる．これは高学歴中国人男性の間で人的資本の移転可能性が非常に高い可能性を示唆するものである．その一方で，ブラジル人男性は学歴水準の上昇による同割合の上昇をわずかしか経験しないことから，人的資本の移転可能性が大きく制限されている可能性を見て取

図 4-8 日本人及び外国人男性の管理的職業並びに正規事務職従事者割合（年齢，学歴別，2010 年）

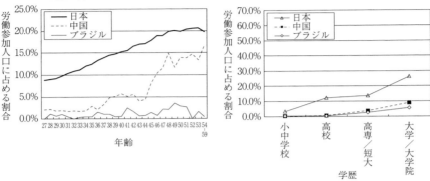

注：在学状況が卒業，年齢が 27-59 歳，労働参加している者に限定．外国人については 5 年前の居住地が海外である者に限定．外国人は全数，日本人は 10% サンプル（ウェート調整済み）を用いて集計．
出所：平成 22 年国勢調査個票データより再集計．

ることができる．

　以上のことから，専門的・技術的職業での就業に関して，外国人男性の人的資本の移転可能性は高学歴中国人男性を除いて低い可能性が高い．その一方，人的資本の水準の違いによる職業的地位の差異は依然としてみられ，人的資本が職業的地位を決定する重要な要因である可能性も示された．

　次に，年齢と労働力人口に占める管理的職業並びに正規事務職従事者割合との関係をみる（図 4-8 左）．その結果，日本人男性の場合，年齢の上昇とともに同割合は緩やかに増加する傾向がみられるものの，外国人男性ではそのような関係は見られない．わずかに中国人男性で，30 歳代と 40 歳代後半に段階的な上昇がみられるものの，ブラジル人男性の場合，全年齢を通して両者の関係はほぼ横ばいといってよく，年齢の上昇に伴う変化は見られない．こうした結果は，それぞれの出身国での就業経験が，（多少の差こそあるものの）日本で同職に就くにあたってほとんど評価されないことを示唆する．

　また，学歴と労働力人口に占める管理的職業，並びに正規事務職従事者割

合の関係をみると（図4-8右），外国人男性の場合，学歴が上昇しても日本人男性ほど同割合は上昇しないことがわかる．また，その水準もすべての学歴において日本人男性よりも低い．こうしたことから，海外で取得した学歴は日本型人事制度の中ではおしなべて評価されず，その人的資本の移転可能性は低いといえる．

以上のことから，管理的職業並びに正規事務職に従事するにあたって，専門的・技術的職業の場合よりも人的資本の移転可能性が低い可能性が示された．これは外国人労働者が日本型人事制度の中核に登用されることが依然として少ないことを示すものといえよう．その一方で，管理的職業並びに正規事務職に就くにあたっても，人的資本は重要な役割を果たしており，外国人であるというだけでそこから一律に排除されているわけではないことも明らかになった．

(4) 居住期間の長期化による変化

では，日本での居住期間の長期化により，外国人男性の職業的地位の分布には変化がみられるのであろうか．以下では先述したように，疑似コーホートデータを用いて2000年と2010年の変化を見ることで居住期間の長期化による変化を明らかにする．

まず，専門的・技術的職業従事者割合の変化をみると（表4-2），日本人男性では同割合が16.1%から14.7%に低下しているものの，中国人男性では同割合は21.3%から23.3%に上昇していることがわかる．これは日本人男性の職業的地位達成の状況がこの間，悪化したにもかかわらず，中国人男性ではこれがむしろ改善したことを示唆するものである．一方，ブラジル人男性はもともとの水準が低い上にその改善幅も1ポイント弱と小さく，1.4%から2.3%へと上昇している．

また，管理的職業並びに正規事務職の割合を見ると（表4-3），日本人男性は16.1%から18.9%と2.8ポイントの上昇を示した一方，中国人男性は7.3%から11.7%へと4.4ポイントの（より大きな）上昇幅を示している．

第II部 移民の階層的地位に関する実証研究

表4-2 日本人及び外国人男性の専門的・技術的職業従事者割合（2000-2010年）

調査年	中 国	ブラジル	日 本
2000年	21.3%	1.4%	16.1%
2010年	23.3%	2.3%	14.7%

注：2000年時点で年齢が27-49歳，労働参加をしている者に限定．在学中の者も含む．外国人は全数，日本人は10%サンプル（ウェート調整済み）を用いて集計．
出所：平成22年国勢調査個票データより再集計．

表4-3 日本人及び外国人男性の管理的職業並びに正規事務職従事者割合（2000-2010年）

調査年	中 国	ブラジル	日 本
2000年	7.3%	1.1%	16.1%
2010年	11.7%	1.8%	18.9%

注：2000年時点で年齢が27-49歳，労働参加をしている者に限定．在学中の者も含む．外国人は全数，日本人は10%サンプル（ウェート調整済み）を用いて集計．
出所：平成22年国勢調査個票データより再集計．

一方，ブラジル人男性の場合，わずかではあるものの1.1%から1.8%へと上昇している．

さらに学歴別にこの変化を見ると，管理的職業並びに正規事務職では全ての国籍，及び学歴で増加する傾向が見られる（図4-9）．これは同職への昇進は主に年功的な要因によって起きることが原因と考えられる．専門的・技術的職業の場合，日本人では全ての学歴で減少を示す一方，外国人男性の間では大学／大学院卒の中国人男性で微減している他は，全ての国籍，及び学歴で増加していることがわかる．

こうしたことから，中国人男性は日本での居住期間の長期化により，その職業的地位の上昇を経験している可能性が示された．特に中国人男性では，専門的・技術的職業にとどまらず，管理的職業並びに正規事務職においても，

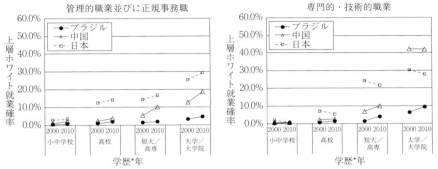

図 4-9 国籍・学歴別に見た専門的・技術的職業従事者割合（2000-2010 年）

注：2000 年時点で年齢が 27-49 歳，労働参加をしている者に限定．在学中の者も含む．外国人は全数，日本人は 10% サンプル（ウェート調整済み）を用いて集計．
出所：平成 22 年国勢調査個票データより再集計．

職業的地位の上昇が見られたことは，外国人の職業的地位達成が日本の労働市場のメインストリームにも広がりつつある可能性を示すものである．その一方で，ブラジル人男性では，職業的地位は居住期間の長期化によっておおむね上昇傾向にはあるものの高学歴者を除けばその幅は小さい．

以下では多変量解析によって，これらの点についてより踏み込んだ分析を行いたい．

5 多変量解析による分析

5-1 人的資本の移転可能性の検証（モデル 1）

(1) データ，及び方法

以下では Chiswick (1978a) にならい以下のモデルを推定することで，外国で蓄積された学歴，及び就業経験に対する日本の労働市場における評価，つまり人的資本の移転可能性の検証を行う．用いるデータは先述した横断面データ（2010 年）の内，5 年前の居住地が外国である者である．

第Ⅱ部　移民の階層的地位に関する実証研究

$$OCP_{M/P, i} = \alpha + (\beta_1 \cdot EXJ_i + \beta_2 \cdot EXJ_i^2) + \sum_{j=1}^{3} \beta_{3,j} \cdot Edu_{i,j}$$
$$+ \sum_{k=1}^{2} \beta_{4,k} \cdot Cz_{i,k} + \{\beta_5 \cdot EXF_i + \sum_{k=1}^{2} \beta_{6,k}(Cz_{i,k} \cdot EXF_i^2)\}$$
$$+ \sum_{k=1}^{2} \sum_{j=1}^{3} \beta_{7,j,k}(Cz_{i,k} \cdot Edu_{i,j}) + X_i' \cdot \beta_8$$

……モデル1

$OCP_{M/P, i}$：個人 i の上層ホワイト就業確率（プロビット変換値）（M＝管理的職業，P＝専門的・技術的職業）

α：定数項

EXJ_i：個人 i の日本での就業経験年数（年齢－教育年数（標準修了年限）－外国での就業経験年数（EXF_i））（従属変数が $OCP_{P, i}$ である場合は省略）（外国人＝2.5年）

EXF_i：個人 i の外国での就業経験年数（年齢－教育年数（標準修了年限）－日本での就業経験年数（EXJ_i））（従属変数が $OCP_{P, i}$ である場合は省略）（日本人＝0年）

$Edu_{i,j}$：個人 i の学歴 j（小中学校卒（1），短大／高専（2），大学／大学院（3），レファレンス＝高校）

$Cz_{i,k}$：個人 i の国籍 k（中国（1），ブラジル（2），レファレンス＝日本）

X_i'：統制変数（個人 i の居住都道府県，居住自治体の人口規模，人口集中地区か否か），ベクトル形式

　$OCP_{M/P, i}$ は従属変数であり，専門的・技術的職業ないしは管理的職業並びに正規事務職での就業確率を示す．Hashimoto（2017）によるならば，専門的・技術的職業は人的資本の移転可能性が高い人材が就く傾向が強く，主に海外での就業経験や学歴を有する人が就くことが多いとされる．一方，管理的職業並びに正規事務職に就くにあたっては，人的資本の移転可能性よりも日本語能力や日本社会への適応が評価されることから，海外で蓄積された人的資本に対する評価は低くなりがちであるとされる．

　$Edu_{i,j}$ は学歴であり，高校卒業をレファレンスとし，小中学校，短大／高専，及び大学／大学院からなる．同変数は日本人男性に関する学歴の主効果であり，標準的な人的資本論に基づくならば，学歴が高いほど，上層ホワイト就業の確率が高くなると考えられる．

EXJ_iは日本国内での就業経験年数であり，日本人については，個人iの年齢から最終学歴を修了するのに必要な年数を引いたものを用いている．ただし，外国人の場合，5年前の居住地が外国であることから，一律にこれを平均滞日年数である2.5年としている．符号条件は，人的資本論に基づくならばプラスであると考えられる．

　$Cz_{i,k}$は国籍であり，日本をレファレンスとし，中国，ブラジル国籍から構成される．人的資本の移転可能性の制約や，外国人の日本の労働市場に関する知識の不足などを考慮するならば，同係数はマイナスとなると考えられる[12]．その一方，人的資本の移転可能性が完全に保たれている，つまり学歴や就業経験はどこで取得，蓄積されたものでも等しく評価されるのであれば，国籍ダミーの係数は0となり，学歴や就業経験の係数は日本人と外国人の間で完全に一致すると考えられる．

　さらに本研究では国籍と海外での就業経験の二乗項，及び学歴との交互作用項をとることで，外国で蓄積された人的資本の日本での評価を明らかにする．こうしたことが可能なのは，本推定で分析対象となる外国人は年齢が27-59歳で日本での居住期間が5年未満の者に限定され，その学歴の取得地のほとんどは外国であると想定されるためである[13]．

　EXF_iは外国での就業経験数であり，外国人の場合には，個人iの年齢から最終学歴を修了するのに必要な年数，及び日本での就業経験年数（2.5年）を引いたものを用いる．なお，日本人の場合これを一律に0年とした．符号条件は，人的資本論に基づくならばプラスであると考えられるが，日本での就業経験の方が外国での就業経験よりも大きな係数を示すと考えられる（$\{\beta_1 \cdot EXJ + \beta_2 \cdot EXJ^2\} > \{\beta_5 \cdot EXF + \beta_{6,k} Cz_{i,k} \cdot EXF^2\} | EXJ = EXF$）．なお，後述するように専門的・技術的職業を従属変数とする場合，就業経験年数は説明力を持たないと考えられることから省略した．

　次に，国籍と学歴の交互作用項について見ることで，外国で取得された学歴に対する日本の労働市場における評価（人的資本の移転可能性）について明らかにすることができる．符号条件はマイナスとなると考えられるものの

($\beta_{4,k}+\beta_{7,j,k}<0$)．専門的・技術的職業を従属変数とした場合，こうした関係は弱まる可能性がある．

なお「緩やかな二重構造」仮説に基づくならば，国籍と人的資本の交互作用項の符号条件は基本的にマイナスであるのみならず，その結果として，同一国籍内の人的資本の違いによる職業的地位の差異が非常に小さくなる（あるいは限りなくゼロに近づく）と予想される（($\beta_{3,3}+\beta_{7,3,k})-(\beta_{3,1}+\beta_{7,1,k})=0$）．また，仮に一部の外国人が高い人的資本の移転可能性を示した場合でも，それはあくまで例外的なものであり，依然として他の多くの外国人の人的資本の移転可能性は低いままであり，結果として外国人内部で職業的地位達成に関して「緩やかな二重構造」が生じると考えられる．

最後に $X_i{}'$ は統制変数であり，居住都道府県，居住自治体の人口規模，人口集中地区か否かがベクトル形式で定義されている．なお，職業的地位は労働参加をしている者についてしか観察されないため，サンプルセレクションバイアスを取り除くため，労働参加の有無に関する同時推定を行い（Van de Ven, W. P. and Van Praag, B. M., 1981）これを取り除いている[14]．

(2) 推定結果

モデル1について，従属変数を専門的・技術的職業とした場合の推定結果を見ていきたい（表4-4）．まず，学歴の主効果（日本人男性に関する結果）を見ると，学歴の上昇に伴って専門的・技術的職業での就業確率が上昇している．さらに学歴の職業的地位に与える効果の国籍ごとの違いに着目すると，記述統計によって確認したのと同様，大学／大学院を卒業している中国人男性は，日本人男性よりも高い確率で専門的・技術的職業に就いていることが明らかになった．これは，高学歴中国人男性の海外で取得した学歴の人的資本の移転可能性が非常に高いことを示すものである．その一方，それ以外についてみると，外国人男性の専門的・技術的職業での就業確率は日本人男性のそれよりも低く，海外で取得した学歴に対する評価が相対的に低いこと，つまり外国で取得した学歴の移転可能性が概して低いことがうかがわれる

(図 4-10).

　なお，高学歴中国人男性の間でみられる高い人的資本の移転可能性の背景には，外国人 IT 技術者の受け入れを促進するため，2000 年代以降，日本政府がアジア諸国と情報処理技術に関する資格の相互認証を拡大してきたことがあると考えられる（松下 2014: 69-73）．実際，中国人男性が就く専門的・技術的職業の内訳を見ると，「システムコンサルタント・設計者」，あるいは「ソフトウェア作成者」の占める割合が 36.5% を占めるなど，日本人男性における同割合（16.6%）の倍程度となっていることは，こうした推論の妥当性を示すものといえよう．

　また，学歴上昇に伴う同職就業確率の変化（$(\beta_{3,3}+\beta_{7,3,k})-(\beta_{3,1}+\beta_{7,1,k})$）がいずれもプラスであることから，人的資本の移転可能性が制約された状況でも外国人男性にとって学歴上昇の効果がみられることが明らかになった．また，その大きさも日本人男性と同程度かそれ以上であることから，学歴による効果は決して小さなものではないことも示された（図 4-10）．

　次に，同モデルの従属変数を管理的職業並びに正規事務職とした場合の結果について見ていきたい（表 4-5）．まず，学歴上昇の主効果（日本人男性に関する結果），及び日本での就業経験の係数はプラスであり，事前の符号条件を満たしている（図 4-11）．その一方，国籍ごとの違いを見ると，外国人男性にとって，どの学歴でも管理的職業並びに正規事務職に就く確率は，日本人男性と比べて低く，またこうした傾向については国籍間の差もほとんど見られない．これは管理的職業並びに正規事務職での就業にあたって海外で取得した学歴は日本で取得した学歴と比較してあまり評価されないこと，つまり人的資本の移転可能性が低いことを意味する[15]．

　しかしながら，学歴上昇による効果を見ると，外国人男性にとってもプラスであり，日本型人事制度との関係においても，外国人男性にとって学歴が重要な役割を果たすことがわかる（図 4-11）．また，日本と海外での就業経験の効果を比較すると，その主効果はそれぞれ 0.031, 0.029 と日本での就業経験の方が大きいが，両者は有意に異ならない．また，海外就業経験の二

第 II 部　移民の階層的地位に関する実証研究

表 4-4　上層ホワイト（専門的・技術的職業）就業確率に関する推定結果（2010 年）

従属変数：専門的・技術的職業就業確率	推定結果		
（学歴）		（国籍*学歴）	
小中学校卒	−0.45***	中国籍*小中学校卒	0.10
短大／高専卒	0.71***	中国籍*短大／高専卒	0.31***
大学／大学院卒	0.96***	中国籍*大学／大学院卒	1.50***
（国籍）		ブラジル籍*小中学校卒	0.28*
中国籍	−0.70***	ブラジル籍*短大／高専卒	−0.27
ブラジル国籍	−0.64***	ブラジル籍*大学／大学院卒	0.16
		統制変数	省略
		サンプルサイズ	2,574,354

注：* p<0.05, ** p<0.01, *** p<0.001. 分析対象は 27-59 歳，卒業者，及び 5 年前の居住地が海外の者に限定．なお，日本人男性については 5 年前の居住地による制限を設けていない．
出所：筆者推定.

図 4-10　上層ホワイト（専門的・技術的職業）就業確率に対する学歴の効果（2010 年，再掲）

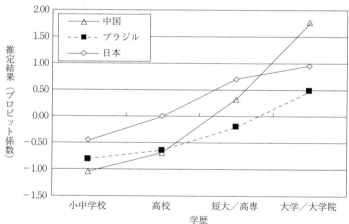

注：図中にプロットされた点は $\beta_{3,j}+\beta_{4,k}+\beta_{7,j,k}$ の値．なお，学歴上昇による就業確率の変化（$(\beta_{3,3}+\beta_{7,3,k})-(\beta_{3,1}+\beta_{7,1,k})$）の値を国籍ごとに求めると，日本人 1.41，中国人 2.81，及びブラジル人 1.29 である．この内，日本人と中国人男性の値は有意に（p<0.001）異なる一方，日本人とブラジル人男性は有意に異ならない．
出所：表 4-4 の推定結果より作成.

第4章 移民男性の労働市場への統合状況とその要因

表4-5 上層ホワイト（管理的職業並びに正規事務職）就業確率に関する推定結果（2010年）

従属変数：管理的職業並びに正規事務職就業確率	推定結果		
（学歴）		（国籍）	
小中学校卒	−0.45***	中国籍	−1.12***
短大／高専卒	0.12***	ブラジル国籍	−1.31***
大学／大学院卒	0.54***		
		（国籍*学歴）	
日本での就業経験	0.031***	中国籍*小中学校卒	0.17
日本での就業経験^2	−.0002***	中国籍*短大／高専卒	0.69***
		中国籍*大学／大学院卒	0.72***
海外での就業経験	0.029*		
		ブラジル籍*小中学校卒	0.71***
（国籍*海外での就業経験^2）		ブラジル籍*短大／高専卒	0.70**
中国籍*海外就業経験^2	.0004	ブラジル籍*大学／大学院卒	0.70***
ブラジル国籍*海外就業経験^2	−.0005*		
		統制変数	省略
		サンプルサイズ	2,574,354

注：* p<0.05, ** p<0.01, *** p<0.001. 分析対象は27-59歳，卒業者，及び5年前の居住地が海外の者に限定．なお，日本人男性については5年前の居住地による制限を設けていない．
出所：筆者推定．

図4-11 上層ホワイト（管理的職業並びに正規事務職）就業確率に対する学歴の効果（2010年，再掲）

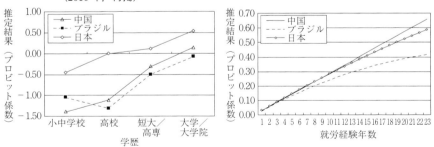

注：学歴に関する図（左）中にプロットされた点は $\beta_{3,j}+\beta_{4,k}+\beta_{7,j,k}$ の値．就業経験年数に関する図（右）中にプロットしたのは就業経験年数（n 年）に対する $\beta_1 \cdot n + \beta_2 \cdot n^2, \beta_5 \cdot n + \beta_{6,k} \cdot n^2$ の値（$\beta_{6,1}$=は有意ではないため0とした）．また，学歴上昇による就業確率の変化（$(\beta_{3,3}+\beta_{7,3,k})-(\beta_{3,1}+\beta_{7,1,k})$）の値を国籍ごとに求めると，日本人0.99，中国人1.53，及びブラジル人0.98である．この内，日本人と中国人男性の値は有意に（p<0.001）異なる一方，日本人とブラジル人男性は有意に異ならない．
出所：表4-5の推定結果より作成．

乗項はブラジル国籍の場合 −.0005 と有意な値を示している．本推定結果は簡易な仮定に基づくものであり，これだけから多くのことを結論づけることは難しい．しかしながら，このことは，中国での就労経験は日本での就労経験と有意に異ならない可能性が高い一方，ブラジルでの就労経験はそれらよりも低い評価しか受けていないことを示唆するものといえよう．

　以上のことから，外国人男性にとって海外で蓄積した人的資本の移転可能性は概して制約されつつも，一方で人的資本の蓄積の程度によって，その職業的地位は異なることが示された．また，人的資本の移転可能性は管理的職業並びに正規事務職に従事する場合には専門的・技術的職業に就く場合より，より低くなる傾向がみられるものの，そこでも依然として人的資本は外国人の間の職業的地位の差異を決定する重要な要因であり，外国人であることで管理的職業並びに正規事務職に就くことから一律に排除されているわけではないことが示された．

5-2　居住期間の長期化による職業的地位の変化に関する検証（モデル2）

(1)　方　法

　次に居住期間の長期化の影響について分析する以下のモデルを推定する．具体的には2時点の国勢調査データから疑似コーホートデータを構築し，そこから2時点間の変化を全体に共通の変化，及び特定の集団に固有の変化に分解する差の差（difference in difference）の手法をとる．以下で詳細についてみていきたい．

$$OCP_{M/P,i} = \alpha + \sum_{j=1}^{3}\beta_{1,j}\cdot Edu_{i,j} + \beta_2\cdot Exp_i + \beta_3\cdot Exp_i^2$$
$$+ \sum_{k=1}^{2}\beta_{4,k}\cdot Cz_{i,k} + \sum_{k=1}^{2}\sum_{j=1}^{3}\beta_{5,j,k}(Cz_{i,k}\cdot Edu_{i,j}) + \beta_6\cdot Year$$
$$+ \sum_{j=1}^{3}\beta_{7,j}(Year\cdot Edu_{i,j})$$
$$+ \sum_{k=1}^{2}\sum_{j=0}^{3}\beta_{8,j,k}(Year\cdot Edu_{i,j}\cdot Cz_{i,k}) + X_i'\cdot\beta_9$$

……モデル2

$OCP_{M/P, i}$：個人 i の上層ホワイト就業確率（プロビット変換値）（$M=$ 管理的職業，$P=$ 専門的・技術的職業）

α：定数項

$Edu_{i,j}$：個人 i の学歴 j（小中学校卒（1），短大／高専（2），大学／大学院（3），$Ref=$ 高校（0））

Exp_i：個人 i の就業経験年数（従属変数が $OCP_{P, i}$ である場合は省略）

$Cz_{i, k}$：個人 i の国籍 k（中国（1），ブラジル（2），$Ref=$ 日本）

$Year$：2010 年調査ダミー（$Ref=$ 2000 年）

$X_i{}'$：統制変数（個人 i の居住都道府県，居住自治体の人口規模，人口集中地区か否か，就業経験年数と 2010 年調査ダミーの交差項（$Year \cdot Exp_i{}^2$），ベクトル形式

$OCP_{M/P, i}$ は従属変数であり，専門的・技術的職業，ないしは管理的職業及び正規事務職での就業確率を示す．基本的な構造はモデル 1 と共通であるものの，モデル 2 では 2000 年から 2010 年にかけての職業的地位達成の外国人に固有の変化を明らかにするため，この間の学歴別に見た日本人の職業的地位の経年変化（$\beta_6, \beta_{7, j}$）と同じく学歴別に見た外国人に固有の職業的地位の経年変化（$\beta_{8, j, k}$）16) に分けて推定する．

これは同一（疑似）コーホートにおける職業的地位の 2 時点間における変化を差の差（difference in difference）に分けることを意味する．つまり仮に 2000 年から 2010 年の間に外国人の職業的地位が上昇していたとしても，それが同期間の日本人に見られた変化と有意に異ならなければ，それは必ずしも外国人に固有の変化ではなく，日本人にも見られる全体に共通した変化であり，それを社会的同化／統合の結果とみなすことができないことを意味する．一方，同期間に日本人が経験した変化と有意に異なるならば，その変化は外国人に固有の変化とみなすことができるであろう．

こうすることで，この間の外国人の職業的地位の変化が同じような属性を持つ日本人と比較して大きい／小さいかを明らかにすることができる．仮に変化がみられる場合，$\beta_{8, j, k}$ はプラスの値をとるものと考えられる．なお先

行研究の検討のところで見てきたように，IAM においては居住期間の長期化に伴う職業的地位の時間的変化は人的資本の水準によって異なることが論点となってきた．そのため，本研究においても当然，この変化について学歴を始めとする人的資本の水準の違いによる差異として把握する．

また，IHCI モデル（Duleep and Regets 1999, 2002）によれば，前期（t-1期）に受け入れ社会での労働市場における人的資本に対する評価が低かった者ほど，その後，社会的適応に向けた取り組みに熱心であると考えられることから，来期（t期）にかけてより大きな賃金や職業的地位の上昇を経験するとされる．そのため，日本の経験に同モデルが妥当するならば，2000 年においてその学歴に対する日本人との相対的評価（$\beta_{4,k}+\beta_{5,j,k}$）が低い外国人ほど，より大きな職業的地位の上昇（$\beta_{8,j,k}$）が観察されるはずである[17]．

最後に X_i' は統制変数であり，居住都道府県，居住自治体の人口規模，人口集中地区か否かがベクトル形式で定義されている．なお，職業的地位は労働参加をしている者についてしか観察されないため，サンプルセレクションバイアスを取り除くため，労働参加の有無に関する同時推定を行い（Van de Ven, W. P. and Van Praag, B. M., 1981）これを取り除いている[18]．

(2) 推定結果

従属変数を専門的・技術的職業とした場合の結果を見ると（表 4-6），国籍別×学歴別に見た職業的地位の経年変化（国籍*学歴*2010 年ダミー）は大学／大学院卒の中国人男性を除いてすべて有意なプラスの値を示している．これは記述統計の結果と異なり，ブラジル人男性も含め，ほぼすべての外国人男性が 2000-2010 年の 10 年間の間に職業的地位の上昇を経験していることを意味する[19]．

また，人的資本の移転可能性と居住期間の長期化に伴う職業的地位の変化の関係を見ると（図 4-12），IHCI モデルが示すように，前期（2000 年）における人的資本の移転可能性が低いほど，居住期間の長期化に伴ってより大きな職業的地位の上昇を経験していることがわかる[20]．また，中国人だけで

表4-6 居住期間の長期化に伴う職業的地位の上昇に関する推定結果(専門的・技術的職業)

従属変数:専門的・技術的職業就業確率	推定結果		
(学歴)		(学歴*2010年ダミー)	
小中学校卒	−0.46***	小中学校卒*2010年ダミー	−0.09***
短大/高専卒	0.73***	短大/高専卒*2010年ダミー	0.03***
大学/大学院卒	0.91***	大学/大学院卒*2010年ダミー	0.05***
(国籍)		(国籍*学歴*2010年ダミー)	
中国籍	−0.43***	中国*小中*2010年ダミー	0.26**
ブラジル国籍	−0.91***	中国*高校*2010年ダミー	0.16***
		中国*短専*2010年ダミー	0.22***
(国籍*学歴)		中国*大院*2010年ダミー	−0.03
中国籍*小中学校卒	0.17**		
中国籍*短大/高専卒	−0.24***	ブラジル*小中*2010年ダミー	0.29***
中国籍*大学/大学院卒	0.84***	ブラジル*高校*2010年ダミー	0.31***
		ブラジル*短専*2010年ダミー	0.49***
ブラジル籍*小中学校卒	0.26***	ブラジル*大院*2010年ダミー	0.26***
ブラジル籍*短大/高専	−0.52***		
ブラジル籍*大学/大学院卒	−0.06	統制変数	省略
2010年ダミー	−0.12***	サンプルサイズ	4,328,170

注:* p<0.05, ** p<0.01, *** p<0.001. 分析対象は2000年調査時に27-49歳の者に限定. これを2010年時点の調査対象者について見ると,年齢が37-49歳,5年前の居住地が日本である者となる.なお,日本人については2010年調査時の5年前居住地に基づかず,年齢によってのみ選別した.
出所:筆者推定.

はなく,ブラジル人についてもこうした現象が観察されることは,その通説に反して,ブラジル人の間でも来日後の社会的適応が職業的地位の上昇に重要な役割を果たした可能性を示唆するものである[21].

では,こうした結果はあくまで,日本型人事制度の外部にとどまるものなのであろうか.この点につき,従属変数を管理的職業並びに正規事務職とした場合の推定結果を見ると(表4-7),居住期間の長期化に伴う職業的地位の変化について,中国人男性ではわずかに小中学校卒で有意なプラスの結果を得る一方,ブラジル人男性でも高卒の場合に限って,有意なプラスの結果を

図4-12 人的資本の移転可能性と居住期間の長期化による職業的地位の変化の関係（専門的・技術的職業）

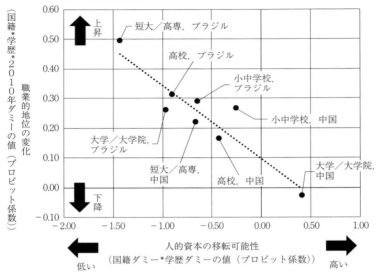

注：縦軸は（国籍*学歴*2010年ダミー）の値，横軸は（国籍*学歴）の値をプロットしたもの．人的資本の移転可能性が0の場合には取得地による影響を受けない（つまり人的資本の移転可能性が100%）のに対して，マイナスの場合には取得地が異なることでその評価は低くなり，プラスの場合には取得地が異なることでむしろその人的資本への評価がプラスとなる場合を指す．

出所：表4-6の推定結果を基に作成．

得たのみであった．また，人的資本の移転可能性の程度と居住期間の長期化に伴う職業的地位の変化の関係を見ると（図4-13），両者の間には明確な関係は見られない．このことは，管理的職業並びに正規事務職に就くにあたっては，来日後の社会的適応が有効ではなく，その結果，居住期間の長期化による就業確率の上昇がほとんど見込めないことを意味する．

さらに以上の結果をもとに2000年時点の勤続年数を10年とし，2000年から2010年にかけての国籍，及び学歴別に上層ホワイト就業確率の変化を推定すると，多くのカテゴリーで上層ホワイト就業確率の上昇が見込まれる一方，その水準においては，専門的・技術的職業につく大学／大学院卒の中

第4章　移民男性の労働市場への統合状況とその要因

表 4-7　居住期間の長期化に伴う職業的地位の上昇に関する推定結果（管理的職業並びに正規事務職）

従属変数：管理的職業並びに正規事務職就業確率	推定結果		
（学歴）		（学歴*2010年ダミー）	
小中学校卒	−0.61***	小中学校卒*2010年ダミー	0.05***
短大／高専卒	0.12***	短大／高専卒*2010年ダミー	0.00
大学／大学院卒	0.50***	大学／大学院卒*2010年ダミー	0.03***
（国籍）		（国籍*学歴*2010年ダミー）	
中国籍	−0.55***	中国*小中*2010年ダミー	0.19**
ブラジル国籍	−1.14***	中国*高校*2010年ダミー	0.03
		中国*短専*2010年ダミー	0.09
（国籍*学歴）		中国*大院*2010年ダミー	−0.03
中国籍*小中学校卒	0.40***		
中国籍*短大／高専卒	0.23***	ブラジル*小中*2010年ダミー	−0.03
中国籍*大学／大学院卒	0.29***	ブラジル*高校*2010年ダミー	0.19***
		ブラジル*短専*2010年ダミー	−0.01
ブラジル籍*小中学校卒	0.40***	ブラジル*大院*2010年ダミー	0.03
ブラジル籍*短大／高専卒	0.07		
ブラジル籍*大学／大学院卒	0.06	統制変数	省略
2010年ダミー	−0.00	サンプルサイズ	4,328,170

注：* p<0.05, ** p<0.01, *** p<0.001．分析対象は 2000 年調査時に 27-49 歳の者に限定．これを 2010 年時点の調査対象者について見ると，年齢が 37-59 歳，5 年前の居住地が日本である者となる．なお，日本人については 2010 年調査時の 5 年前居住地に基づかず，年齢によってのみ選別した．
出所：筆者推定．

国人男性だけが，日本人男性よりも高い確率を示すものの，それ以外のカテゴリーにおいては，いずれも外国人男性は日本人男性よりも低い職業的地位にとどまることが明らかになった（図 4-14）[22]．これは外国人男性の低い人的資本の移転可能性が居住期間の長期化による社会的適応によっても相殺しきれていないことを示すものといえよう．

　以上のことから，居住期間の長期化により外国人男性の職業的地位は上昇する可能性があることが示されたといえよう[23]．更に，専門的・技術的職業に関しては，人的資本の移転可能性が低いほど居住期間の長期化に伴うプラス幅が大きいことから，IHCI モデルが想定するような，来日後の社会的

第 II 部　移民の階層的地位に関する実証研究

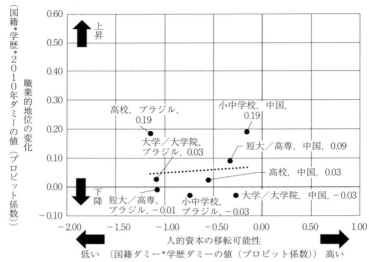

図 4-13　人的資本の移転可能性と居住期間の長期化による職業的地位の変化の関係（管理的職業並びに正規事務職）

注：縦軸は（国籍*学歴*2010 年ダミー）の値，横軸は（国籍*学歴）の値をプロットしたもの．人的資本の移転可能性が 0 の場合には取得地による影響を受けない（つまり人的資本の移転可能性が 100％）のに対して，マイナスの場合には取得地が異なることでその評価は低くなり，プラスの場合には取得地が海外であることでむしろその人的資本への評価がプラスとなる場合を指す．
出所：表 4-7 の推定結果を基に作成．

適応が有効に機能している可能性も示唆される．

しかしながら，管理的職業並びに正規事務職について IHCI モデルは妥当せず，その結果，居住期間の長期化に伴う就業確率の上昇は限定的であることが示された．また，こうした職業的地位の上昇にもかかわらず，外国人男性の低い人的資本の移転可能性は相殺しきれないことも明らかにされた．

6　外国人の労働市場への緩やかな統合

1990 年代以降，日本では移民受け入れをめぐる議論が繰り返し行われ，

図4-14 居住期間，学歴別に見た日本人，及び外国人男性の職業的地位（モデル予測値）

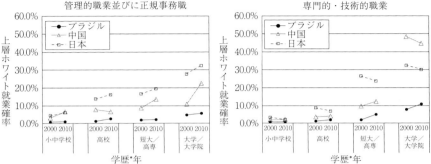

注：表4-7の推定結果に基づき，2000年時点の勤続年数を10年とし，国籍，及び学歴別の上層ホワイト就業確率を求めたもの．
出所：表4-7より筆者算出．

とりわけ階層的地位をめぐる論争はそこでも中心的な地位を占めてきたものの，日本における移民研究は特定のエスニック集団を対象とした小規模なものが多く，階層的地位を軸にナショナルレベルでの移民受け入れの状況を明らかにした研究はほとんど見られなかった．

そうした中，日本における外国人労働者の統合状況について分析した代表的な研究としては，梶田（1994）による「緩やかな二重構造」仮説，及び日系ブラジル人の移住過程について明らかにした梶田他（2005）による「顔の見えない定住化」仮説を挙げることができる．それによれば，外国人の労働市場における位置づけは，専らそのエスニシティや在留資格によって決定されており，その結果，外国人の階層的地位は，来日直後にそれぞれの属性に基づき決定された後は，所有する人的資本の違いや居住期間の長期化によって異なる可能性をほとんど想定されてこなかった．また，昇進には長期のコミットメントを要する日本型人事制度は外国人に対して閉鎖的であり，高学歴中国人のように高い職業的地位に就く場合でも，それは企業のエンジニアなど専門的・技術的職業に限定され，日本型人事制度において中核的な地位を占める管理的地位やその候補としての正規事務職での就業は限られたものであると考えられてきた．

第Ⅱ部　移民の階層的地位に関する実証研究

　一方，欧米の移民研究では，Gordon（1964＝2000）以降，階層的地位を軸にその社会的統合について検証するというアプローチが一般的であり，特に外国人労働者の経済的達成については，Immigrant Assimilation Model（IAM）（Duleep 2015）に基づく研究が蓄積されてきた．また，近年では労働市場における経済的同化を社会的統合の中に再度位置づけるとともに，IAM のように人的資本を始めとする個人的属性に着目するのみならず，受け入れ社会の制度・構造的な要因も視野に入れた「新しい同化理論」（Alba and Nee 2003）が提唱されるに至っている．

　本研究でもこうした潮流を踏まえ，IAM に基づき外国人の日本の労働市場への統合状況について明らかにすることを目指した．なお，ここでいう外国人の労働市場への統合が達成された状態とは，人的資本の違いなどを考慮した外国人男性の職業的地位の分布が日本人男性のそれと有意に異ならない状態と定義される（Alba and Nee 2003: 28）．

　これは欧米の移民研究において最も基礎的な論点でありつつも，日本において十分に検討されてこなかった論点であり，また現在，検討に対する社会的要請が非常に大きい論点でもある．分析対象としたのは，非熟練労働から高度人材までを幅広くカバーする中国人及び，専ら非熟練労働に従事するとされる（日系）ブラジル人である．分析に当たっては，IAM において重視されてきた人的資本の側面だけではなく，「新しい同化理論」などが重視するように，受け入れ社会の制度・構造的な要因も考慮に入れた．

　具体的には日本の労働市場において特徴的とされる日本型人事制度（川口 2017: 20-2）の影響に注目した．さらに，本研究では国勢調査の個票データを用いることで，複数の移民集団のナショナルレベルでの状況を明らかにした．こうした点に配慮することで，欧米の移民研究の成果と日本の現状の接続を図りつつ，日本固有の状況についても明らかにすることができた．

　本研究においては以下の命題の検証を行った．それは，外国人は入国直後にはその低い人的資本の移転可能性のため，同程度の人的資本を有する日本人よりも低い職業的地位達成しか示さない（命題1）．しかしながら，日本で

第4章　移民男性の労働市場への統合状況とその要因

の居住期間の長期化に伴う社会的適応によって，やがてその地位は日本人と同程度にまで上昇する（命題2）．またその際，日本型人事制度に代表される日本の労働市場に固有の制度・構造的な要因の影響を受けつつも，外国人の職業的地位はその人的資本により決定されると同時に，日本の労働市場のメインストリームへの統合も見られる（命題3），というものである．

　また，同命題群を検証するにあたって以下の探究課題を検証した．それらは，①外国人の労働市場への基礎的な参入状況はどのようなものか？　②外国人の職業的地位の分布は日本人と比べてどのような特徴を示すのか？　③外国人が海外で蓄積した人的資本の移転可能性はどの程度なのか？　④人的資本の移転可能性が制約された結果，人的資本の職業的地位に与える影響は日本人の場合と比べて小さくなるのか？　⑤居住期間の長期化に伴って外国人の職業的地位は上昇し，日本人男性との差はなくなるのか？　また，その上昇幅はもともとの人的資本の移転可能性が低いほど大きいのか？　⑥外国人の職業的地位達成は上層ホワイトの中でももっぱら専門的・技術的職業に限定され，管理的職業ではほとんど見られないのか？　である．

　記述統計による分析からは，以下のことが明らかになった．まず，労働参加率と失業率に関する分析からは，外国人男性は日本人男性とほぼ同様の高い労働参加率を示しており，またその失業率も日本人よりも若干，高いもののその差は諸外国で見られる差と比較すれば小さなものであった．このことから，外国人労働者の日本の労働市場への基礎的な参入は果たされているといえよう（探究課題1）．

　また，上層ホワイト就業についてみると，中国人男性は日本人男性よりも専門的・技術的職業に就く者の割合が大きいこと，その一方でブラジル人男性では専門的・技術的職業，管理的職業並びに正規事務職のいずれについても非常に小さな割合しか示さないことが明らかになった．また，中国人男性でも管理的職業並びに正規事務職については日本人男性よりも小さな割合しか示さなかった．上層ホワイト以外の職業的地位の分布を見ると，外国人男性は日本人男性よりも生産工程職に就く割合が大きく，事務，及び販売とい

った職業に就く者は少ないという特徴が見られた（探究課題2）．

こうした状況の背景にある外国人男性の人的資本の移転可能性と日本での居住期間の長期化に伴う職業的地位の変化について記述統計に沿ってみたところ，以下のことが明らかになった．

学歴と専門的・技術的職業に就く者の割合との関係をみると，日本人男性は小中学校卒～高専／短大卒までは外国人男性よりも専門的・技術的職業に多く就く傾向を示すものの，大学／大学院卒では中国人男性の方が高い割合を示す．その一方で，ブラジル人男性は学歴水準の違いによる同割合の差異は小さい．また，管理的職業並びに正規事務職での就業の場合，外国人男性の間でも学歴が高いほど，同職に就く者の割合は大きかったものの，専門的・技術的職業ほど学歴間の差は大きくなかった．

では，日本での居住期間の長期化により，外国人男性の職業的地位の分布には変化がみられるのであろうか．この点について疑似コーホートデータを用いて，同一集団における職業的地位の変化を確認したところ，中国人男性の間では日本人男性よりも管理的職業並びに正規事務職に就く者の割合は増えたものの，ブラジル人男性の間では高学歴者を除けばそれは極めてわずかな増加にとどまった．また，専門的・技術的職業について見てみると，同割合は日本人男性の間でわずかに減少する一方，中国人，ブラジル人男性の間ではいずれも増加した．

さらに多変量解析によってミクロな視点からより詳細に分析した結果，以下のことが明らかになった．まず，外国人男性にとって海外で蓄積した人的資本の移転可能性は専門的・技術的職業に就く高学歴中国人男性を除いて制約されているものの，人的資本の水準の違いは，日本人男性の場合と同等かそれ以上に職業的地位の決定に重要な役割を果たしていることが示された（探究課題3，4）．また，人的資本の移転可能性は管理的職業並びに正規事務職に従事する場合には専門的・技術的職業に就く場合と比べて，低くなる傾向がみられるものの，そこでも依然として人的資本は職業的地位を決定する重要な要因であり，外国人であることで管理的職業並びに正規事務職に就く

第4章 移民男性の労働市場への統合状況とその要因

表 4-8 探究課題に関する検討結果一覧

探究課題	結　　果
1) 外国人の労働市場への基礎的な参入状況はどのようなものか？	外国人労働者の日本の労働市場への基礎的な参入は果たされている.
2) 外国人の職業的地位の分布は日本人と比べてどのような特徴を示すのか？	中国人男性は日本人男性よりも専門的・技術的職業に就く者の割合が大きいことを除けば、外国人男性の職業的地位は日本人男性よりも低い傾向.
3) 外国人が海外で蓄積した人的資本の人的資本の移転可能性はどの程度なのか？	海外で蓄積した人的資本の移転可能性は概して制約されつつも、人的資本の蓄積によるその職業的地位の上昇の程度は日本人と同等かそれ以上.
4) 人的資本の移転可能性が制約された結果、人的資本の職業的地位に与える影響は日本人の場合と比べて小さくなるのか？	
5) 居住期間の長期化に伴って外国人の職業的地位は上昇し、日本人男性との差はなくなるのか？また、その上昇幅はもとの人的資本の移転可能性が低いほど大きいのか？	居住期間の長期化により外国人男性の職業的地位は上昇する傾向にあるものの、それは日本人と外国人の間の職業的地位の差を埋めるほどではない. 人的資本の移転可能性が低いほど居住期間の長期化に伴うプラス幅が大きいことから、来日後の社会的適応が見られる可能性が高い.
6) 外国人の職業的地位達成は上層ホワイトの中でももっぱら専門的・技術的職業に限定され、管理的職業ではほとんど見られないのか？	人的資本の移転可能性は管理的職業並びに正規事務職に従事する場合には低くなる傾向がみられるものの、そこでも依然として人的資本は職業的地位を決定する重要な要因であり、外国人であることで管理的職業並びに正規事務職に就くことから一律に排除されているわけではない. しかしながら、管理的職業並びに正規事務職について IHCI モデルは妥当せず、その結果、居住期間の長期化による職業的地位の上昇も限定的.

出所：筆者作成.

ことから一律に排除されているわけではないことが示された（探究課題6）.

また，居住期間の長期化により外国人男性の職業的地位は上昇する可能性があることが示されたものの，その場合でも日本人男性と外国人男性の職業的地位の差を消滅させるほどではなかった．また，人的資本の移転可能性が低いほど居住期間の長期化に伴うプラス幅が大きいことから，IHCI モデル

が想定するような，来日後の社会的適応が見られる可能性が高いと考えられる（探究課題5）．一方，管理的職業並びに正規事務職についてはIHCIモデルが妥当しないことが示され，その結果，居住期間の長期化に伴う就業確率の上昇も限定的であることが示された（探究課題6）．

こうした状況はおおむねIAMが想定する経済的同化が日本に居住する外国人男性にも見られることを意味するものであり，本研究の命題の妥当性はおおむね立証されたということができるであろう．つまり，外国人は入国直後にはその低い人的資本の移転可能性のため，同程度の人的資本を有する日本人よりも低い職業的地位達成しか示さないものの（命題1），日本での居住期間の長期化に伴う社会的適応が見られる可能性が認められ，日本人との差をなくすほどではないもののその地位は上昇する（命題2）．また，日本型人事制度に代表される日本の労働市場に固有の制度・構造的要因によって，外国人の人的資本の移転可能性はより制約される傾向が見られるものの，そういった場合でも人的資本はその職業的地位の決定に重要な役割を果たすと同時に，緩やかな形ではあるものの，日本の労働市場のメインストリームへの統合も見られるといえる（命題3）．

このことは実際に観察される日本人と外国人男性の間の職業的地位の差が，学歴構成など両者の間の人的資本の蓄積の程度の違いのみならず，人的資本の移転可能性の低さや居住期間の長期化による社会的適応が不十分なことによって生じていることを意味する．また，日本型人事制度のようにこれまで外国人の職業的地位達成を著しく困難にすると考えられてきた構造的要因の影響は確認されたものの，そのネガティブな影響は人的資本の程度に応じた外国人の職業的地位達成の差異を否定するものではなかった．

これは「緩やかな二重構造」仮説やその発展形である「顔の見えない定住化」仮説を否定するものであり，日本の移民研究がこうした可能性を具体的に論じてこなかったのに対して，ナショナルレベルのデータから，外国人男性がその人的資本や日本での居住期間に応じて，その職業的地位を上昇させていることが明らかになったことの意義は大きい．特に「顔の見えない定住

化」仮説に見られるように，構造的に労働市場の下層に押し込まれ，そこからの上昇が難しいとされてきたブラジル人について，一定の条件さえ満たせば，職業的地位の上昇を経験していることが明らかになったことは重要な発見といえよう．これは，日本において個々の移民の移住過程における労働市場への緩やかな統合が見られることを示すものである．

さらに，その政策的な処方箋においても，日本の移民研究がこれまで繰り返し指摘してきた地域社会における「顔の見える」関係の構築，つまり，日本人，外国人住民も含めた社会関係資本の構築だけではなく，海外で取得した学歴や資格の相互認証や，来日後の日本語，職業訓練といった人的資本に関わる対応が必要であることも示された．実際，資格の相互認証が進んだ外国人情報処理技術者の間では，人的資本の移転可能性の制約がほとんど見られないばかりか，むしろ日本人よりも高い職業的地位達成を果たしていることは，こうした対応の必要性を強く示すものといえよう．

もちろん，これはあくまで中国人，及びブラジル人男性に関する結果であり，そこでは在日コリアンを始めとする他の国籍の外国人男性や，移民人口の半数超を占める外国人女性，及び移民第二世代の社会的統合の状況といった，移民の社会的統合を論じる上で重要な論点については依然として明らかではない．こうした点についても，稿を改めて検討していくことが今後の課題である．

注
* 本章において利用されている国勢調査（総務省 2003, 04a, b,12, 13）を利用した集計，及び分析は統計法33条1号に基づき，総務省統計局より調査票情報の提供を受けて行ったものを含む．なお本研究は JSPS 科研費 17H04785 の助成を受けて行われた．
1) Chiswick & Miller（2005: 334-7）によれば，Occupational Mobility Model における U-shaped curve も IHCI モデルと同様のメカニズムで起きると考えてよいだろう．
2) 在日コリアンを含む韓国・朝鮮籍人口については，その人口規模は大きいものの，国勢調査上でオールドカマーとニューカマーの識別が難しいため，本分析の対象から外した．

第 II 部　移民の階層的地位に関する実証研究

3) モデル 2 では在学状況が在学中の者も分析対象に含めている．これは時間の経過によって在学状況が変化する可能性を考慮したためである．
4) 在留外国人統計（法務省 1959b, 64b, 69b, 74b, 84b, 86b, 88b, 90b, 92b, 94b-2018b）によると 2000-05 年にかけての新規入国外国人は主に日系人，留学生，技能実習生といった在留資格を持つ人たちからなり，こうした傾向はその前後の期間と大きく変わることはなかったといえる．
5) その結果，2000 年時点では中国人 59,553 人，ブラジル人 49,556 人，2010 年時点では中国人 28,140 人，ブラジル人 24,079 人となった．なお，同期間における外国人の帰還行動（emigration）の影響を明らかにするため，2 時点間のコーホートサイズ，年齢及び学歴構成の変化を確認したところ，コーホートサイズは中国人男性で 47.3%，ブラジル人男性で 48.6% へと縮小したものの，年齢や学歴ごとの違いは大きく見られなかった．こうしたことから外国人の帰還行動は職業的地位達成との間ではおおむね無関係に発生していると考えられる．
6) 経済学的には労働参加は市場賃金が個々人によって異なる留保賃金を上回る場合に行われるとされる．
7) 従業上の地位が正規雇用（2000 年国勢調査では常雇），ないしは役員の者に限る．
8) 後述するモデル 1 の推定結果から日本人男性の上層ホワイト就業確率を予測し，その個人間の平均値を実際の職業的地位ごとに求めると，国際標準職業分類（ISCO）で想定されるスキルレベルや職業威信スコア（都築他 1998: 231-6）とおおむね相関する結果が得られる．よって，こうした前提を置くことは妥当であるといえる．
9) OECD (2017: 97) によると，2011 年の OECD 加盟国における native と foreign-born 人口の失業率は，欧州諸国でそれぞれ 9.5%, 14.2% と foreign-born の方が 30% 程度高い．一方，アメリカ，カナダ，オーストラリアといった伝統的な移民国では両者の間にほとんど差が見られない．
10) 抽出詳細集計を再集計すると，サービス職業に従事する中国人男性の内，82.7% が調理人である．
11) 国勢調査の調査項目で直接，技能実習生を識別することが可能な変数はないが，学歴や就労産業，及び居住地，居住形態（独身寮）などから，おおむね識別可能である．
12) 外国人に対する差別の効果についてはここでは想定しない．差別の効果があるとすれば，個々人の属性にかかわらず一律に効果を及ぼすと想定されるが，それは本研究で想定するメカニズムとは相いれないためである．こうした見解は例えば Borjas (2016=2018: 80-2) にも見られる．
13) 在留外国人統計によれば，ブラジル人の場合，そもそも留学の目的で来日するものはまれである．中国人の場合，留学生が多く見られるものの，本分

析で用いた国勢調査（2010 年）のデータを用いて中国人男性の年齢ごとの学生割合を見ると，22 歳をピークにその後，減少することがわかる．よって 27 歳以降で 5 年前居住地が外国である人の場合，日本の学校を卒業している可能性は低いと考えられる．なお，同様の仮定の置き方は Hashimoto（2017）においても用いられている．

14) 労働参加の有無を決定するモデルは以下の変数からなる．年齢，年齢の二乗，配偶関係，学歴，国籍，国籍と学歴の交互作用項，居住都道府県，居住自治体の人口規模，DID 設定の有無．

15) 22-26 歳，大学卒業者に限定して管理的職業並びに正規事務職での就業確率を多変量解析（説明変数は年齢，年齢の二乗，国籍，5 年前居住地と国籍の交互作用項，居住都道府県，居住自治体の人口規模，DID 設定の有無）によって推定したところ，海外の大学を出た場合（5 年前居住地が海外）には，日本人よりも同確率が有意に低かったものの，日本の大学を出た場合（5 年前居住地が日本）には，日本人との有意な差が見られなくなった．これはたとえ外国人であったとしても，日本で蓄積された人的資本を有する場合，日本人との差がなくなることを意味する．

16) この場合，2010 年調査ダミーの主効果は基準カテゴリーである高校卒業の結果に相当する．それ以外の学歴については，$Year_i * Edu_{i,j}$ の値を推定しており，これが二次の交互作用項に相当する．これに更に国籍ごとの変化を見たものが $Year_i * Edu_{i,j} * Cz_{i,k}$ でありこれが三次の交互作用項となる．

17) なお，モデル 2 で分析の対象となるのはこの間に日本で蓄積された就労経験に対する評価であることから，モデル 1 と異なり就労経験の場所については区別せず分析を行う．また，国籍と学歴の交互作用項が示すのも，日本と外国で取得された学歴に対する評価の違いそのものではなく，国籍によって異なる学歴の取得地の構成の違いを平均的に示したものととらえることが可能である．

18) 労働参加の有無を決定するモデルは以下の変数からなる．年齢，年齢の二乗，配偶関係，学歴，国籍，国籍と学歴の交互作用項，居住都道府県，居住自治体の人口規模，DID 設定の有無，調査年と年齢の二乗項の交互作用項，調査年と学歴の交互作用項，調査年と学歴と国籍の交互作用項，在学状況．

19) なお経年変化について学歴別の推定を行わなかった場合でも中国人男性が管理的職業並びに正規事務職に就く場合でプラスだが有意ではない値が得られた場合を除いて，有意なプラスの値を得ている．

20) こうした傾向は実績値に基づいた分析によっても，管理的職業並びに正規事務職，及び専門的・技術的職業のいずれについてもほとんど同じ傾向が確認されている．

21) もちろん本研究は社会的適応の具体的な過程を観察したものではなく，これはあくまでアウトカムから示唆されるものである．IHCI モデルの成立を証

第 II 部　移民の階層的地位に関する実証研究

　　　明するためには，実際のプロセスに踏み込んだ分析が必要とされる．
22)　なお，これらの学歴別の職業的地位の変化のモデル推計値を図 4-9 の実績値を比較するとおおむね同じパターンを示している．
23)　参考までに上層ホワイト就業確率が 2% ポイント上昇した場合の職業的地位の分布全体に与える影響について職業的地位ごとに求めた同確率の平均から推測すると，おおむねブルーカラーとホワイトカラーの平均的差に相当する．

第5章　ジェンダーの視点から見た移民女性の階層的地位*

　日本における1990年代以降の外国人人口の急増過程は，世界的潮流といえる「移民の女性化」を伴ってきた．しかし，移民女性の社会的統合を論じるにあたってジェンダーに着目する研究はまれであった．一方，欧米の移民研究においては移民の階層的地位に注目した社会的同化理論に基づく研究が数多く行われると同時に，ジェンダーの視点の重要性が指摘され，移民女性の階層的地位に注目した研究が数多く行われてきた．そこで明らかにされてきたのは，移民女性の社会的統合を論じるに当たっては，外国人であることに加え，女性であることに着目した「二重の障害」という構造を理解する必要があるということである．

　本研究では以上の問題意識に基づき，外国人女性の階層的地位は，外国人であることと女性であることにより，日本人女性よりも低くなるという「二重の障害」仮説の検証を通じて，日本における外国人女性の階層的地位についてジェンダーとエスニシティの双方の観点から分析を行った．なお，分析に当たっては，2010年に実施された国勢調査の個票データを利用するとともに，日本での人口規模が大きく，また1990年代以降急増したニューカマー外国人の移住過程を代表する中国人，フィリピン人及びブラジル人女性を対象に分析を行った．

　その結果，「二重の障害」仮説は日本の経験には部分的にしか妥当しないことが示された．なぜなら外国人女性と日本人女性の階層的地位の差を生んでいたものは，もっぱら本人及び配偶者の学歴が低いことや，有配偶者や未就学児を育てる外国人女性の間で労働参加率が低いことに限られ，労働市場における低い人的資本の移転可能性や，職業的地位が低く「女性的」な仕事に就くことが多いといった「二重の障害」仮説から予測される現象の多くが確認されなかったからである．むしろ，外国人女性は日本の労働市場に固有のジェンダー化された構造から「排除」されることで，かえってその職業的地位を高いものにする可能性すら見られた．こうした「排除」の構造が維持されるのかどうかが，今後の外国人女性の階層的地位を予測するうえで極めて重要である．

　最後に，本研究では国勢調査を用いたこともあり，一般的な論点の検証にとど

第 II 部　移民の階層的地位に関する実証研究

まったという限界を持つ．今後，個別調査等を通じて，本研究で示された各論点について，より掘り下げていくことが課題である．

第 5 章　ジェンダーの視点から見た移民女性の階層的地位

1　日本における「移民の女性化」

　国際移民に占める女性の割合が上昇する「移民の女性化」(Feminization of Migration)（Castles, de Haas & Miller 2014: 16）は，現代の国際人口移動に見られるきわめて重要な特徴とされる．その背景には，戦後，先進工業国での女性の労働力化の進展の結果，ケアの担い手を欠く世帯，いわば「妻なき専門職世帯」(Sassen 2002: 259）が増加したことを受け，途上国／地域の女性が家事，育児／介護，そしてセックスワークといった再生産労働に従事するため，先進国に大量に流入するようになったことがあるとされる．これは「再生産活動のグローバル化」(Sassen 1988) と呼ばれるものであり (e. g. Hondagneu-Sotelo 2000)，日本以外の先進国において，ジェンダー平等がより早く達成されてきたことの背景にある重要な要因のひとつであるとされる (Parreñas 2002)．

　この点について，日本ではこうした「移民の女性化」が 1990 年代以降の外国人人口の急増過程を大きく牽引したことが，落合他（2007: 294）により指摘されている．特に，ケアワーカーやセックスワーカーといったルートでの外国人女性の流入が多くみられる他の先進工業国と異なり，こうしたルートが存在しない日本では，日本人男性との国際結婚による流入が主な入国経路であった[1]．

　さらに，日本人の配偶者としての流入にとどまらず，日系ブラジル人女性の家族単位での流入や，中国人女性が留学や就労を目的として単身で来日した後，同国人同士で結婚し，定住化するようになるなど[2]，外国人女性の入国経路は多様化している．また，近年では，日本でも外国人メイドの受け入れが一部の地域で始まるなど，市場を介した再生産労働のための外国人女性の流入が活発化しているという状況が見られる．

　しかし，こうした日本の現象について外国人女性の社会的統合の観点から明らかにした研究は少ない．先行研究の多くは，東北の農村部における「外

国人花嫁」や，フィリピン人エンターテイナーに代表される「じゃぱゆきさん」など，個々の現象を社会問題として扱ったルポルタージュやノンフィクションであり，外国人女性の社会的統合という視点から議論されることはほぼなかったといってよい（小ヶ谷 2013: 118-9）．また，日本の移民研究において女性について言及されるのは，当該外国人女性が，母や妻としての伝統的な役割を担っているという文脈においてであり，そういった文脈では，ジェンダー役割は分析の対象ではなく，むしろ所与のものとして扱われてきたといえる（e.g. 谷 2015: 87, 365）．

一方で，日本のジェンダー研究においては，女性の階層的地位に関する議論が 1980 年代以降見られ，女性の家庭内におけるケア役割，及び労働参加や職業的地位などについて盛んに研究が行われてきたものの，そうした研究にエスニシティの観点が導入されることはほぼなかった．これは，戦後長い間，日本には外国人女性が非常に少なかったという認識があったためと思われる[3]．

しかしながら，Morokvasic (1983, 84) による問題提起以降，移民研究におけるジェンダーの視点の重要性が高まってきていることを鑑みるならば，近年，外国人人口の急増現象にさらされてきた日本におけるこのような研究状況は問題であるといわざるを得ない．

欧米の移民研究においては，移民女性の移住過程自体がジェンダーの影響を強く受けているという構造論的視点をとりつつも，そこにおける移民女性個人の階層的地位の変動に注目することで，移民女性の社会的統合の過程が，主流派の移民研究において想定されてきたよりもはるかに複雑であることを明らかにしてきた．特に移民女性は，移民男性と比較して，移民であるということに加え，女性であるというジェンダーの影響を強く受けることから，その社会的統合にあたっては，「二重の障害」（"Double Disadvantage"）（Boyd 1984: 1094）にさらされているという指摘が重要である．つまり，移民女性の社会的統合を論じるにあたっては，エスニシティとジェンダーの交錯する領域に注目する必要がある．

以上の問題意識に基づき，本研究では日本における外国人女性の階層的地位について，ジェンダー，及びエスニシティの双方の観点から分析を行うことで，その社会的統合の状況，及び要因を明らかにする．これは，他の先進国と同様，「移民の女性化」を経験する日本においてきわめて重要な論点であるといえよう．

2　移民研究におけるジェンダー

2-1　欧米における移民研究

　第3章で確認したように，近年，同化理論を中心として移民研究における理論的な進展が見られた一方，ジェンダーへの注目は欧米の移民研究においても比較近年になるまで見落とされてきた論点であり，ここまで紹介してきたいずれの理論においても十分に扱われてきたとは言い難い．しかしながら近年，移住過程におけるジェンダーの影響が注目されるようになってきており，そこでも階層概念は中心的概念として位置づけられている．以下ではこの点について整理していきたい．

　近年では，国際移動におけるジェンダーという視点が，エスノグラフィカルな研究から，定量的，実証的な観点からの研究へと波及しつつあり，労働市場，とりわけ移民女性が特定の仕事に就く傾向が強いことや，その結果，労働市場の底辺層へ周縁化する等，低い経済的達成にとどまることが問題化されつつある．これは，特に戦後，移民受け入れ国へと転じた欧州において顕著な傾向とされ（Andall 2013: 527），日本においても有効な視点であるといえよう．

　それらの研究では，移民女性が就くことの多い職業として，農業，家事／ケアワーク，セックスワークが挙げられている（Andall 2013: 529）．例えば，スペインでは既婚の移民女性は農業における季節労働者として男性よりも好まれるが，これは家族が本国にいるので，定住傾向が弱いと考えられている

ためとされる (Plewa 2009). また，家事／ケアワーク，セックスワークに従事する移民女性についても数多くの研究がなされており (e. g. Piper & Roces 2003, Ehrenreich & Hochshild et al. 2002, Chin 2013, Widding Isaksen et al. 2010, Constable 2007, Momsen et al. 1999, Ruberto 2007, Hondagneu-Sotelo 2007, Cole & Booth 2007). 低出生力下にある先進国において，途上国，新興国の女性が「再生産活動のグローバル化」(Sassen 1988) に編入されている様子を明らかにしている.

以上のように，国際移動を契機とした家庭内におけるジェンダー関係の再定義，そして受け入れ社会の労働市場への編入にあたっては，女性であるということと，移民であるということの「二重の障害」("Double Disadvantage") (Boyd 1984: 1094) に直面することが多い. その背景には，移民女性の多くが途上国出身者であり，人的資本や経済的資源において恵まれていないという要因もあるが，仮にこれらに遜色がないとしても，女性であることによる地位達成上の障害があることも明らかにされている (e. g. Oikelome & Healy 2013). 移民男性の場合，人的資本の蓄積や，定住化の進展によって単線的に階層的地位達成が進むとされる経済的同化理論が主流である中，これは女性に特有の論点といえよう.

Donate et al. (2014: 337-9) の整理によると，特に移民女性の階層的地位に関する研究としては，先述した Boyd (1984: 1094) の「二重の障害」仮説以降，同仮説の検証を中心とした研究の蓄積が見られる. 例えば Shoeni (1998) は米国における移民女性の労働市場におけるパフォーマンス，及びその 1970 年から 90 年にかけての変化を分析したところ，同期間において移民女性と現地女性のパフォーマンスのギャップが広がっていることを明らかにしている. また，両者の間のギャップの一部は人的資本の違いから説明可能であると主張している. De Jong & Madamba (2001) は，「二重の障害」仮説を労働力状態，雇用形態，所得，及びスキルミスマッチといった観点から分析し，二重の障害仮説が米国のアジア系女性移民について妥当することを明らかにしている.

また米国以外の地域についても，例えばRaijman & Semyonov（1997）やRebhun（2010）がイスラエルにおける移民女性の労働参加や職業的地位，及び所得に関する研究を行っており，前者では特にアジアやアフリカ系の女性の階層的地位が非常に低く，三重の障害（triple disadvantage）とでも言うべき状況にあることを明らかにしている．一方，Rebhun（2010）は同じくイスラエルの移民女性について，「二重の障害」仮説が移民女性全般に妥当することはなく，特定の出身国の女性に見られるということを明らかにしている．Bevelander（2005）はスウェーデンにおける移民女性の従業上の地位について分析し，出身国によって代表される編入様式の重要性や1970年代から90年代の間にスウェーデンで見られた経済構造の変化が移民女性の従業上の地位を低下させる方向で働いたことを指摘している．また，Adsera & Chiswick（2007）では欧州15か国における移民女性の所得を現地女性と比較し，移民女性の所得は現地女性に比べて約40％低いこと，その一方で入国から約18年間程度でそれは現地女性の水準に追いつくことを明らかにしている．

　また，Donate et al.（2014）はこうした先行研究を概観しつつ，その人口規模といった観点も含め，移民女性の階層的地位に関する研究はその重要性の認識の高まりに比してあまり行われて来なかったとし，その重要性を指摘しつつ，その際には単に人的資本の面に注目するだけではなく，結婚や出産といったジェンダーの視点，つまり「二重の障害」仮説が非常に重要であることを主張している．その上で米国を含む9か国の国際比較を行い，移民女性の参加率については，「二重の障害」仮説が妥当するといえるものの，その細部においては国によってだいぶ異なることを明らかにしている．また，移民女性の階層的地位に関する研究の今後の課題として，Read & Cohen（2007）の指摘を踏まえつつ，ジェンダーに関わる受け入れ社会固有の社会的文脈を踏まえることの重要性を主張している．

　つまり，エスノグラフィカルな視点から始まりつつも，移民女性の社会的同化／統合に対する関心が高まりつつあること，そして，現代社会における「再生産活動のグローバル化」において，移民女性は，移民であるというこ

とと女性であるということの「二重の障害」に直面する中で,移民男性とは異なった構造の下で階層的地位達成が見られることが明らかにされてきたといえよう.

2-2 日本の移民研究におけるジェンダーの視点

第3章で見てきたように,日本の移民研究においてジェンダーの視点は,きわめて弱かったといえるだろう.ただ,近年ではこうした状況に変化も見られ始めている.例えば,マクロな視点に基づく研究としては,2000年に実施された国勢調査個票データを用いて行われた研究を挙げることができる(落合他2007).同研究では「移民の女性化」が日本における1990年代以降の外国人人口の急増過程を牽引したこと,及び同過程においてアジア人女性と日本人男性の国際結婚の増加が大きな役割を果たしたことを指摘している.また外国人女性は農村地域における「嫁」不足を反映するため,西日本よりも東日本で多く,また東日本では西日本に比べて外国人女性の学歴や就業率が低い傾向が見られる一方,離婚率も高いなど,同現象は,階層的に偏った形で進行していることが明らかにされている.

また,ミクロな視点に基づいた近年の研究としては,Liu-Farrer (2011) や坪谷 (2008: 125-46) を挙げることができるだろう.これらの研究では,高学歴中国人女性は高い人的資本を備え,男女共働きを当然とする中国での社会規範を内面化しているがゆえに,家庭でも職場でも性別役割分担規範が依然として強い日本社会において戸惑う様子が明らかにされている.また,高畑 (2011) は,かつてエンターテイナーとして来日し,日本人男性と結婚したフィリピン人女性たちが,現在,介護職で働くようになってきていることを挙げ,フィリピン人女性が来日当初とは異なった形でケア役割を担っていることを明らかにしている.

日本人男性と結婚したロシア人女性のライフコースについて明らかにした Golovina (2017) は,移民研究におけるジェンダー的視点に基づく最新の成果を踏まえつつ,徹底したインタビュー調査に基づく分析を展開することで,

単に移住先でライフチャンスの最大化を図る移民でもなく，あるいは移民の女性化の背景にあるグローバル化の一方的な被害者でもない厚みのある移民女性像を提示している．

　佐伯（2015）は，移民女性が移住先で経験するとされる困難をParreñas（2002）の「ディスロケーション」概念から解き明かすことで，日本に居住するフィリピン人女性の移住経験について明らかにしている．また，同書では外国人女性を制度的・構造的状況変革を目指す主体として捉えるエンパワーメントアプローチを採り，そのためのエージェントとして，親族ネットワーク，同郷団体，ユニオン（個人加盟の労働組合）の役割を明らかにしている．また，小ヶ谷（2016）は送り出し社会も視野に入れた分析を行い，再生産労働のグローバル化やそこにおける移民の女性化といった特徴を踏まえつつ，フィリピン人女性の国際移動について研究を行っている．その結果，フィリピン人女性は国際移動において階層的地位の下降を経験するものの，経済的低位は上昇する「矛盾した社会移動」（Parreñas 2002）を経験することを明らかにしている．また，佐伯（2015）と同様，移動先でのフィリピン人女性をエンパワーメントする社会活動についても触れ，その中で日本に居住するフィリピン人女性についても言及している．

　これらのジェンダーの視点に基づく研究では，日本における外国人女性の移住過程が出身国と受け入れ社会（日本）のジェンダー関係に強く規定されつつも，外国人女性自身が主体的にそうした状況を乗り越えようとしていることが明らかにされており，国際的な水準に到達した質の高い研究であるといえる．しかしながら，対象が限られていることもあり，日本における外国人女性の移住過程全般を明らかにするという点では不十分な点も見られる．

　一方，こうした研究を除けば，日本の移民研究において，概してジェンダーへの関心は低かったといえる．実際，日本の移民研究の主流である奥田道大らに代表される都市エスニシティ研究や，梶田他（2005）を一つの到達点とする「顔の見えない定住化」仮説においても，ジェンダーという側面については扱われることはなく，男性を所得稼得者とする世帯ないしは個人が暗

黙裡に分析対象とされてきたといえるであろう[4]．

3 命題，及び探究課題

3-1 移民女性の階層的地位をめぐる基本的論点

　日本の移民研究においてジェンダーという視点がほとんどとられてこなかったことを受けて，本研究は日本における外国人女性の社会的統合の状況，及びその決定要因について明らかにすることを目的とする．その際，外国人女性の階層的地位に注目し，それに対するジェンダー，エスニシティの影響を明らかにすることで，Morokvasic (1983) 及び Boyd (1984) 以降の移民女性の階層的地位に関する研究の成果を踏まえつつ，日本における女性の階層的地位に関する研究との接続を図る．これは移民女性の階層的地位の決定においては，一般的な理論よりも結婚や家族といった女性の階層的地位に大きな影響を与える要因を加味しつつ，それぞれの移民が置かれたジェンダーに関する社会的文脈を踏まえる必要があるという Read & Cohen (2007) や Donate et al. (2014) の指摘を踏まえたものでもある．

　日本における女性の階層的地位に関する研究は，女性自身も階層的地位を有するべきとの Acker (1973) による問題提起に応える形で進められてきたといえるだろう（岩間 2008: 31-42）．具体的には，女性自身の職業や学歴によってその階層的地位を代表させる「個人的アプローチ」，家族を単位とし，男性世帯主の職業によって他の家族成員の地位を代表させる「伝統的アプローチ」，家族を単位としつつも，男性世帯主に限らず，家族の中でより高い地位を持つ成員の地位によって他の家族成員の地位を代表させるという「優位者選択アプローチ」の検証などが行われてきた（白波瀬 2000, 2005: 36）[5]．外国人女性の多くが日本人男性や移民男性の配偶者として滞在する日本では，誰の階層的地位を以ってその階層的地位を代表させるかという論点は重要なものといえよう．

その一方で階層研究においては既存の社会構造の再生産という観点から，結婚における男女の階層結合のあり方について研究されてきた．そこでは，産業化が進み業績主義が台頭すると，出身階層と無関係に当人同士の意思に基づく結婚へと移行すると考えられてきた（白波瀬 2011: 318）．こうした中，日本でも同類婚に関する研究が行われて来ており，志田・盛山・渡辺（2000）が同じ出身階層同士の男女による階層内婚性は，最近の出生コーホートになるほど減少の傾向にあり，出身階層よりも学歴の方が配偶者選択に重要な意味を持つようになっていることを明らかにしている．また，学歴の重要性に関して，白波瀬（2005）は学歴の持つ効果は最近強まったわけではなく，もともと夫婦の学歴の結びつきは安定しているとする（白波瀬 2011: 328）．

また，女性の階層的地位をどのようにして測るのかという問題とは別に，実態として進む女性の労働力化を受けた形で，女性の就労状況に関する研究が行われてきた．特に結婚や出産といったライフイベントとの関係で女性が就労をいかに継続するかということが，女性の年齢別就業率における M 字カーブの存在（e.g. 岩間 2008, 西村 2014），あるいは男女間の職業分離（e.g. 山口 2017）といった形で議論されてきたといえよう．この点，移民女性は所得稼得者として就労するという側面と，家庭内におけるケア役割をより強く期待されるという二面性があるとされてきたことから，外国人女性の階層的地位を明らかにするにあたっても，労働参加やその職業的地位に注目した分析を行う必要は大きいといえるだろう．

3-2 命題，及び探究課題

以上を踏まえ，本研究では以下の命題を検証する．それは，外国人女性の階層的地位は，外国人であることと女性であることの「二重の障害」により，日本人女性よりも低くなるというものである．これは Boyd（1984: 1094）以来，移民女性の階層的地位に関する研究において繰り返し検証されてきた「二重の障害」仮説を日本的文脈において検証することを試みるものである

第II部　移民の階層的地位に関する実証研究

図5-1　本研究の探究課題の見取り図

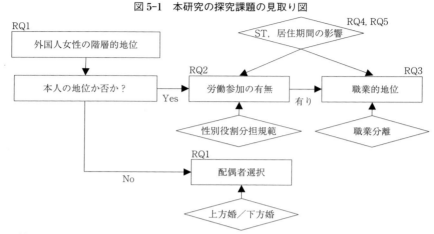

注：ST＝skill transferability（スキルの移転可能性）．RQ＝Research Question（探究課題）
出所：筆者作成．

（図5-1）．

　同命題を検証するために以下の探究課題を設定する．第一に，外国人女性の階層的地位は日本人女性と比較してどのようなものか，世帯主，及び本人の職業的地位に基づいて検証を行う．これまでの研究においては，外国人女性と結婚する日本人男性は，農家の長男など，日本人女性との結婚が難しい理由を持った人たちであるとされがちであったものの[6]，実際のところ，外国人女性と結婚する日本人男性に関する分析はほとんどされてこなかった．さらに，外国人同士の結婚，あるいは単身の外国人女性の階層的地位についてもまとまった分析は行われてこなかったのが実情である[7]．本探究課題ではこうした点も踏まえ，本人，及び世帯単位での階層的地位の分布を明らかにすることで，日本における外国人女性の階層的地位が日本人女性と比べてどのような傾向を示すのか包括的に検証する．

　第二に，日本における女性の階層的地位研究の文脈に沿って，特に結婚や出産，離婚といったライフイベントが外国人女性の労働参加に与える影響について明らかにする．そもそも日本においては，結婚や出産を機に仕事をや

める女性が多いことが繰り返し指摘されてきたが，その背景にあるのが性別役割分担規範とされてきた．近年では結婚や出産で仕事をやめる女性は減ってきていることから，こうした傾向は弱くなってきていると考えられるものの，依然として女性が育児や介護といったケア役割を担う場合が多いことが指摘されている（岩間 2008，西村 2014）．

この点，数少ない先行研究では，外国人女性の労働参加率が日本人女性と比較して低いことを以て，外国人女性にとって性別役割分担規範がより強く作用している可能性を指摘している（嘉本 2008: 44-6）．この点について，欧米の移民研究では移民女性が現地女性に代わって家庭におけるケア役割を担っていることが明らかにされてきたが，これと同じことが，特に日本人男性と結婚した外国人女性に妥当するのかを検証する（性別役割分担規範仮説）．一方，移民同士のカップルでは，妻は夫の就学を支えるためにむしろ就労する傾向が強いとする家族投資仮説（Family Investment Hypothesis: FIH）（Duleep and Sanders 1993）が妥当するならば，日本人男性を夫とする場合より，外国人男性を夫とする外国人女性の方が，家庭における稼ぎ手役割を担う可能性が高いことも予想される[8]．本探究課題ではこのような仮説の下，外国人女性が日本人女性よりも家庭におけるケア役割を担うことが多いのかを明らかにする．

第三に，外国人女性の職業分布がどの程度，ジェンダー化されたものであるかという点について検証する．職業分布の観点からは，これまで，日本人女性は同程度の学歴を持つ日本人男性と比較して，職業的地位や賃金が低い職に就く場合が多いことが明らかにされてきた（e. g. 中井 2009，山口 2017）．さらに，山口（2017）によれば，こうした傾向は日本型雇用制度と深く結びついた構造的なものであり，高学歴女性の多くが賃金の相対的に低い教育，医療，福祉分野のヒューマンサービス系専門職に就く傾向が強いため，仮に女性の高学歴化が今後進んだとしても，男女間の職業分離は減少するどころかかえって上昇するという「職業分離のパラドックス」（山口 2017: 89）が見られるとしている．

一方，欧米の移民研究では，移民女性の職業分布について，人的資本が高くても，家事労働や介護など，より女性的とされる仕事に就く傾向が強いなど，ジェンダーの影響を強く受けることが繰り返し指摘されてきた．そうしたことを踏まえるならば，強くジェンダー化された日本の労働市場において，外国人女性は日本人女性より職業的地位の低い「女性的」な仕事に就くことが多いと予想される．

第四に，主流派の移民研究において繰り返し明らかにされてきたように，人的資本の移転可能性により，学歴上昇の労働参加や職業的地位達成に与える影響はどのようなものかについて明らかにする．移民男性に関する研究では外国人の有する人的資本はその大半が海外で蓄積されたものであることから，その人的資本の移転可能性は低いとされてきたものの，移民女性の場合これがどのようになるのであろうか．

また，最後に外国人女性の階層的地位が，日本での居住期間の長期化によりどの程度，変化するのかということについても検討する．居住期間の長期化が外国人女性の社会的適応を生むならば，居住期間が長い方がより高い階層的地位を示すと考えられるし，あるいは社会的適応が日本社会に固有のジェンダー関係への組み込みを意味するのであれば，かえってその地位の低下を経験することも考えられる[9]．

4　記述統計による分析

4-1　データ

本研究で用いるデータは，2010年国勢調査の外国人女性の全数，及び抽出詳細集計用に作成された総人口の10%サンプルである．なお，外国籍人口の内，国勢調査の調査対象となっているのは，日本に3か月以上にわたって住んでいるか，住むことになっている者であり，①外国政府の外交使節団・領事機関の構成員（随員を含む．）及びその家族，②外国軍隊の軍人・軍

属及びその家族を除く者とされている.

この内,外国人女性については,人口規模の大きな順に,中国人[10],フィリピン人,及びブラジル人女性を分析対象とする[11].また,レファレンスケースとして抽出詳細集計用データ[12]に含まれる日本人女性をこれに加える.なお,現在の入管制度では,外国人が高校卒業直後に日本で就労する道がほとんど閉ざされていることや,来日時期や来日時の年齢のピークを考慮して調査時点の年齢が22-55歳の者に限定した.最後に,留学生の影響を除くため,在学状況が卒業である者に限定した.その結果,分析対象とするのはこれらの条件を満たす中国人女性191,369人,フィリピン人女性101,257人,ブラジル人女性45,008人,及び日本人女性2,616,688人である[13].

4-2 方 法

本研究では移民女性の階層的地位を論じるに当たって,①外国人女性本人,及びその世帯主の職業的地位に代表される階層的地位,②外国人女性の労働参加に対する結婚や出産といったライフイベントの影響,及び,③就労している外国人女性の職業分布の3つの観点から分析を行う.

女性の階層的地位を分析するにあたっては,本人,及び世帯に注目する方法があるとされてきたことから,本研究では世帯主,及び本人の職業的地位の双方に注目する.これにより外国人女性の階層的地位をより包括的な形で示すことができる.

外国人女性の労働参加[14]について分析するに当たっては,まず年齢を軸とした労働参加率の推移を見ることで,日本人女性について指摘されるような労働参加率のM字カーブが存在するかどうかを確認する.その上で,特にこうしたライフイベントの影響を直接的に受ける年齢と考えられる25-35歳の女性に対象を絞り,結婚や出産といったライフイベントの有無による労働参加率の違いを明らかにする.

次に,就労している女性に焦点を絞り,日本人男性をレファレンスとした

職業分離の程度を明らかにすることで，外国人女性が日本人女性と比較して職業選択においてどの程度ジェンダーの影響を受けているかを明らかにする．これは一般的に，移民女性が受け入れ社会でより「女性的」な仕事に就く傾向が強いとされてきたことを確認するためのものである．その際，以下で定義されるように，同程度を分析する際に標準的に用いられる非類似性指数（Dissimilarity Index）を用いる．

$$D.I. = \frac{1}{2}\sum_{j}|P_{M,j} - P_{F,j}| \times 100$$

D. I.：非類似性指数
$P_{M/F,j}$：卒業者に占める職業 j に就く人の割合（M＝男性，F＝女性）

同指標は，二つの異なる集団の職業分布が全体を100％とした場合に何％異なるかを示したものである．例えば，仮にこれが20となった場合，両者の分布を完全に一致させるにはいずれかの集団の20％が現在と異なる職業に就く必要があることを意味する．

なお，国勢調査においては，日本標準職業分類に基づき設定された職業分

表5-1　本研究で用いる職業分類

国勢調査職業小分類番号（職業例）	本研究で用いる職業的地位カテゴリー
001-005（管理的公務員，会社役員等）	経営・管理
006-022, 038-044, 050, 052-060, 066-068（研究者，技術者，医師，法曹，公認会計士，スポーツ選手等）	タイプ1型専門職
023-037, 045-049, 051, 061-065（薬剤師，看護師，幼稚園教諭，保育士，小中学校教員，個人教師等）	タイプ2型専門職（ヒューマンサービス系専門職）
069-084（事務員等）	事務職
085-098（小売業従事者，営業職等）	販売職
099-125, 226-229（家政婦，理美容師，清掃員等）	サービス労働職
144-189, 198-217，（金属工作機械作業従事者等）	作業職
126-143, 190-197, 218-225, 230-231（自衛官，消防士，鉄道運転者等）	その他
232（分類不能）	分類不能
労働力状態が失業，及び家事	無職

出所：山口（2017: 113）に基づき筆者作成．

類が用いられており，2010年国勢調査では管理的職業，専門的・技術的職業従事者など12の職業大分類から構成されている．本研究では山口（2017）に基づき，専門的・技術的職業をヒューマンサービス系専門職である「タイプ2型専門職」，及び，それ以外の「タイプ1型専門職」の二つに分けた．また，その他の職業を以下の6種類に再分類した（表5-1）．さらに，職業的地位を階層的地位の代理指標として用いる場合には，これらに無職（失業，家事）を加えたものを用いる．

4-3 日本における外国人女性の人口学的特徴

本研究で分析対象とする外国人女性の年齢分布は以下の通りである（図5-2）．中国人女性は継続的に新規来日者がいることや，来日者の年齢構成が比較的若いことを受けて，20-30歳代が多くみられる．一方，フィリピン人女性は2006年以降，日本人の配偶者等や興行の在留資格の発給が制限され，新規来日者が急減したことを受け，40歳代を中心とした年齢分布となって

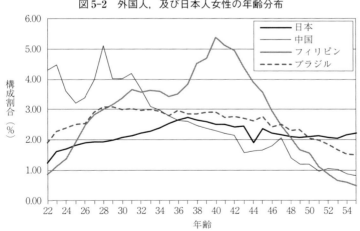

図5-2 外国人，及び日本人女性の年齢分布

注：集計対象としたのは年齢が22-55歳，在学状況が卒業の者．なお，使用したデータは日本人については抽出詳細集計用データに集計ウェートを乗じたもの，外国人については全数．
出所：平成22年国勢調査個票データより再集計．

表 5-2 外国人，及び日本人女性の未婚，有配偶，離死別者割合

配偶関係	国籍			
	日本	中国	フィリピン	ブラジル
未婚	28.3%	24.0%	8.3%	19.1%
有配偶	64.0%	72.2%	81.7%	73.6%
（内）夫日本人	—	48.1%	83.7%	11.9%
離死別	7.7%	3.8%	10.0%	7.3%

注：日本人女性の内，夫日本人である者の割合は省略．集計対象としたのは年齢が22-55歳，在学状況が卒業の者．なお，使用したデータは日本人については抽出詳細集計用データに集計ウェートを乗じたもの，外国人については全数．
出所：平成22年国勢調査個票データより筆者再集計．

いる．ブラジル人女性は家族単位での来日，及び定住化が進んでいることから，全年齢に均等に分布している．日本人女性は少子高齢化の影響を受け，若年層は少なく，比較的高い年齢層に多くみられる．

　本研究で分析対象とする外国人女性の配偶関係別の割合を見ると（表5-2），国籍にかかわらず，日本人女性よりも高い有配偶率を示している．これは日本における外国人女性の階層的地位を決定するにあたって結婚というライフイベントの重要性を示すものである．

　一方，有配偶者の内，日本人を夫とする外国人女性の割合を見ると，国籍によって大きく異なることがわかる．日本人男性と結婚している割合が際立って高いのはフィリピン人女性であり，有配偶者のおよそ80%が日本人男性と結婚している．このことは，フィリピン人女性の多くが日本人男性との結婚を契機に来日した結婚移民であることを示すものである．それと対照的なのがブラジル人女性であり，有配偶者の90%近くが外国人同士のカップルからなる．このことは，日本に居住するブラジル人のほとんどが日系人あるいはその家族からなり，家族単位での来日が多いことを反映したものといえよう．最後に中国人女性は両者のおよそ中間であり，有配偶者の約半数弱の女性が日本人男性と結婚している．

第5章　ジェンダーの視点から見た移民女性の階層的地位

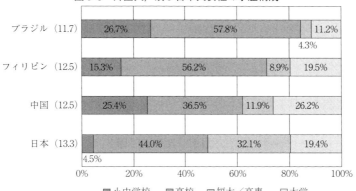

図5-3　外国人，及び日本人女性の学歴構成

注：集計対象としたのは年齢が22-55歳，在学状況が卒業の者．なお，使用したデータは日本人については抽出詳細集計用データに集計ウェートを乗じたもの，外国人については全数．教育年数は小中学校9年，高校12年，短大／高専14年，大学／大学院16年として加重平均を求めたもの．なお，フィリピンの教育制度では6-4-4制をとるため大学を卒業していても実際の教育期間は日本の大学卒業者よりも短くなるが，ここでは相対的な教育水準を示すものであるため，便宜的に日本の場合と同じ変数で算出している．
出所：平成22年国勢調査個票データより再集計．

　外国人女性の学歴について見たのが図5-3である．それによると（驚くべきことに）ブラジル人女性を除けば，外国人女性の方が日本人女性よりも大学卒業以上の学歴を有する者の割合が大きいことが示された．また，日本人女性において特徴的なのが短大／高専卒業者が際立って多いということであり，日本人女性は短大／高専卒を含めた高等教育（tertiary education）修了者の割合で見て，初めて外国人女性を上回る．その一方，外国人女性の間では日本人女性と比較して，小中学校卒業者の割合が非常に大きく，それが平均教育年数で見た学歴水準を日本人女性よりも低くしている．つまり，外国人女性の学歴は高学歴層と低学歴層に二極化する傾向が見られる．

4-4 日本における外国人女性の階層的地位

(1) 本人及び世帯主の職業的地位から見た階層的地位

外国人女性の階層的地位について論じていくにあたって，全体的な階層的地位の分布状況について見ることから始めたい．

本人の職業的地位について見ると（表5-3），外国人女性はどの国籍でも，事務，販売といったホワイトカラー職種が少なく，作業職に代表されるブルーカラー職種が多いのが特徴である．また，フィリピン人女性やブラジル人女性の間で失業状態にある者が比較的多いことも特徴といえよう．中国人女性やフィリピン人女性の間では，無職の割合も大きい．唯一例外的なのが，中国人女性におけるタイプ1型専門職の割合が日本人女性よりも大きいことであるが，それを除けば，全体として外国人女性の階層的地位は日本人女性と比べて低い傾向にあると考えられる．

では，世帯主の職業的地位に注目した場合[15]，このような状況はどのように変化するのであろうか．仮に本人の階層的地位が低くても世帯主の地位

表5-3　本人の階層的地位から見た外国人，及び日本人女性の階層的地位の分布 (%)

	日本	中国	フィリピン	ブラジル
経営・管理	0.3	0.6	0.2	0.0
タイプ1専門職	2.2	3.7	1.0	1.5
タイプ2専門職	11.2	1.1	0.8	0.8
事務職	21.2	6.0	1.7	2.0
販売職	9.0	3.4	1.9	1.4
サービス労働職	12.1	7.0	14.1	3.6
作業職	6.3	28.7	22.7	47.5
その他	4.0	5.9	6.3	3.8
分類不能	3.4	8.1	6.9	9.2
失業	4.0	4.2	5.6	7.7
無職	26.4	31.4	38.9	22.3

注：集計対象としたのは年齢が22-55歳，在学状況が卒業の者．なお，使用したデータは日本人，外国人ともに抽出詳細集計用データに集計ウェイトを乗じたもの．
出所：平成22年国勢調査個票データより再集計．

表 5-4　世帯主の階層的地位から見た外国人，及び日本人女性の階層的地位の分布（%）

	日本	中国	フィリピン	ブラジル
経営・管理	3.1	2.7	2.6	0.6
タイプ1専門職	8.5	10.5	3.7	1.5
タイプ2専門職	6.0	1.1	1.1	0.5
事務職	15.6	7.9	5.2	2.6
販売職	12.7	6.1	6.7	1.9
サービス労働職	7.3	7.7	10.7	2.6
作業職	19.7	35.6	34.3	62.4
その他	8.0	7.5	9.9	4.6
分類不能	3.7	8.5	7.2	11.5
失業	3.3	4.9	8.7	8.4
無職	12.2	7.4	9.8	3.4

注：集計対象としたのは年齢が22-55歳，在学状況が卒業の者．なお，使用したデータは日本人，及び外国人ともに抽出詳細集計用データに集計ウェートを乗じたもの．
出所：平成22年国勢調査個票データより再集計．

の高さによってそれが補われているような場合，その分布は本人の階層的地位を基準とした場合と大きく異なり，外国人女性の階層的地位は大きく改善するはずである．

　まず見て取れるのは，中国人女性のタイプ1型専門職の割合が日本人女性よりも大きいという例外はあるものの，それ以外の部分について見ると，どの国籍でも日本人女性と比べて世帯主が作業職に就く割合が大きく，事務職，及び販売職といったホワイトカラーに就く者が相対的に小さいという特徴を示す（表5-4）．また，無職の割合は小さいものの，失業率は日本人よりも高い傾向にある．つまり，世帯単位で見た場合も，本人の職業的地位に注目した場合と同様，外国人女性の階層的地位は平均的に見て，日本人女性のそれよりも低いといえる．

　以上のことから，外国人女性の階層的地位は，タイプ1型専門職に就く中国人女性が相対的に多いという例外があるものの，本人，及び世帯主の地位のいずれから見た場合も，総じて日本人女性よりも低い傾向にあることが示された．

では，こうした階層的地位の低さはどのような要因によるものなのであろうか．以下では結婚における配偶者選択の影響，並びに本人の労働参加，及び職業的地位の観点からこうした状況を生み出した要因について明らかにする．

(2) 結婚における配偶者選択の影響

先ほど見たように，日本人女性と比べても外国人女性の有配偶率は高く，結婚が外国人女性の階層的地位の決定に当たって果たす役割は大きいといえよう．一方，本人，及び世帯主の職業的地位のいずれで見ても，日本人女性と比べて外国人女性の階層的地位が低い傾向にあることは，彼女たちが結婚によって階層的地位の上昇を経験することが少ない可能性を示す．

この点について，日本人，及び外国人女性の夫婦間の学歴の組合せを，両者の平均教育年数の違いから見ると，日本人女性と比べて外国人女性は自分より学歴が低い男性と結婚（下方婚）する傾向が強いことが示された．これは国際結婚研究においてしばしば指摘されてきたように，外国人女性と結婚する日本人男性の階層的地位は，日本人女性と結婚する男性と比べて低いとする研究結果（e.g. 嘉本 2008: 42-4）を支持するものといえよう．さらに，女性が国際移動を経験することで，矛盾した階層移動を経験するという Parreñas (2002)，あるいは配偶者のエスニックバックグラウンドにかかわらず，国境をこえる結婚一般においてそれが見られるとする Thai (2002) の指摘とも一致するものといえる．

国籍別にみると，中国人女性は日本人女性ほどではないものの上方婚をする傾向にあることがわかる．しかしながら，フィリピン人女性の場合には，全体として下方婚の傾向を示しており，特に日本人男性と結婚している場合にこうした傾向が強い．ブラジル人女性の場合，外国人男性と結婚している場合には若干，下方婚をする傾向が見られるものの，日本人男性と結婚している場合には緩やかな上方婚の傾向が見られる（表5-5）．

さらにこうした傾向を妻の学歴別に見ると，国籍を問わず，外国人女性の

表5-5 外国人，及び日本人女性における夫婦間の学歴間格差（夫-妻教育年数）

妻の国籍		日本	中国		フィリピン		ブラジル	
	夫国籍		夫外国籍	夫日本人	夫外国籍	夫日本人	夫外国籍	夫日本人
妻の学歴	小中学校	2.2	1.2	2.9	1.2	2.1	1.2	2.5
	高校	0.8	0.6	0.7	0.5	0.2	▲0.1	0.3
	短大／高専	0.2	0.9	▲0.2	▲0.2	▲1.1	▲1.3	▲0.6
	大学	▲0.7	▲0.3	▲1.7	▲1.3	▲3.4	▲2.8	▲2.3
	全体	0.4	0.3	0.3	▲0.0	▲0.2	▲0.1	0.1

注：集計対象としたのは年齢が22-55歳，在学状況が卒業の者．なお，使用したデータは日本人については抽出詳細集計用データに集計ウェイトを乗じたもの，外国人については全数．数値は平均教育年数の差．教育年数は小中学校9年，高校12年，短大／高専14年，大学／大学院16年として加重平均を求めたもの．なお，フィリピンの教育制度では6-4-4制をとるため大学を卒業していても実際の教育期間は日本の大学卒業者よりも短くなるが，ここでは相対的な教育水準を示すものであるため，便宜的に日本の場合と同じ変数で算出している．
出所：平成22年国勢調査個票データより再集計．

間では高学歴層で強い下方婚の傾向があることが見て取れる．特に日本人男性と結婚する高学歴のフィリピン人，中国人女性の間でこうした傾向が強い．こうしたことから，外国人女性にとって結婚は必ずしも本人の階層的地位の上昇につながるものではないことが示された．

(3) ライフイベントの影響

このように外国人女性の階層的地位は世帯，及び本人のいずれから見ても低い傾向にあることが示されたことから，以下では労働参加，及び職業的地位といった本人の階層的地位に注目して行きたい．

まず，年齢別の労働参加率の推移を示したグラフ（図5-4）によると，日本人女性では20歳代前半をピークにその後，結婚や出産が集中する20代後半から30歳代にかけて労働参加率が低下し，その後，40歳にかけて緩やかに上昇する緩やかなM字カーブが存在することがわかる．これに対して，フィリピン人女性では20歳代から30歳代前半にかけて労働参加率の落ち込みを見せた後，30歳代中盤から40歳代にかけて労働参加率が大きく上昇する．これは結婚や出産のタイミングが日本人女性よりも早いタイミングで起

図 5-4 外国人, 及び日本人女性における年齢別に見た労働参加率の推移

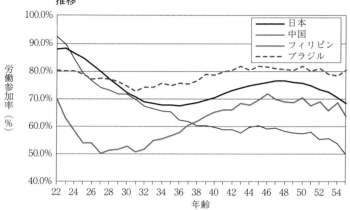

注：集計対象としたのは年齢が 22-55 歳, 在学状況が卒業の者. なお, 使用したデータは日本人については抽出詳細集計用データに集計ウェートを乗じたもの, 外国人については全数.
出所：平成 22 年国勢調査個票データより再集計.

きた後, 再び就労する傾向が見られることを示すものといえよう.

一方, 中国人女性やブラジル人女性でははっきりとした M 字カーブは見られない. ブラジル人女性の間では, 労働参加率は 20 歳代後半か 30 歳代前半にかけて若干低下し, その後再度, 緩やかに上昇するものの, 全体として変化は少ない. 中国人女性の場合, 労働参加率は年齢の上昇に伴ってほぼ単調に減少する傾向が見られる.

次に, このようなライフイベントの影響が集中する 25-35 歳の女性に対象を絞って, 結婚や出産の有無による労働参加率の違いをより詳細な形で見ていきたい. 表 5-6 は 5 歳以下の子どもがいない女性に限定して, 配偶関係別の労働参加率の違いを見たものである. それによると, 未婚者の場合, どの国籍でも 90% 台と非常に高い労働参加率を示しているものの, 日本人男性と結婚する外国人女性の場合, 日本人女性よりも低い労働参加率を示している. 一方, 外国人同士で結婚している場合, 未婚者と有配偶者の労働参加率

第5章　ジェンダーの視点から見た移民女性の階層的地位

表5-6　外国人，及び日本人女性の配偶関係別労働参加率
（25-35歳，5歳以下の子どものいない者）

国籍	未婚	有配偶	
		夫日本人	夫外国籍
中国	95.7%	48.8%	60.6%
フィリピン	91.2%	49.4%	80.6%
ブラジル	93.7%	67.4%	81.9%
日本	93.5%	73.2%	

注：集計対象としたのは年齢が25-35歳，在学状況が卒業，5歳以下の子どもが同居していない者．なお，使用したデータは日本人については抽出詳細集計用データに集計ウェートを乗じたもの，外国人については全数．
出所：平成22年国勢調査個票データより再集計．

表5-7　外国人，及び日本人女性の未就学児（5歳以下）の子どもの有無別労働参加率

	日本	中国	フィリピン	ブラジル
子どもあり	44.2%	43.3%	36.3%	54.0%
子どもなし	73.2%	73.3%	56.1%	81.3%

注：集計対象としたのは年齢が25-35歳，在学状況が卒業の者．なお，使用したデータは日本人については抽出詳細集計用データに集計ウェートを乗じたもの，外国人については全数．
出所：平成22年国勢調査個票データより再集計．

の差は，日本人男性と結婚している場合ほど大きくない．こうしたことから，外国人女性も結婚している場合，その労働参加率は低い傾向が見られるものの，その傾向は，日本人男性と結婚している場合により強い形で見られることが示された．

次に，出産・育児との関係を見るため，未就学児の有無別の労働参加率の違いを見てみよう（表5-7）．その結果，どの国籍でも未就学児がいる場合には，いない場合と比べて，労働参加率が非常に低いことがわかる．またその差はどの国籍でも20-30ポイントと，国籍ごとの大きな違いは見られない．こうしたことから，外国人女性にとっても出産，及び育児をしていると，その労働参加率は低い傾向にあるといえる．

以上のように，結婚や出産・育児というライフイベントはその（最終的なアウトカムとしての）M字カーブの形状の違いにもかかわらず，外国人女性の労働参加に大きな影響を与えている可能性が示された．これは外国人女性の有配偶率の高さを考えるならば，外国人女性で無職者が多いことをある程度説明するものといえよう．

（4） 職業分離

労働参加の有無に続き，以下では，就労している女性の職業分布を男性と比較することで，外国人女性の職業選択におけるエスニシティとジェンダーの影響について見ていきたい（表5-8）．まず，日本人の男女間における職業分布の一致度を非類似性指数（dissimilarity index）によって示すと36.9となる[16]．一方，外国人における男女間の職業分布の違いを求めると，中国人で14.1，フィリピン人で28.7，及びブラジル人で5.4と，日本人よりもはるかに男女間の職業分布が近似していることが明らかになった．日本人女性は男性と同程度の高い学歴があっても，タイプ2型の専門職に就く傾向が強いことや，それ以外では作業職より事務職を好む傾向を示すことが男女間の強い職業分離を生んでいることが指摘されてきたが（e.g. 山口 2017: 89），以上の結果から外国人女性は日本人女性が示すような特徴を示さないことがわかる．

表5-8 外国人，及び日本人女性の職業分布，及び職業分離度（非類似性指数）

比較対象	日本	中国	フィリピン	ブラジル
同胞男性	36.9	14.1	28.7	5.4
日本人男性	-	25.1	39.0	46.5
日本人女性	-	48.0	53.1	67.2

注：集計対象としたのは年齢が22-55歳，在学状況が卒業の者．なお，使用したデータは日本人については抽出詳細集計用データに集計ウェートを乗じたもの，外国人については全数．職業分離の程度は表5-1の区分に基づいて求めた．
出所：平成22年国勢調査個票データより筆者算出．

一方，外国人女性の場合，国籍を問わず日本人女性と比べて作業職に就く者が多く，また事務，販売職に就く者が少ない傾向が見られる（表5-3）．むしろこれは外国人男性の職業分布と共通する特徴であり，その結果，男女間の職業分離はどの国籍でも日本人の男女間よりも小さなものとなる．さらに外国人女性の職業分布を日本人男女それぞれの職業分布と比較すると，日本人女性よりもむしろ日本人男性のそれに近いことが示された．つまり，こうした事実は，外国人女性は職業選択において，日本の労働市場に特徴的なジェンダーの影響をあまり受けていないことを意味する．

5　多変量解析による分析

5-1　労働参加の有無に関する分析

(1)　データ，及び方法

　以上，記述統計を中心として，外国人の階層的地位について，エスニシティやジェンダーとの関係からその状況について見てきた．そこで明らかになったことは，外国人女性の階層的地位は本人，及び世帯のいずれから見ても低い傾向にあり，また本人の地位に焦点を当てた場合も有配偶者や未就学児を育てる女性の労働参加率は低いということである．一方，その職業分布はむしろ男性に近く，ジェンダーの影響はあまり受けていない可能性が示された．以下ではこうした結果を多変量解析によってより詳細に検証する．具体的には以下のモデルによって検証する．

$$\begin{aligned}LP_i = &\alpha + \sum_{e=1}^{3}\beta_{1,e} \cdot Edu_{i,e} + \sum_{m=1}^{2}\beta_{2,m} \cdot Mar_{i,m} + \sum_{n=1}^{9}\beta_{3,n} \cdot Br_{i,n} \\ &+ \sum_{j=1}^{3}\beta_{4,j} \cdot Cz_{i,j} \\ &+ \sum_{j=1}^{3}[\sum_{e=1}^{3}\beta_{5,j,e}(Cz_{i,j} \cdot Edu_{i,e}) \\ &+ \sum_{m=1}^{2}\{\beta_{6,j,m}(Cz_{i,j} \cdot Mar_{i,m}) + \beta_{7,j,m}(Cz_{i,j} \cdot Mar_{i,m} \cdot JPH_i)\}\end{aligned}$$

第 II 部　移民の階層的地位に関する実証研究

$$+\sum_{n=1}^{9}\{\beta_{8,j,n}(Cz_{i,j}\cdot Br_{i,n})+\beta_{9,j,n}(Cz_{i,j}\cdot Br_{i,n}\cdot JPH_i)\}$$
$$+\beta_{10,j}(Cz_{i,j}\cdot LR_i)$$
$$+\sum_{m=1}^{2}\{\beta_{11,j,m}(Cz_{i,j}\cdot LR_i\cdot Mar_{i,m})$$
$$+\beta_{12,j,m}(Cz_{i,j}\cdot LR_i\cdot Mar_{i,m}\cdot JPH_i)\}\Big]+X_i'\cdot\beta_{13}$$

……（モデル 1）

LP_i：個人 i の労働参加率（プロビット変換）
$Edu_{i,e}$：個人 i の学歴 e（小中学校卒，短大／高専卒，大学卒以上，レファレンス＝高校卒業）
$Mar_{i,m}$：個人 i の配偶関係 m（有配偶，離死別，レファレンス＝未婚）
$Br_{i,n}$：個人 i の過去9年間の各年（n 年＞$n-1$ 年）における出生（レファレンス＝出生なし）
$Cz_{i,j}$：個人 i の国籍 j（中国，フィリピン，ブラジル，レファレンス＝日本）
JPH_i：個人 i の夫が日本国籍（レファレンス＝夫が日本国籍以外）
LR_i：個人 i の5年前の居住地が日本（レファレンス＝5年前の居住地が日本国外）
α：定数項
X_i'：統制変数（年齢，年齢の二乗，居住都道府県，居住自治体の人口規模，居住調査区の人口集中度（DID 設定の有無），住宅所有，夫職業[17]，9歳以下の同居子ども数，ベクトル形式）

　推定モデルはプロビットモデルによって推定され，その際の従属変数は個人 i の労働参加の有無である．主要な説明変数について見ていくと，学歴状態，配偶関係，及び過去9年間の各年（n 年＞$n-1$ 年）における出生経験を（日本人女性に関する）主効果として見込み（式の1行目），それぞれについて外国籍との交互作用項をとることで，外国人女性と日本人女性のこれらの属性別に見た労働参加率の違いについて推定する（式の2-5行目）．最後に国籍と5年前居住地との交互作用項について，さらに，配偶関係，及び夫日本国籍との3重の交互作用項をそれぞれとることで，国籍×居住期間×配偶関係別にみた労働参加率の違いを明らかにする（式の5-7行目）．統制変数には主

に年齢，地域，世帯の経済構成による労働参加率の違い[18]を統制する変数が含まれており，結婚や出産といったライフイベントと労働参加率の関係がより正確に推定されるようにしている．

先行研究やそれに基づく命題から想定される符号条件は以下の通りである．まず，日本人女性を対象とした主効果について見た場合，学歴が高いほど（働かないことの）機会費用が高くなると考えられることから，より高い労働参加率を示すと考えられる（岩間 2008: 118-20）[19]．結婚している場合，性別役割分担規範の存在により，未婚者より労働参加率は低くなると考えられる．出生経験は，より最近のものほど低い労働参加率を示すと考えられる．

外国籍との交互作用項について見ていこう．まず，外国籍であることは日本語能力や日本の労働市場に関する知識の不足から就業機会を減少させ，より低い労働参加率につながると考えられる．また，低学歴層の移民に妥当するとされる self-selection 効果，及び移住前に形成された人的資本の低い移転可能性（Chiswick 1978a, b, 79, 80）を見込むならば，外国籍と学歴の交互作用項は低学歴層ではプラス，高学歴層ではマイナスになると考えられる．外国籍と有配偶の交互作用項，及び外国籍と夫日本人の交互作用項，並びに外国籍あるいは外国籍×夫日本人と過去の出生歴とのそれぞれの交互作用項は，家庭内におけるケア役割への期待の違いから，夫日本人の場合でより低い労働参加率を示すと考えられる．

最後に外国籍と5年前の日本居住との交互作用項は，日本での居住期間の長期化の影響の代理指標とみなすことが可能であり，日本に長く住むほど，日本社会に固有のジェンダー関係への一層の埋め込みにつながると考えられることから，同係数はマイナスの値をとると考えられる．

(2) 推定結果（労働参加，モデル1）

労働参加に関するモデル1の推定結果について見ていきたい（表5-9）．まず，学歴，及び過去9年間の出生の日本人女性に関する結果（主効果）について見てみよう．それによると，学歴が高いほど労働参加率が高いこと，有

第II部　移民の階層的地位に関する実証研究

表5-9　労働参加に関する推定結果

従属変数：労働参加	推定結果		国籍*夫日本人	
学歴（Ref.＝高卒）			中国*夫日本	−0.06
小中学校	−0.38	***	フィリピン*夫日本	−0.70 ***
短大／高専	0.10	***	ブラジル*夫日本	−0.58 *
大学／大学院	0.20	***		
			国籍*出生歴	
配偶関係（Ref.＝未配偶）			中国*過去0−1年の出生歴	0.52 ***
有配偶	−0.81	***	中国*過去1−2年の出生歴	0.46 ***
離死別	0.05	***	中国*過去2−3年の出生歴	0.44 ***
			中国*過去3−4年の出生歴	0.44 ***
国籍（Ref.＝日本）			中国*過去4−5年の出生歴	0.40 ***
中国	0.30	***	中国*過去5−6年の出生歴	0.30 **
フィリピン	−0.08	*		
ブラジル	0.31	***	（中略）	
国籍*学歴			国籍*5年前居住	
中国*小中学校	0.47	***	中国*5年前居住	−0.20 ***
中国*短大／高専	−0.10	***	フィリピン*5年前居住	−0.15 **
中国*大学／大学院	−0.03		ブラジル*5年前居住	−0.05
フィリピン*小中学校	0.29	***	国籍*5年前居住*有配偶	
フィリピン*短大／高専	0.05		中国*5年前居住*有配偶	0.83 ***
フィリピン*大学／大学院	−0.03		フィリピン*5年前居住*有配偶	0.21
			ブラジル*5年前居住*有配偶	0.11
ブラジル*小中学校	0.22	***		
ブラジル*短大／高専	0.01		国籍*5年前居住*有配偶*夫日本	
ブラジル*大学／大学院	−0.03		中国*5年前居住*有配偶*夫日本	−0.37 ***
			フィリピン*5年前居住*有配偶*夫日本	0.36 **
			ブラジル*5年前居住*有配偶*夫日本	0.49
国籍*有配偶（夫外国籍）				
中国*有配偶	−1.04	***	統制変数	省略
フィリピン*有配偶	−0.04		サンプルサイズ	2,246,516
ブラジル*有配偶	−0.29	**		

注：* p<0.05, ** p<0.01, *** p<0.001. 推定に当たっては欠測値を除いた．ウェート調整済み．使用したデータは日本人については抽出詳細集計用データ（ウェート調整済み），外国人については全数．
出所：筆者推定．

配偶者は未婚者，離死別者に比べて労働参加率が低いこと，及び直近に出生を経験しているほど労働参加率が低いことが示された[20]．これは学歴の高さが総じて就労に結びつきやすい反面，結婚や出産によりそうした傾向が抑制される可能性を示しており，先行研究の結果とも整合的である[21]．

次にこれらの属性の外国籍との交互作用項を見ることで，主効果で確認された結果が外国人女性の間でどのように変化するのかについて見ていきたい．まず，外国人であったとしても，労働参加率は必ずしも低くならないことが示された．一般的に，外国人である場合，日本語能力や日本の労働市場に関する知識の不足から，その労働参加率は低いと想定されるものの，そうした結果が妥当するのはフィリピン人女性だけであり，中国人，ブラジル人女性ではむしろ高い労働参加率を示すことが明らかになった．こうしたことの背景には中国人女性やブラジル人女性の多くが，就労を目的として来日していることがあると推測される．これに対してフィリピン人女性の場合，家族の呼び寄せなど，就労以外の目的で来日しているため，その労働参加率は相対的に低くなるものと考えられる[22]．

外国籍と学歴の交互作用項について見ると，低学歴層で相対的に高い労働参加率を示す一方，高学歴層では中国人女性を除いて日本人女性との有意な差は見られなかった．それぞれの結果を見ると，中国*小中学校で0.47，フィリピン*小中学校で0.29，そしてブラジル*小中学校で0.22といずれも有意なプラスの値を示している．一方で，高学歴層では中国*短大／高専で−0.10と有意なマイナスの値を示すほかは有意な結果を得られていない．これは，中国人女性を除けば，高学歴層において人的資本の移転可能性の制約が見られない可能性を示すものである[23]．

国籍と配偶関係の交互作用項について見ると，中国人女性は夫の国籍にかかわらず，日本人女性より低い労働参加率を示すのに対して，フィリピン人女性は日本人男性と結婚している場合のみ，（日本人女性より）低い労働参加率を示す．また，ブラジル人女性は，夫が外国籍の場合，日本人女性よりも低い労働参加率を示すが，日本人男性と結婚している場合，それはさらに低

くなる．

　このように，外国籍×有配偶関係との交互作用項でプラスの結果が一つも得られていないことは，外国人女性は結婚相手の国籍にかかわらず，家庭におけるケア役割を担う傾向にあること，つまり，家族投資仮説（FIH）よりも性別役割分担仮説が妥当する可能性が高いことを意味しているといえよう．

　一方，直近の出生歴との交互作用項を見ると，中国人女性では過去1-5年間の出生歴との交互作用項において有意なプラスの値を示している．このことから，中国人女性は，日本人女性と比べて，子どもが小さくても労働参加をする傾向があることを見て取れる．なお，中国人女性以外で，直近の出生歴に関してこうした結果は見られない．また，日本人男性と結婚する外国人女性全般についても系統だった違いは見られない[24]．

　最後に5年前居住地別の労働参加率の違いについて見て行きたい．まず外国籍と5年前居住地との交互作用項を見ると，中国籍，及びフィリピン国籍について有意なマイナスの値が得られている．また，5年前居住地×外国籍×配偶関係の3次の交互作用項を見ると，外国人男性と結婚する中国人女性についてのみ，有意なプラスの値が得られている．さらにこれに加え，5年前居住地×外国籍×配偶関係×夫日本人の4次の交互作用項を見ると，中国人女性で有意なマイナスの値，フィリピン人女性で有意なプラスの値が得られた．

　これらの結果から，ブラジル人女性を除けば，単身者については居住期間の長期化に伴って，労働参加率が低下する傾向がみられる[25]一方，有配偶者についてはおおむね上昇する傾向が認められたといえよう．この背景には，外国人同士で結婚する中国人女性の場合には居住期間の長期化の中での共働きへの移行が進み，日本人と結婚するフィリピン人女性の場合には夫婦関係における女性の自律性の獲得が進むといったことが想定される[26]．

　以上の結果を要約すると以下の通りである．第一に，未婚の場合，外国人女性は日本人女性よりもむしろ高い労働参加率を示す傾向がある．また，学歴との関係では，低学歴層でより高い労働参加率を示す一方，高学歴層にお

いても外国人であることに対するペナルティはほぼ検出されなかった．しかし，結婚していたり，あるいは小さな子どもがいたりする場合，日本人女性と比べて労働参加率が低い傾向が見られたことは，彼女たちが日本人女性よりも家庭におけるケア役割を担うことが多い可能性を示すものといえよう．最後に，日本国内での居住期間が長期化することで，有配偶女性を中心に労働参加率の上昇がみられたことは，居住期間の長期化による彼女たちの日本のジェンダー関係へのより強い埋め込みといった事態はひとまず見られないことを意味するといえよう．

5-2 職業的地位達成に関する分析

(1) データ，及び方法

次に，職業的地位達成の状況について，上層ホワイトをベンチマークとした分析を行う（モデル2）．モデル2では，労働参加率に加え，外国人女性の職業的地位達成の状況を上層ホワイト（表5-1の経営・管理，及びタイプ1型，2型専門職）就業確率を推定することによって明らかにする．これは職業的地位の間に一元的な階層性が存在することを前提とした上で，それを要約する指標としての上層ホワイトという考えに基づくものである[27]．

$$\begin{aligned}UW_i =& \alpha + \sum_{e=1}^{3}\beta_{1,e} \cdot Edu_{i,e} + \sum_{m=1}^{2}\beta_{2,m} \cdot Mar_{i,m} \\ &+ \sum_{j=1}^{3}\beta_{3,j} \cdot Cz_{i,j} \\ &+ \sum_{j=1}^{3}\Big\{\sum_{e=1}^{3}\beta_{4,j,e}(Cz_{i,j} \cdot Edu_{i,e}) \\ &+ \sum_{m=1}^{2}\beta_{5,j,m}(Cz_{i,j} \cdot Mar_{i,m}) \\ &+ \beta_{6,j}(Cz_{i,j} \cdot JPH_i) + \beta_{7,j}(Cz_{i,j} \cdot LR_i)\Big\} + X_i' \cdot \beta_8 \end{aligned}$$

……（モデル2）

UW_i：個人iの上層ホワイトとしての就業確率（プロビット変換済み）
α：定数項
$Edu_{i,e}$：個人iの学歴e（小中学校卒，短大／高専卒，大学卒以上，レフ

第 II 部　移民の階層的地位に関する実証研究

　　　　　　ァレンス＝高校卒業）
　$Mar_{i,m}$：個人 i の配偶関係 m（有配偶，離死別，レファレンス＝未婚）
　$Cz_{i,j}$：個人 i の国籍 j（中国，フィリピン，ブラジル，レファレンス＝日本）
　JPH_i：個人 i の夫が日本国籍（レファレンス＝夫が日本国籍を持たない）
　LR_i：個人 i の 5 年前の居住地が日本（レファレンス＝5 年前の居住地が日本国外）
　X_i'：統制変数（年齢，年齢の二乗，居住都道府県，居住自治体の人口規模，居住調査区の人口集中度（DID 設定の有無），ベクトル形式）

　基本的な構成は労働参加率を推定するモデル 1 と共通である．まず，高い人的資本（学歴）を持っているほど，上層ホワイト就業確率が高くなると予想される．一方，職業達成を抑制するものとして，結婚，及び外国籍であることが考えられると同時に，さらにそれらの負の効果を促進するものとして居住期間の長期化による既存のジェンダー関係へのより一層の埋め込みの効果が見込まれる．

　労働参加に関するモデル 1 と異なり，直近の出生経験の有無を含めなかった[28]）のは，日本の労働市場において上層ホワイトに就くためには，同一組織での長期勤続が前提とされているため（濱口 2015），直近での出生経験の有無といった短期的な要因よりも，そのような経験もすべて包含するものとしての結婚経験の有無といった指標で代表させる方が適切であると考えたためである[29]）．

　また，先述したように，山口（2017）や中井（2009）によれば日本の労働市場において男女間には職業分離が見られ，女性は管理職や医師，弁護士，大学教授などより社会経済的地位の高い専門職に就く傾向が弱いことが明らかにされている．そのため，本研究では男女間の職業分離の影響を取り除くため，山口（2017）にならい，専門的・技術的職業従事者をタイプ 1 型専門職とタイプ 2 型専門職に分け，この内，管理的職業従事者＋タイプ 1 型専門職に就く確率を従属変数としたモデルを推定した（モデル 2′）．ジェンダー

化された日本の労働市場において，外国人女性が日本人女性と同様のジェンダー構造に埋め込まれているのであれば，モデル2とモデル2′の符号条件は変化しないと考えられる．

なお，職業的地位に関する推定は労働参加をしていない女性については観察することができないことから，就労の有無によるサンプルセレクションバイアスを除去するため，HeckProbit 推定（Van de Ven and Van Pragg 1981）を用いて，労働参加の有無と職業的地位の同時推定[30]を行う．

(2) 推定結果（職業的地位達成，モデル2）

推定結果によると（表5-10），日本人女性について，学歴が高いほど，高い上層ホワイト就業確率を示すこと，及び，有配偶者の間では同確率が低い傾向にあることが示され，いずれも事前の符号条件を満たしていることが確認された．

また，外国籍の係数はいずれも有意なマイナスの値を示しており，日本人女性と比べて，外国人女性の上層ホワイト就業確率が低いことが示された．外国籍と学歴の交互作用項を見ると，低学歴層（小中学校卒）における有意なプラスの値は得られなかった．また，高学歴層について見ると，中国籍×大学・大学院で有意なプラスの値が得られた以外は，すべてマイナスの結果となっている．

こうした結果から見えてくるのは，労働参加の場合と異なり，上層ホワイト就業については，低学歴層における self-selection 仮説は妥当しないといえよう．一方，高学歴層について見てみると，短大／高専卒で特に日本人女性との上層ホワイト就業確率のギャップが大きいことに気づく．これは短大を出て看護師に就くといったように，専門職に就く日本人女性の間でタイプ2型専門職に就く者が多いことを反映したものと考えられる[31]．また，日本人女性は大学卒業以上の学歴でも，小中学校の教諭などタイプ2型専門職に就くことが多く[32]，このことが高学歴層において日本人と外国人女性の上層ホワイト就業確率のギャップを生じさせている可能性が高い．つまり，こ

表 5-10 上層ホワイト就業に関する推定結果

従属変数：上層ホワイト就業	推定結果			
学歴（Ref.= 高卒）		ブラジル*小中学校	0.09	
小中学校	−0.20 ***	ブラジル*短大／高専	−0.69	**
短大／高専	1.04 ***	ブラジル*大学／大学院	−0.43	**
大学／大学院	1.27 ***			
		国籍*有配偶（夫外国籍）		
配偶関係		中国*有配偶	0.02	
有配偶	−0.13 ***	フィリピン*有配偶	−0.47	**
離死別	−0.03 ***	ブラジル*有配偶	0.12	
国籍（Ref.= 日本）		国籍*有配偶 * 夫日本人		
中国	−0.46 ***	中国*有配偶 * 夫日本人	−0.30	***
フィリピン	−0.36 **	フィリピン*有配偶*夫日本人	−0.31	*
ブラジル	−0.51 **	ブラジル*有配偶 * 夫日本人	0.09	
国籍*学歴		国籍*5 年前居住		
中国*小中学校	−0.30	中国*5 年前居住	0.16	*
中国*短大／高専	−0.44 ***	フィリピン*5 年前居住	0.38	**
中国*大学／大学院	0.18 *	ブラジル*5 年前居住	0.14	
フィリピン*小中学校	0.16	統制変数	省略	
フィリピン*短大／高専	−0.50 **	サンプルサイズ	2,245,482	
フィリピン*大学／大学院	−0.28 **			

注：* $p<0.05$, ** $p<0.01$, *** $p<0.001$. 推定に当たっては欠測値を除いた．使用したデータは外国人，日本人ともに抽出詳細集計用データ（ウェート調整済み）．
出所：筆者推定．

れは単なる人的資本の移転可能性の問題ではなく，背後に労働市場のジェンダー化された構造があると考えられる．

次に，外国籍と配偶関係の交互作用項を見ると，ブラジル人女性を除けば，有配偶女性の上層ホワイト就業確率は（日本人女性より）低い傾向が見られる．例えば，フィリピン人女性の場合，夫の国籍を問わず日本人女性よりも低い確率を示す．中国人女性の場合，外国人男性と結婚している場合には有意な差は見られないものの，日本人男性と結婚している場合，同確率は（日本人女性より）低くなる．一方，ブラジル人女性については，夫の国籍にか

かわらず，日本人女性との差は検出されなかった．これはブラジル人女性を除けば，外国人女性は職業的地位達成においてより強くジェンダーの影響を受けていることを示す．

最後に外国籍と5年前居住地との交互作用項を見ると，ブラジル国籍を除いて有意なプラスの結果を得ている．これは日本国内での居住期間の長期化により外国人女性の上層ホワイト就業確率が上昇する可能性があることを示す．

以上の結果によると，外国人女性は総じて，日本人女性よりも低い上層ホワイト就業確率を示すが，その差は高学歴者や，結婚やその後の育児・出産をしている女性の間でさらに大きい傾向が見られた．つまり，これは外国人の階層的地位がエスニシティとジェンダーによる「二重の障害」により相対的に低くなっている可能性を示すものと考えられる．

(3) 推定結果（職業的地位　モデル2'）

しかしながら，上記の分析はベンチマークにタイプ2型専門職を含んだものであり，日本人女性に固有のジェンダー化された職業分布の影響を強く受けるという問題をはらんでいる．日本人女性に固有のこうした職業分布のパターンはむしろ女性の職業的地位達成を妨げる可能性を持つことが明らかにされており（山口 2017），外国人女性の職業的地位について計測する上でそれを放置したままにすることは適切なものとは言い難い．

そのため，以下では上層ホワイトから日本人女性が就くことが多いタイプ2型専門職を外して分析を行うことで（モデル2'），こうした影響を取り除いた場合の日本人女性と外国人女性の職業的地位達成の構造がどのように異なるのかを明らかにする．

モデル2'の推定結果によると（表5-11），年齢，学歴，配偶関係の主効果に関する符号はモデル2と変わらないものの，外国籍，及び外国籍との交互作用項のほとんどについて有意な結果を得ることができなかった．わずかに高学歴中国人女性でプラスの値を，日本人と結婚する中国，フィリピン人女

第II部 移民の階層的地位に関する実証研究

表5-11 上層ホワイト就業（タイプ2型専門職を除く）に関する推定結果

従属変数：上層ホワイト就業	推定結果			推定結果	
学歴（Ref.＝高卒）			ブラジル*小中学校	0.24	
小中学校	−0.25	***	ブラジル*短大／高専	0.12	
短大／高専	0.30	***	ブラジル*大学／大学院	−0.12	
大学／大学院	0.96	***			
			国籍 * 有配偶（夫外国籍）		
配偶関係			中国*有配偶	0.08	
有配偶	−0.33	***	フィリピン*有配偶	−0.28	
離死別	−0.19	***	ブラジル*有配偶	0.16	
国籍（Ref.＝日本）			国籍*有配偶*夫日本人		
中国	−0.12		中国*有配偶*夫日本人	−0.43	***
フィリピン	0.26		フィリピン*有配偶*夫日本人	−0.33	*
ブラジル	−0.06		ブラジル*有配偶*夫日本人	0.09	
国籍*学歴			国籍*5年前居住		
中国*小中学校	0.13		中国*5年前居住	0.02	
中国*短大／高専	0.38	**	フィリピン*5年前居住	0.07	
中国*大学／大学院	0.57	***	ブラジル*5年前居住	0.11	
フィリピン*小中学校	0.19		統制変数	省略	
フィリピン*短大／高専	0.00		サンプルサイズ	2,173,456	
フィリピン*大学／大学院	−0.24				

注：* $p<0.05$, ** $p<0.01$, *** $p<0.001$. 推定に当たっては欠測値を除いた．使用したデータは外国人，日本人ともに抽出詳細集計用データ（ウェート調整済み）．
出所：筆者推定．

性の間でマイナスの結果を得ているのみである．これらの結果は，こうした一部の例外を除けば，上層ホワイトに就く確率について，日本人女性と外国人女性の大半の間に有意な差がないことを意味する．

こうしたことから，日本人女性に特有のジェンダー（職業分離）の影響を取り除けば，外国人女性は（日本人女性と比べて），特に不利な状況にあるわけではないといえる．それどころか，高学歴中国人女性に至っては，日本人女性よりも高い職業的地位達成をしている可能性さえ示されたことの意義は大きい．

これは外国人女性が日本の労働市場において，いわゆる「女性的」な仕事に就く傾向が弱いこと，つまり日本人女性のように労働市場のジェンダー化された構造に埋め込まれていないことを示すものである．

もちろん，モデル 2 では有意なプラスの値を示していた 5 年前居住地がモデル 2' では有意でなくなったことは，日本での居住期間の長期化に伴って外国人女性がタイプ 2 型専門職に就くようになっている可能性を示すものであり，これが今後，こうした状況を変化させる可能性に注意する必要があるだろう[33]．

6　日本における「二重の障害」仮説の妥当性

1990 年代以降の外国人人口の急増過程において，日本も国際移民に占める女性の割合が上昇する「移民の女性化」を経験してきたものの，外国人女性の社会的統合という観点に基づく研究はまれであった．一方，欧米の移民研究においては移民の階層的地位に注目した社会的同化理論に基づく研究が数多く行われると同時に，Morokvasic (1983, 84)，及び Boyd (1984) 以降，ジェンダーの視点の重要性が強調されてくる中で，移民女性の階層的地位に注目した研究が数多く行われてきた．

そこでは主に移民女性の移住過程自体がジェンダーの影響を強く受けているという構造論的視点をとりつつも，そこにおける階層的地位の変動に注目することで，移民女性の社会的統合の過程が，社会的同化理論を中心とした主流派の移民研究において想定されてきたよりもはるかに複雑であることを明らかにしてきたといえよう．特に移民女性は移民男性と比較して，移民であるということに加え，女性であるというジェンダーの影響を強く受けることから，その社会的統合に当たっては「二重の障害」(Boyd 1984: 1094) にさらされているという指摘が重要である．つまり，移民女性の社会的統合を論じるに当たっては，エスニシティとジェンダーの交錯する領域に注目する必要があるのである．

第 II 部　移民の階層的地位に関する実証研究

　本研究では以上の問題意識に基づき，日本における外国人女性の階層的地位について，ジェンダーとエスニシティの双方の観点から分析を行うことで，その社会的統合の状況，及び要因を明らかにすることを目指した．

　具体的には外国人女性の階層的地位は，移民であることと女性であることにより，日本人女性も低くなるという「二重の障害」仮説の検証を行った．また，同命題を検証するために以下の探究課題を設定した．第一に，外国人女性の階層的地位は日本人女性と比較してどのようなものか，世帯主，及び本人の職業的地位に基づいて検証を行った．第二に，日本における女性の階層的地位研究の文脈に沿って，特に結婚や出産，離婚といったライフイベントが外国人女性の労働参加に与える影響について明らかにした．第三に，外国人女性の職業分布がどの程度，ジェンダー化されたものであるかという点について検証した．第四に，主流派の移民研究において繰り返し明らかにされてきたように，人的資本の移転可能性が，学歴上昇の労働参加や職業的地位達成に与える影響はどのようなものかについて明らかにした．第五に，外国人女性の階層的地位が，日本での居住期間の長期化によりどの程度，変化するのかということを明らかにした．

　これらの探究課題について分析を行ったところ，以下の結果が得られた．第一に，移民女性の階層的地位を本人，及び世帯主の職業的地位に基づいて分析したところ，いずれの場合でもホワイトカラーが少なく，作業職が多い傾向や失業率や無職者の割合が大きい傾向を示し，平均的に見て日本人女性よりも低い階層的地位にあることが示された．

　また，夫婦間の学歴格差を見ると，外国人女性は日本人女性よりも下方婚の傾向を示しており，特にその外国人女性が高学歴である場合や，日本人男性と結婚している場合，その傾向は強いことが明らかにされた．こうしたことから，外国人女性は結婚によって階層的地位の上昇を経験していない可能性が高いことが示されたといえよう．

　第二に，本人の階層的地位に焦点を絞った分析を進めるため，年齢別に見た労働参加率の推移を見ると，フィリピン人女性は日本人女性よりも低い年

齢層で谷が見られるM字型カーブを示すものの，中国人女性やブラジル人女性ではいずれの年齢層においても日本人女性に見られるようなはっきりとしたM字型カーブは確認されなかった．しかしながら，配偶関係や未就学児の有無別に労働参加率の違いを見ると，外国人女性の間でも結婚や出産・育児をしていると，労働参加率が低い傾向にあり，特に日本人男性と結婚している場合にこうした傾向が強いことが明らかになった．

　第三に，外国人女性の職業分布を見ることで，外国人女性の就労状況がどの程度，ジェンダー化されているかを明らかにした．その結果，いずれの国籍でも日本人よりも男女間の職業分離の程度は小さいことや，外国人女性は日本人女性よりも，むしろ日本人男性に近い職業分布を示すことが明らかにされた．つまり，外国人女性の職業選択においては，日本の労働市場に特徴的なジェンダーの影響は小さい可能性が示された．

　以上の結果から得られた知見を，多変量解析によってさらに詳細に分析すると，労働参加について，未婚者の場合，外国人女性はむしろ日本人女性よりも高い労働参加の傾向が見られた．また，学歴の影響という点では，低学歴層で日本人女性と比べて高い労働参加率を示す一方，高学歴層において外国人であることのペナルティはほぼ検出されなかった．しかし，結婚していたり，あるいは小さな子どもがいたりする場合，日本人女性と比べて労働参加率が低い傾向が見られたことは，外国人女性が日本人女性よりも家庭におけるケア役割を担うことが多い可能性を示すものといえよう．また，5年前居住地に関する推定結果からは，居住期間の長期化による彼女たちの日本のジェンダー関係へのより強い埋め込みが進んでいないことが示された．

　第四に，職業的地位に注目した多変量解析を行ったところ，外国人女性は学歴が高くても，日本人女性よりも上層ホワイト就業確率が低いことや，結婚や育児・出産をしている場合，同確率はさらに低くなることが明らかにされた．その一方で，日本での居住期間の長期化により職業的地位が上昇することが示された．

　ここまでの結果に基づくならば，外国人女性の階層的地位の低さは外国人

図 5-5 本研究の探究課題の検証結果

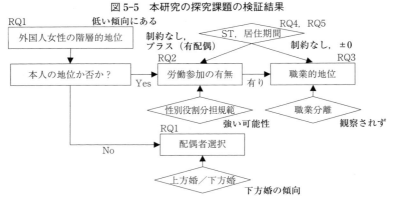

⇒現時点では「二重の障害」仮説は日本の経験に部分的にしか妥当せず．
出所：筆者作成．

であるがゆえに，その学歴上昇の効果が相対的に小さいことや，家庭における性別役割分担規範の影響をより強く受けていることに起因すると見ることもできるだろう．つまり，エスニシティとジェンダーの影響を同時に受けており，その意味で「二重の障害」仮説が妥当するといえる．

しかしながら，上層ホワイトから，日本人女性に多いタイプ 2 型専門職（看護師，教員など）を取り除き，職業分布における日本の労働市場に固有のジェンダーの影響を取り除くと，外国人女性は日本人女性と比べて必ずしも低い職業的地位達成にとどまっているわけではないことが明らかにされた．それどころか，高学歴中国人女性に至っては，日本人女性よりも高い職業的地位達成をしている可能性さえ示されたことは特筆すべきことである．これは外国人女性が日本の労働市場において，いわゆる「女性的」な仕事に就く傾向が弱い，つまり日本人女性のように労働市場のジェンダー化された構造に埋め込まれていないことを示すものである．

以上のことから，本研究の命題に掲げた「二重の障害」仮説は日本の経験には部分的にしか妥当しないといえよう（図 5-5）．なぜなら外国人女性と日本人女性の階層的地位の差を生んでいたものは，もっぱら本人，及び配偶者

の学歴が低いことや，有配偶者や未就学児を育てる外国人女性の間で労働参加率が低いことに限られ，労働市場における低い人的資本の移転可能性や，労働市場においていわゆる「女性的」な仕事に就くことが多いといった「二重の障害」仮説から予測される現象の多くが確認されなかったからである．むしろ，外国人女性は日本の労働市場に固有のジェンダー化された構造から「排除」されることで，かえってその職業的地位を高いものにする可能性すら見られたのである．

　もちろん，欧米先進国に限らず，一部の新興国や途上国においては，労働市場に家事労働者として流入した移民女性が，受け入れ社会のケア役割を代わりに担っていくことで，既存のジェンダー関係をある程度維持したまま，現地女性の社会進出を容易にしたことは，日本の今後のジェンダー関係の動向を考える上で非常に示唆的である．実際，最近，外国人家事労働者の受け入れが始まったことは，こうした動きが今後，日本でも本格化する可能性を示すものである．また，本研究の結果でも，日本での居住期間の長期化に伴って外国人女性がタイプ2型専門職（ヒューマンサービス系専門職）に就くようになっている可能性が明らかにされたことは，こうした変化の端緒となるともいえよう．

　よって今後の方向性を予測するにあたっては，こうした「排除」の構造が維持されるのかどうかが重要である．なぜなら，日本人女性が現在のジェンダー化された労働市場の構造から脱却し，その空隙を外国人女性が埋めるというような，他の国でみられるような現象が起きる場合，外国人女性の地位は現在の日本人女性のそれに近いパターンを示すであろう．しかしながら，もし日本人女性が現在の構造に埋め込まれたままである場合，外国人女性の階層的地位達成は日本人女性のそれを上回ることになるからである．この日本の労働市場に固有のジェンダー化された構造は，いわゆる日本的経営とも強固なつながりがあることから，その変化を予測することに当たっては日本の労働市場，及び日本社会におけるジェンダー関係一般を広く視野に入れる必要があるだろう．

第 II 部　移民の階層的地位に関する実証研究

　本研究は日本における外国人女性の階層的地位を包括的に検証することで，欧米の移民研究において注目されてきた「移民の女性化」，及び「再生産活動のグローバル化」といった理論的枠組みが日本の経験をどの程度説明するのかについてはじめて明らかにすることができた一方で，国勢調査を用いたこともあり，一般的な論点の検証にとどまったという限界を持つ．今後，個別調査等を通じて，本研究で示された各論点について，より掘り下げていくことが課題である．

　　　注
　　＊　本章において利用されている国勢調査（総務省 2003, 04a, b, 12, 13）を利用した集計，及び分析は統計法 33 条 1 号に基づき，総務省統計局より調査票情報の提供を受けて行ったものを含む．なお本研究は JSPS 科研費 17H04785 の助成を受けて行われた．
　1)　日本における国際結婚は 1980 年代後半から急増し，その内，日本人男性と外国人女性によるものが大半を占める形で現在に至っており，その際の外国人妻の送り出し国は中国，フィリピン，韓国・朝鮮，タイとアジア地域が大半を占めてきた．こうした背景には，例えば，1985 年に山形県旭町で始まった行政主導による農村部の「ヨメ不足」に対する結婚斡旋事業，あるいはフィリピン人エンターテイナーの流入による，日本人男性との結婚件数の増加といった現象があるとされている．「ヨメ不足」という言葉に象徴される外国人妻に期待されてきた役割（夫の身の回りの世話や「跡継ぎ」の出産）を考慮するならば，こうした現象は明らかに再生産労働のグローバル化の一端といえるであろう．
　2)　国家戦略特別区域法（平成二十五年十二月十三日法律第百七号）を参照．
　3)　しかしながら，オールドカマーである在日コリアンは戦後も 60-70 万人程度の人口規模で推移してきたことを鑑みるならば，やはり移民女性の階層的地位について論じてこなかったことは問題であるといわざるを得ない．
　4)　実際，鈴木（2009:30）は在留資格に定められた滞在期間を超過して滞在する非正規滞在者に対する否定的な見方を覆すために，あえて移民男性のみを分析対象としていることは，日本における移民研究の主流が移民男性を軸に行われてきたことを証明しているともいえる．
　5)　その結果，妻の夫婦収入に対する貢献度によって説明力の高いモデルが異なるという結果（赤川 2000）や，「伝統的アプローチ」と「優位者選択アプローチ」でほとんど差が見られないという結果が得られている（白波瀬 2000）．日本における移民女性の階層的地位を明らかにするにあたっては，こ

第5章　ジェンダーの視点から見た移民女性の階層的地位

のような視点を踏まえる必要があるだろう．
6)　例えば，嘉本（2008:43）は落合他（2007:311）を参照しつつ，「外国人花嫁」は「農村花嫁」としてきたのではなく，地方圏の長男の嫁不足の解消のために迎え入れられたのだとしている．またこうした背景には女性一般に見られる上方婚の選好があるとしている（嘉本 2008: 29-30）．
7)　滞日高学歴中国人女性について分析した坪谷（2008: 125-46）においては，男性に比べて女性は職業的地位の下降や無職となる可能性が高いことを示しつつ，その要因としては，日本的なジェンダー観への適応ではなく，むしろ日本滞在への将来的な見通しの欠如，及び現実的に条件に合う仕事が見つからないといったものを挙げている．
8)　FIH は労働経済学における留保賃金（Reservation Wage）仮説と基本的には同じ枠組みをとるが，留保賃金の決定に当たって，夫の人的資本への投資への期待値分だけ留保賃金が低くなるとする．これは例えば，夫が学歴水準に見合わない仕事をしていたとしても，それが日本社会での就労経験を通じて，将来的にもっと高い賃金の仕事に就けることが見込まれる場合，妻は自分も就労することで夫の就労を助けるといったような場合が想定される．
9)　本研究において，居住期間の長期化による社会的適応の効果は中長期的に変化しないと仮定した上で分析を行う．これは横断面データから本来，分析が困難なライフコース上の変化を予想する上で必要不可欠な仮定である．
10)　台湾を含む．
11)　在日コリアンを含む韓国・朝鮮籍人口については，その人口規模は大きいものの，国勢調査上でオールドカマーとニューカマーの識別が難しいため，本分析の対象から外した．
12)　なお，職業小分類を必要とする場合（職業分離，多変量解析）に限って，外国人女性についても抽出詳細集計用データを用いている．
13)　抽出詳細集計を用いた場合の外国人女性の人数は中国人女性 18,997 人，フィリピン人女性 9,862 人，ブラジル人女性 4,168 人である．
14)　労働参加とは労働市場への参入をしている状態であり，労働力状態としては，就労と失業からなる概念である．
15)　外国人女性の続き柄の構成は以下の通りである．日本人女性（世帯主または代表者 18.2%，世帯主の配偶者 57.9%，子 17.1%，子の配偶者 3.3%，その他 3.5%），中国人女性（世帯主または代表者 43.1%，世帯主の配偶者 46.9%，子 2.2%，子の配偶者 2.9%，その他 4.8%），フィリピン人女性（世帯主または代表者 20.8%，世帯主の配偶者 66.5%，子 2.1%，子の配偶者 5.5%，その他 5.1%），ブラジル人女性（世帯主または代表者 23.2%，世帯主の配偶者 60.1%，子 7.5%，子の配偶者 0.9%，その他 8.4%）．こうした結果からは，日本人女性と比べて，外国人女性の方が世帯主である割合が高いことがわかる．

16) これは日本人の男女の職業分布が一致するためには，男女いずれかの内，36.9%の人が現在とは別の職業に就く必要があることを意味する．
17) 夫の職業は従業上の地位と職業をもとに以下の分類に従った．上層ホワイト，正規雇用（上層ホワイトを除く），非正規雇用，自営（専門的・技術的職業を除く），失業，通学，家事，その他．これはおおむね，夫の恒常所得（Permanent Income）に比例すると考えられ，夫婦間の就労の代替性を検出できると考えられる．
18) 世帯の経済構成を表す指標としては夫の就業状態を用いた．具体的には経済水準（恒常所得）と可能な限り対応する様に，上層ホワイト（自営，非正規含む），正規雇用，非正規雇用，自営業，失業，家事，通学，その他に分けた．さらに住宅所有が妻の就業を促すことが指摘されている事から（岩間 2008: 121-2），住宅所有の有無を変数として用いた．
19) しかしながらこれはあくまで仮説であって，実際の研究では日本において女性の学歴が育児期の就業継続率を高めるという結果はほとんど得られていないとされる（西村 2014: 71-5）．
20) 結果表では省略．過去 0-1 年〜8-9 年までのそれぞれの期間における出生経験の係数は $-0.71^{***}, -0.54^{***}, -0.37^{***}, -0.17^{***}, -0.06^{***}, -0.02, -0.01, 0.02, 0.09^{***}, 0.13^{***}$ である．係数の右側のアスタリスクは $***p<0.001, ** p<0.01, * p<0.05$ を意味する．
21) なお，主な統制変数に関する結果について見ていく．居住都道府県，居住自治体の人口規模の結果はいずれも労働参加率は地方圏で高いことを示している．住宅所有は岩間（2008: 120-22）と同様，有意なプラスの結果を得た．夫の職業的地位に関する推定結果からは妻の労働参加が夫の職業的地位と代替的な関係にあることが示された．いずれの係数についても事前の符号条件を満たしている．
22) 性，配偶関係別の在留資格の構成はわからないものの，国籍別の在留資格の構成を見ると，中国人の場合，活動に基づく在留資格，及び身分に基づく在留資格が在留中国人全体に占める割合はそれぞれ 51.4%, 47.6% であるのに対して，フィリピン人の場合にはそれぞれ 11.0%, 85.3%, ブラジル人の場合にはそれぞれ 0.5%, 99.2% である．
23) 国勢調査における学歴はその取得地について明らかにしていない．しかし，高校以下の留学が限定的であることを考えると，高校卒業以下の場合，出身国で取得したと考えてよいだろう．また，短大／高専卒以上の場合，中国人の場合，日本の学校を出ている可能性が高いと考えられる反面，フィリピンやブラジル人の場合，留学生は非常に限られていることから，その可能性は低いといえる．
24) 推定結果は省略．
25) 単身者でマイナスの結果が得られるのは，self-selection の効果と思われる．

つまり就労を目的として来日する場合，就労が可能だったものだけが存在するため，労働参加率が高くなることは当然といえる．
26) 最初は日本語もわからなかったフィリピン人女性が，その後，ビジネスや社会的活動に積極的に関わるようになることについては，既存の外国人花嫁研究においても散見される（e.g. 武田 2011: 208）．
27) 本モデルの推定結果から上層ホワイト就業確率を予測し，その個人間の平均値を実際の職業的地位ごとに求めると，国際標準職業分類（ISCO）で想定されるスキルレベルや職業威信スコア（都築他 1998: 231-6）とおおむね相関する結果が得られる．よって，こうした前提を置くことは妥当であるといえる．
28) 本研究では出生経験の有無を 0-9 歳の同居児の有無によって判定していることから，年齢が高くなると離家の影響もあり，出生経験の有無を正確に測定することは難しくなることも理由として挙げられる．それよりも結婚経験の有無でまとめて代表させる方が結果的に推定上のバイアスも小さくなると思われる．
29) 実際，岩間（2008: 120-22）は若年層では未就学児を持つことは出生を抑制するものの，年齢の高い層ではむしろ就労を促進するとしている．
30) 労働参加の有無の推定にあたっては，基本的にモデル 1 と同様のものを用いている．
31) 本研究で用いた分析対象とした専門的・技術的職業に就く日本人女性の内，28.5% が看護師である．
32) 本研究で用いた分析対象とした専門的・技術的職業に就く日本人女性の内，13.1% が幼稚園，小学校，中学校，高等学校，及び特別支援学校教員である．
33) 本研究で分析対象としたタイプ 2 型専門職に就く外国人女性の職業構成を見ると，中国人女性，及びフィリピン人女性のそれぞれ 7.9%，6.3% が看護師に就いている他，フィリピン人女性の 2.1%，2.0% がそれぞれ保育士，及び小学校教員に就いている．全体的に外国人女性は国家資格を有する職に就くことは依然として少ないといえる．

第6章 移民第二世代の教育達成に見る階層的地位の世代間移動*
―― 高校在学率に注目した分析

　日本の移民研究では1990年代以降，外国籍人口の急増に伴い，移民第二世代の教育問題が注目されてきている．これは，社会的統合を重視する欧米の移民研究において特に重視されてきた論点であり，同論点の検証に当たっては，移民第二世代が学校で実際に経験する困難さだけではなく，親の階層的地位や家族類型に注目する「分節化された同化理論」など，広く社会構造との関連を視野に入れた分析枠組みが用いられてきた．

　しかしながら，日本では移民第二世代の学校文化への適応に焦点を当てた臨床的なアプローチは数多く行われてきたものの，複数の移民集団に横断的な教育達成の状況やその要因についてナショナルレベルのデータから明らかにした研究はまれであった．また，その際，「分節化された同化理論」が想定するように，親世代の階層的地位や家族形態など，広く社会構造との関係に注目した研究は少なかったといえよう．

　こうした状況を受け，本研究では国勢調査の個票データを用いて，母親の国籍別に見た子どもの高校在学率に焦点を当てた研究を行うことで，移民第二世代の教育達成の状況とその要因について明らかにした．また，「分節化された同化理論」に基づくことで，移民第一世代と第二世代の階層的地位の世代間移動に注目した分析を行う．

　その結果，外国籍の母を持つ子どもの場合，日本人の母を持つ場合と比較してその高校在学率は低い傾向にあるものの，それは移民第二世代一般に見られる傾向であり，親世代での階層的地位や家族形態といった要因と子どもの高校在学との結びつきは相対的に弱いことが示された．つまり，「分節化された同化理論」は日本には妥当しない可能性が高いといえる．その一方で，移民の低い教育達成は，子ども自身の日本国内での居住期間の長期化に伴う日本社会への適応によって自然と解消する可能性が低いことも示された．これは多言語での情報提供や日本語教室など教育現場に対する今後のより一層の政策的支援の必要性を示すものである．

第 II 部　移民の階層的地位に関する実証研究

1　移民第二世代の教育達成の重要性

1-1　問題の所在

　1990 年代以降の外国籍人口の急増に伴い，日本では国際移動を経験した移民第一世代の定住化プロセスに注目した研究が数多く行われてきた．しかし近年，外国人の日本国内での居住期間が長期化したことに伴い，これらの研究の関心は外国人の子どもの教育問題へと広がりつつある（e.g. 宮島・太田 2005）．更に，こうした関心は，研究者の間だけではなく，行政や教育の現場においても，共有されているものであるといえよう（e.g. 外国人集住都市会議 2012）．実際，文部科学省では 1992 年度から，日本語指導等，特別な配慮を要する児童生徒に対応した教員を配置するため，「外国人児童生徒・帰国児童生徒」の日本語指導等に対応した教員定数の特例加算を行いその給与等を国庫負担している．また，2001 年度からは，国によって第二言語としての日本語（JSL）カリキュラムの開発が行われている．こうしたことは，外国人の子どもの教育問題への関心の高まり，及び広がりを示すものといってよいだろう（文部科学省 2014a）．

　こうしたことの背景には，日本の教育現場におけるニューカマー外国人の子ども（移民第二世代[1]）の増加現象がある．文部科学省の調査結果によると，日本の小学校から高校までの教育課程に在籍する外国籍を持つ児童生徒の中で日本語指導が必要な者は，1997 年度の 17,296 人から 2016 年度の 34,335 人まで増加したとされる[2]．また，日本語指導を必要とする児童生徒の母語の内訳を見ると，ポルトガル語，中国語，フィリピノ語，スペイン語，あるいはベトナム語といった言語が多くを占めており，1990 年代以降のニューカマー移民の増加を受けて，その子どもたちが増加したことを示している（文部科学省 2017）．

　海外における移民研究に目を向けると，移民第二世代の教育達成は移民受

け入れから約20-30年後に急速に顕在化する問題であることがわかる[3]．例えば，1965年の移民法改正以降，新たな移民の急増を経験した米国（e.g. Portes and Zhou 1993），あるいは1960年代に外国人労働者を受け入れた西欧諸国における研究（e.g. Crul and Vermeulen 2003）が代表的なものとして挙げられる．それに加え，近年では，日本と同時期に移民受け入れ国に転じた南欧諸国においても，同様の論点に基づいた研究が見られるようになりつつある．こうした論点の変遷は，いうまでもなく，移民の定住化が進む中で，子どもが生まれ，やがて学齢期に達することに伴うものである．

確かに，移民第二世代の教育達成はその後の労働市場への参入，及びそこでの地位達成を通じて，移民第二世代の階層的地位を決定する主な要因となる．特に，親である移民第一世代の階層的地位がその子どもである第二世代の教育達成にどのような影響を与えるかは，米国の社会的同化理論を始めとして，移民の社会的統合を重視するアプローチにおいて最も重視されてきた論点の一つである．

その一方で，この分野における研究は，数少ない例外を除けば，日本ではほとんど行われてこなかった．わずかな例外としては，教育社会学において臨床的なアプローチが行われてきたものの，それらの研究の対象は特定の学校／地域に限定されており，ナショナルレベルのデータを用いて，複数の移民集団に横断的な状況を明らかにしたものではなかった．また，階層的地位の世代間移動に注目するといった，分節化された同化理論のように広く社会構造との関連を問う研究も少ない．そのため，こうした研究から得られる知見は，学校内部で起こる現象を対象とした議論にとどまりやすいという限界を持つ．

以上のような経緯を踏まえ，本章では，日本における外国人第二世代の教育達成の内，特に高等学校への在学（以下，高校在学と表記）[4]に焦点を当てた分析を行う．その理由は，外国人第二世代の義務教育段階での就学率に日本人との大きな差が見られない一方，高校進学率には大きな格差があることが注目されており[5]，このことが今後，大学進学も含めた彼／彼女らの今後

の階層的地位達成を妨げる主要因となると考えられるからである．また，その際，分節化された同化理論を援用することで，親の学歴に代表される階層的地位が子ども自身のジェンダーや家族形態といった要因と相まって，子どもの教育達成にどのような影響を与えるかという視点に基づいた分析を行う．これは，欧米の移民研究と同様，階層的地位の世代間移動の観点から移民第二世代の教育達成を明らかにすることを意味するものである．

2 先行研究の検討

2-1 伝統的移民国における研究の展開

　第二世代以降の移民の教育達成について，最も研究の蓄積が多く見られるのは，米国，カナダ，オーストラリアなどの古典的移民国においてである．特に，「社会的同化理論」（Social Assimilation Theory），及びその派生形としての「分節化された同化理論」（Segmented Assimilation Theory）（Portes and Rumbaut 2001＝2014）による分析が多く見られるのが特徴である[6]．

　近年では，Haller et al.（2011）が，移民第二世代に関するパネルデータを構築し，分節化された同化理論がメキシコ系，あるいはカリブ系移民に妥当するような状況が見られることを明らかにしている．一方で，同研究は親の社会経済的地位が高い場合，その子どもたちは米国社会の中間層へスムーズに同化しているといった移民グループ間の差異も明らかにしつつ，そうした差異を説明するのは，親の学歴等に代表される階層的地位の違いに加え，編入様式であることを指摘している．これは，センサスの個票データのような横断面データを使った分析で繰り返し明らかにされてきたことを（e.g. Hirschman 2001），再確認したものといえよう．また，近年では米国において，移民人口の地理的拡散が見られ，これまで移民を受け入れてこなかった地域における移民第二世代の教育達成が注目される等（e.g. Fischer 2010），新たな展開も見られる．

しかし，これらの研究は米国の経験に基づいたものであり，米国の移民受け入れの歴史，そして受け入れ社会の特徴を強く反映したものとなっている点には注意が必要である．例えば，Vermeulen（2010）は同理論を欧州の事例に応用すること自体を妥当としつつも，欧州における「直線的な同化」（straight-line assimilation）に関する関心の低さ，欧州社会におけるアンダークラス文化（あるいはアンダークラスそのもの）の有無，そして分節化された同化パターンの永続性について疑問を投げかけている[7]．この点については，Thomson and Crul（2007），あるいはこの種の比較研究の嚆矢ともいえる Crul and Vermeulen（2003）においても，欧州の経験が米国固有の特徴に根差す同理論の特性と合致しないことを指摘している[8]．

その一方で，分節化された同化理論，及びそれに基づく分析枠組みは，移民の同化／社会的統合に関する研究分野で，現状において最も包括的な分析枠組みと評価されている[9]（Vermeulen 2010）．事実，米国だけではなく多くの国において，移民の同化／社会的統合について議論する際にも，これらの理論，そして分析枠組みが利用されているのが現状である（Thomson and Crul 2007: 1032）．これは同理論の射程が，単に子どもの教育達成ではなく，移民の階層的地位の世代間移動という，広く社会構造との関連を含んでいる点が評価されたためと考えられる．以下では，欧州における研究の状況について見ていきたい．

2-2　欧州の経験への応用

欧州では，移民第二世代の教育達成に関する研究が行われるようになったのは 1990 年代以降とされ（Crul and Vermeulen 2003: 966），主に戦後，欧州に外国人労働者として移動してきた移民第二世代に関する研究として始まった．

例えば，移民第二世代の教育達成について，欧州の複数の国について比較を行った研究では，分節化された同化理論を明示的に採用するかどうかにかかわらず，移民第二世代の教育達成と親の階層的地位の相関関係に焦点があ

てられた研究が多くみられ，その結果，両者は強く相関する傾向にあることが明らかにされている（e. g. Dustmann et al. 2012, Schnepf 2007, Heath et al. 2008, Dronkers and Fleischmann 2008）．また，それに加え，移民第二世代の言語習得がその教育達成に最も強い影響を及ぼすこと（Dustmann et al. 2012），出身国の教育達成の平均的水準や，宗教が強い影響を及ぼすこと（Dronkers and Fleischmann 2008）といったことが明らかにされている．また，国際比較の結果，英語圏，あるいはアングロサクソン系の国の方が，大陸ヨーロッパ諸国に比較して，移民第二世代の教育達成に対する親の階層的地位の影響が少ないという結果が得られている（Schnepf 2007, Dustmann et al. 2012）．

更に，国別の結果について見ていきたい．ドイツではトルコ系移民を中心に，現地人と比較した移民第二世代の教育達成の低さが指摘されてきている．この理由としては，両親の学歴を始めとした階層的地位の低さが要因であることが繰り返し指摘されてきている（e. g. Luthra 2010, Kristen and Nadia 2007, Riphahn 2005, 2003）．その一方で，近年では一部の移民は現地人よりも高い教育達成を示していることが明らかにされており，分節化された同化理論は当てはまらないとする研究も見られる（Luthra 2010）．

フランスでは，主に北アフリカの旧植民地諸国からの移民第二世代の教育達成について研究が行われてきた．この点について，Silberman et al.（2007）は，フランスでは米国社会と異なり，アンダークラスの層が薄いこと，身体的差異よりも宗教的差異の方が重要であること，インナーシティの位置づけといった都市構造が異なることを以て，分節化された同化理論をそのままの形でフランス社会へ適用することは困難であると指摘している．同様に，オランダ（e. g. Graaf and Zenderen 2009）においても，分節化された同化理論の検証が行われ，オランダでは移民第二世代の下方移動は見られないものの，異なる形での移民の社会的排除について明らかにする必要性を指摘されている．

また，必ずしも分節化された同化理論には言及していないものの，スウェ

ーデン (e. g. Jonsson and Rudolphi 2011, Bygren and Szulkin 2010), デンマーク (e. g. Jakobsen 2003), スイス (e. g. Bauer and Riphahn 2007) といった国々において，移民第二世代の教育達成について研究を行い，親の学歴，言語習得の重要性などが，他の研究と同様，重要な影響をもたらすことが示されている．

また，近年では Alba and Foner (2015) が，欧米主要6か国の教育制度を教育内容の標準化 (standardization) と教育制度の階層化 (stratification) の観点から分類し，それぞれの移民第二世代の教育達成への影響を分析しており，教育内容の標準化の程度が非常に低い場合や早い段階での選抜が行われる場合，移民第二世代の教育達成が低くなる可能性を指摘している．

以上のことから，移民第二世代の教育達成を明らかにするにあたって，米国における研究の影響が大きいこと，そしてその実証面での妥当性については，否定的な結論が得られる場合も多いものの，移民第二世代の教育達成を広く階層論的な視点から見るという分析枠組みの妥当性自体はおおむね肯定されていることが明らかになったといえよう．また，第3章で確認したように，分節化された同化理論と新しい同化理論の間には理論的差異はほとんどないといって良いものの，もともと分節化された同化理論が移民第二世代の社会的同化の分析から始まったこともあり，この分野の研究では分節化された同化理論を理論的枠組みとして採用する研究が非常に多いといえる．最後に，国際比較の視点は，よりマクロな編入様式の影響を明らかにする上で有効といえるだろう．

以下では，こうしたことを踏まえ，日本における状況を整理したい．

2-3 新しい移民国，そして日本への応用

第3章で見てきたように，移民第二世代の教育達成については，日本では教育現場の問題として認識され始めたという経緯もあり，主に教育社会学の分野での研究が多くみられる．代表的なものとしては，清水 (2006), 児島 (2006) などが挙げられる．それらの研究では主に臨床的なアプローチがと

られ，ニューカマー移民の子どもが日本の学校文化に対してどのように適応しているのか/いないのかといった観点から研究が行われてきた．

そこで明らかにされてきたのは以下のような点である．第一に，ニューカマー移民の子どもの教育達成においては，外国人親が子どもの教育に対してとる態度が重要であるとしつつも，実際には外国人親が学校側の提供する教育に対して批判的な態度をとることはまれであり，適応過程における具体的な問題の解決は子どもたち自身に委ねられていること．第二に，教師の側では移民第二世代たちが抱える個別具体的な問題について対処しつつも，移民であるという構造的な問題にまでは触れようとしないことから，彼/彼女らが初期の適応過程を経た後は必ずしも十分な支援が行われず，そのことがその後，新たな課題の乗り越えに当たって，彼/彼女らがエスニシティを顕在化させ，学校文化への反抗的な態度をとるという移民第二世代に特有の問題を生じさせているといったこと等である．

これらの研究で観察されたのは，「分節化された同化理論」(Portes and Rumbaut 2001＝2014) における不協和型文化変容にほぼ一致する現象であるといえる．しかし，これらの研究の主要な問題関心は，臨床的なものに限られ，社会構造との関連も視野に入れつつ移民第二世代の教育達成の状況と要因を明らかにするという研究とはなっていないという限界を持つ（鍛治 2007）．

こうした中，数は少ないながらも，欧米の研究の蓄積を踏まえ，移民第二世代全般の教育達成の状況について階層論的視座に基づいて明らかにしたものとしては，鍛治（2007），Chitose（2008），是川（2012, 17, 18c），Takenoshita et al.（2013），石田（2017），Ishida et al.（2016）などが挙げられる．

これらの研究からは，欧米と同様，日本でも移民第二世代の教育達成は日本人の子どもと比べて低くとどまりがちであり，その背景には不協和型文化変容の存在が認められること，及び個々の教育達成の程度は子ども自身の日本での居住期間が長くなることや親の階層的地位といった要因によって左右されることが示されたといえるだろう．

一方で，日本の教育制度が国際的に見た場合に持つ特徴を踏まえた研究はまだ少ない．例えば日本では高校進学が事実上，義務教育の延長と位置付けられる一方で，高校進学にあたっては入試があると同時に，高校間の学力差も非常に大きいという特徴を有する．こうした特徴が日本における移民第二世代の教育達成に与える影響について明確に論じた研究はまだ少ないといえる．

また，Chitose（2008），是川（2012, 17, 18c）や Takenoshita et al.（2013）といった研究の成果によれば，分節化された同化理論を日本の経験に適用することは十分可能といってよいだろう．しかしながら，本研究のように，全国的なデータを用いて複数の移民集団に横断的な形で，「分節化された同化理論」の検証を試みた研究は依然として少ないのが現状であるといえよう．

3 本研究の命題と探究課題

これらを踏まえ，本研究では分節化された同化理論に基づき，子どもの教育達成について以下の命題の検証を行う．

> 命題： 少なくとも両親のいずれかに外国籍の親を持つ子どもの教育達成は，日本人を両親に持つ場合と比較して低くなる傾向が見られる．また，その程度は両親の人的資本，家族形態，本人のジェンダー，及び日本での居住期間などによって異なり，特に日本人を両親に持つ場合と比較して，親の階層的地位や家族形態の影響をより強く受けるようになる．

ここで想定されているのは，Portes and Rumbaut（2001＝2014: 128-38）による以下のメカニズムである．移民を少なくとも両親のいずれかに持つ子どもは，日本人を両親（あるいはひとり親世帯の場合には母親）に持つ場合と異なる言語的，文化的な背景を持っていると想定され，その結果，学校での教

育達成において様々な葛藤を経験していると考えられる．例えば，日本語以外を母語とすることだけではなく，親の出身国とは異なる文化的規範やライフコース，または両親の今後の日本での滞在の見通しによる日本社会へのコミットメントの強弱といったことが子どもたちの学校教育への適応の程度やその意思に大きく影響を及ぼすと予想される．

　こうしたことから生じる様々な葛藤を乗り越えられるかどうかは，主に親の子どもに対する指導，助言に大きく依存しており，親からの適切な指導，助言が得られるならば，子どもは自らの目標を設定し，それに向かって努力していくであろうし，それが十分でなければ学校で何らかの障害に出会った時に十分に対処できないことも考えられる．

　このような親からの指導，助言の有無を左右すると考えられるのは，親の人的資本，及び家族形態である．高い学歴など十分な人的資本を有している親は子どもを取り巻く環境に存在する機会や落とし穴に関する多くの情報を手にしていると同時に，多くの場合高い収入を得ているため，私立学校の教育，あるいは家族のきずなを強化するための故国への旅行といった手段をとりやすいという特徴が見られるとされる．

　ひとり親かどうかということも，こうした資源の有無に大きな影響を及ぼす．移民家庭はしばしば両親の離婚やあるいは別居という形態をとることも珍しくなく，そうした状況は子どもへの指導，助言の量を減少させることとなる．また，きょうだいが多いということも，両親の十分な目が子どもたちに行きわたらない可能性を高めることになるだろう．

　本人のジェンダーも重要である．概して，娘の場合，あまり自主性を持たないようにしつけられ，親の保護をより多く受けて育てられる傾向があるため，親からの影響を強く受ける傾向が強いとされる．また，伝統的な移民家族では，息子は家庭外での様々な活動で抜きんでるように奨励されるが，娘は母や主婦になるよう育てられることが多いとされる．

　これに加え，学校や地域社会など家庭外の社会環境も大きな影響を及ぼすと考えられている．階層的地位が高く社会経済的資源のある同胞が近くにい

て，互いに助け合うことができるならば，子どもたちは家庭内で得られるこうした資源をコミュニティレベルでも得ることができる．これは受け入れ社会のその移民グループに対する態度，つまり編入様式が好意的か中立的か敵対的かに大きく左右される．つまり，好意的であればその集団はよりよい雇用機会へのアクセスなどを通じてより多くの社会経済的資源を有しているであろうし，敵対的であれば最悪，合法的な滞在資格すら得られないなど，受け入れ社会での活動は大きく制約されてしまうことになる．

以上を踏まえ，本研究では以下の探求課題に沿って分析を行う．なお，特に断りのない限り，これらの探求課題は，外国籍の母を持つ子どもの高校在学率に関する問いであり，その際の比較対象は日本人を母とする子どもの高校在学率である．

なお，子の国籍ではなく親の国籍に注目した理由は，日本における移民第二世代の多くは両親のいずれかに日本国籍の親を持つ子どもであり，本人の国籍は日本であることが多いためである．また，その内，特に母の国籍に注目するのは，日本において両親のいずれかに外国籍の親を持つ子の内の多くは父の国籍にかかわらず外国人女性を母とする者であり，父外国籍-母日本人という組み合わせのものは少ないことによる[10]．

① 外国籍の母を持つ場合，日本人の母を持つ場合と比べて，高校在学率は低いのか？　また，母が外国籍であっても父が日本人であれば，こうした状況に変化は見られるのか？
② 外国籍の母を持つ場合，日本人の母を持つ場合と比べて，母親の学歴間に見られる高校在学率の差はより大きいのか？
③ 外国籍の母を持つ場合，日本人の母を持つ場合と比べて，男女間に見られる高校在学率の差はより大きいのか？
④ 外国籍の母を持つ場合，日本人の母を持つ場合と比べて，きょうだい数が多いほど，その高校在学率は低い傾向が見られるのか？
⑤ 外国籍の母を持つ場合，日本人の母を持つ場合と比べて，母子世帯と

ふた親世帯の間に見られる子どもの高校在学率の差はより大きいのか？
⑥　外国籍の母を持つ子どもの間では，子ども自身の日本での居住期間が長いほうが，高校在学率は高いのか？

　探求課題1は外国籍の母を持つ子どもと日本人の母を持つ子どもの高校在学率の差を明らかにするためのものであり，これ以降の全ての探求課題の出発点となるものである．また，以下の各問いにも共通するが，特定の変数に関する母の国籍間に見られる高校在学率の差を見ることで，編入様式の高校在学率への影響を明らかにすることができると考える．
　探求課題2は母の学歴間に見られる高校在学率の差が，日本人の母を持つ場合と比較して大きいのかどうかについて明らかにする．一般的に親の学歴が高い方が子どもの教育達成は高いと考えられるが，先述したように外国人家庭の場合，親からの指導，助言が果たす役割は，日本人を母とする場合よりも大きいと考えられる[11]．親の学歴はその動員可能な経済的資源，あるいは日本語能力や日本社会への適応能力などを大きく規定するものであり，母の学歴間に見られる高校在学率の差は，日本人の母を持つ場合よりも大きいと考えられる．
　探求課題3はジェンダーに関するものである．日本に居住する移民の多くはアジア系であり，女性を家庭に押しとどめようとする力はより大きいと考えられることから，日本人を母に持つ場合よりもジェンダー間に見られる高校在学率の違いが大きくなると予想される．
　探求課題4，5は家族構造に関するものであり，親の指導，助言がより大きな役割を果たすと考えられる移民家庭では片親の欠如やきょうだいが多いと，日本人の母を持つ場合と比べて高校在学率はより低い傾向が見られると予想される．
　探求課題6は外国籍の母を持つ子どもの社会的適応の状況を見るための問いである．先述したように，分節化された同化理論の示すところによれば，居住期間の長期化は編入様式によって，プラスにもマイナスにもなりうる．こ

の問いは，この点について確認するものである．

4　記述統計による分析

4-1　データ，及び方法

　本研究で用いるデータセットは，2010年，及び2000年の国勢調査の個票データであり，日本に居住する外国籍の親を持つ子[12]の内，母の国籍が中国，フィリピン，ブラジルである者の全数である[13]．なお，外国籍人口の内，国勢調査の調査対象となっているのは，日本に3か月以上にわたって住んでいるか，住むことになっている者であり，①外国政府の外交使節団・領事機関の構成員（随員を含む．）及びその家族，②外国軍隊の軍人・軍属及びその家族を除く者とされている．

　これらに加え，日本の総人口10%の抽出標本の内，両親を日本国籍とする者，及び母子世帯（母−日本国籍）に属する者を比較のためのベンチマークとして用いる[14]．子どもの高校在学について見る際には月齢で見て187か月から222か月[15]の者，小中学校への在学について見る場合には月齢で見て79-186か月の者とした．分析対象とする母の国籍は人口規模，及び分析結果を解釈する上で参照可能な先行研究が一定程度ある中国，フィリピン，及びブラジルに限定した．

　在学率を求めるに当たっては，それぞれの学齢期ごとに以下の式によって求めた．これは，その教育課程に潜在的に在学しうる層を分母とし，実際にその教育課程に在学している者を分子としたものである．よって，当該教育課程を卒業した者，より上位の教育課程に在学している者については分母にも分子にも含まれない．また，個々人の在学の有無を判定する際には，それぞれの式の分母に相当する人を判定の対象とし，その内，分子に相当する人を在学中とみなし，それ以外を在学していないとみなした．

小中学校在学率（月齢 79-186 か月）

$$在学率 = \frac{小中学校在学者}{小中学校在学者 + 未就学者} \quad \cdots\cdots(1)$$

高校在学率（月齢 187-222 か月）

$$在学率 = \frac{高校・高専在学者}{高校・高専在学者 + 小中学校在学者 + 未就学者} \quad \cdots\cdots(2)$$

4-2 社会人口学的特徴

　移民第二世代の教育達成，及びその背景について記述統計を中心に見ていきたい．学齢期別に外国籍の母を持つ子[16]の人口規模，及びその構成割合を見ると（図 6-1 左），未就学児から高校学齢期までの子の人口は 296,375 人であり，この内，高校学齢期にあたるのは全体の 13% にあたる 37,926 人である．更に，高校学齢期にある子どもの母の国籍別内訳をみると（図 6-1 右），フィリピン国籍が最多を占め，中国，ブラジル，そしてその他と続く．

4-3 子どもの教育達成の状況とその背景

　これらを踏まえ，子どもの教育達成について図 6-2 により見ていきたい．

図 6-1　学齢期別に見た外国籍の母を持つ子どもの人口規模，及びその割合

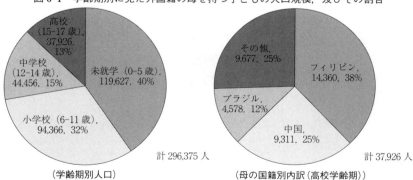

（学齢期別人口）　　　　　　　　　（母の国籍別内訳（高校学齢期））

出所：国勢調査個票データ（平成 22 年）より再集計．

同図は子どもの年齢別に見た，各教育課程への在籍状況を示したものである．その結果，義務教育段階の子どもは外国籍の母を持っていても，一貫して高い在学率を示す一方，外国籍の母を持つ子どもの高校以降の在学率は日本人の母を持つ子どもより低いだけではなく，高校学齢期になっても引き続き義務教育課程に在学する子どももいるなど，進学に当たって困難を抱えていることがわかる．特に母-ブラジル国籍の場合に，高校在学率が低い．また，母-フィリピン国籍の場合，年齢が上がるほど，高校在学率が低下することが見て取れる．これは，フィリピン人母を持つ子どもの高校中退率が高いことを予想させる結果である．なお，男女ごとの違いを見ると（表6-1），母が日本人の場合，わずかではあるが女性の方が高い高校在学率を示しており，この傾向は外国籍の母を持つ子どもでも変わらない．

　こうした差異の背景を探るうえで，両親の学歴について見ることは重要である．父母の国籍別の学歴構成を見ると（図6-3），ブラジルを除くすべての国籍で大学／大学院卒業者の割合が日本人と同程度かそれ以上であることがわかる．その一方で，父母が外国籍の場合，小中学校卒業者の割合も大きく，学歴の二極化が起きていることが見て取れる．その結果，平均教育年数で見ると，外国籍の親はいずれの場合も，日本人より低い学歴を示すこととなる．具体的には，父母が中国籍の場合，学歴はそれぞれ父13.4年（父），12.6年（母）と，日本人の父母のそれに最も近い．また，父-フィリピン国籍の場合，その学歴は13.0年と父-中国籍の場合に次ぐ高さである一方，父-ブラジル国籍の場合にはその学歴は11.6年と全ての国籍の父の中で最も低い．母の場合も同様で，母-フィリピン国籍の場合12.4年と母-中国籍の場合に次ぐものの，母-ブラジル国籍の場合には11.8年と低い．

　家族形態は家庭内においてその子どもの教育に振り向けられる資源の量を決定する等，子どもの高校在学に大きな影響を及ぼすと考えられる．特に，ひとり親世帯においては外国人に限らず，高校進学を始めとした教育達成の機会が制限されていることが問題にされてきた（阿部2008: 167-70）．

　この点について，母の国籍ごとにひとり親世帯に属する子どもの割合を見

第II部　移民の階層的地位に関する実証研究

表6-1　母の国籍別に見た子どもの高校在学率（男女別）

母の国籍	男性	女性
中　国	86.9%	88.4%
フィリピン	85.5%	87.1%
ブラジル	74.4%	77.4%
日　本	96.0%	96.5%

出所：国勢調査個票データ（平成22年）より筆者算出.

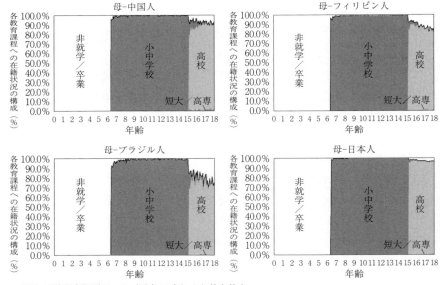

図6-2　母の国籍別に見た子どもの年齢別在学状況内訳

出所：国勢調査個票データ（平成22年）より筆者算出.

ると（表6-2），母-フィリピン国籍の場合，母-日本国籍の場合よりも高い母子世帯割合を示すことがわかる．これは，フィリピン人女性の間で，日本人男性との間に子どもをもうけたものの，その後，その多くが離婚して貧困に陥ることが指摘されていることと整合的である（高畑 2003: 261）．

更に，きょうだい数の平均を見ると（表6-3），母-フィリピン国籍，母-ブ

第6章 移民第二世代の教育達成に見る階層的地位の世代間移動

図6-3 父母の国籍別に見た学歴構成

母学歴

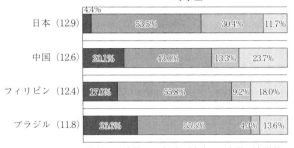

父学歴

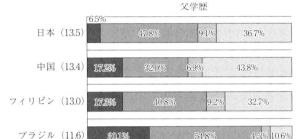

注：国籍右側のカッコ内は平均教育年数．教育年数は小中学校9年，高校12年，短大／高専14年，大学／大学院16年として加重平均を求めたもの．なお，フィリピンの教育制度では6-4-4制をとるため大学を卒業していても実際の教育期間は日本の大学卒業者よりも短くなるが，ここでは相対的な教育水準を示すものであるため，便宜的に日本の場合と同じ変数で算出している．
出所：国勢調査個票データ（平成22年）より筆者算出．

ラジル国籍である場合，それぞれ1.00人，0.88人と母-日本国籍（0.78人）よりも，大きな値を示す．一方，母-中国籍の場合，0.52人と非常に少ない．

最後に，日本社会への適応の程度を大きく左右する日本での居住歴を見ると（表6-4），外国籍の親を持つ子どもの内，約80％以上が5年以上の居住歴を持っていることがわかる．

表 6-2 母の国籍別に見たひとり親世帯に属する子どもの割合

母の国籍	母子世帯割合
中　国	8.1%
フィリピン	13.8%
ブラジル	8.7%
日　本	10.1%

出所：国勢調査個票データ（平成 22 年）より筆者算出.

表 6-3 母の国籍別に見た子どもの平均きょうだい数（人）

母の国籍	平均きょうだい数(人)
中　国	0.52
フィリピン	1.00
ブラジル	0.88
日　本	0.78

注：対象としたのは高校学齢期以下の子ども.
出所：国勢調査個票データ（平成 22 年）より筆者算出.

表 6-4 母の国籍別に見た 5 年前居住地が日本である子どもの割合

母の国籍	5 年前居住地が日本である者の割合
中　国	79.9%
フィリピン	94.0%
ブラジル	88.3%

出所：国勢調査個票データ（平成 22 年）より筆者算出.

　以上を踏まえ，こうした背景の違いにより，子どもの高校在学率がどの程度異なるのかを見ていきたい．両親の国籍による違いを見ると（図6-4），母-フィリピン国籍，母-ブラジル国籍の場合，日本人の父がいる方がより高い高校在学率を示す．一般的に日本人の父親を持つ場合の方が日本語能力や日本の学校制度に対する知識といった点で有利であると考えられることから，こうした結果は妥当なものといえよう．一方，母-中国籍と父-外国籍（多くの場合は中国籍）の場合，この関係が成り立たないことは，中国人カップルが子どもの高い教育達成を可能にする何らかの条件を備えていることを示唆

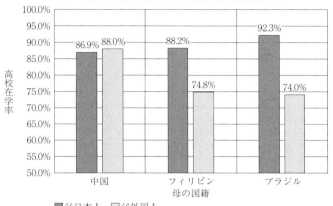

図 6-4 両親の国籍の組み合わせ別に見た高校在学率

出所：国勢調査個票データ（平成 22 年）より筆者算出．

するものである．

両親の学歴による違いを見ると（図 6-5），日本人の両親を持つ子どもの場合でも，親の学歴によって本人の高校在学率が異なることが示された．特に親が義務教育しか終えていない場合，高校在学率は低くなる傾向が見られ，母の場合にこれが顕著である．これは両親の人的資本が子どもの教育達成と強い相関関係にあることを示すものといえよう．こうした傾向は全体的な水準が違うことを除けば，外国籍の親を持つ場合でも基本的には変わらない．ただし，ブラジル国籍の親を持つ場合には，親の学歴による子どもの高校在学率の格差が非常に大きいのが特徴である．

母子世帯とふた親世帯の高校在学率の違いを見ると（図 6-6），母が日本国籍の場合でも，母子世帯ではふた親世帯よりも低い高校在学率を示す．こうした傾向は母-外国籍の場合にも基本的に変わらないものの，母-中国籍の場合には母子世帯とふた親世帯でほぼ同等の高校在学率を示している．また，母-ブラジル国籍の場合には母子世帯とふた親世帯との間で他の母-国籍の場合より大きな格差が見られるのが特徴である．

母の国籍，及びきょうだい数別に見た高校在学率についてみると（図 6-7），

第 II 部 移民の階層的地位に関する実証研究

図 6-5 親の学歴別に見た高校在学率（親の国籍別）

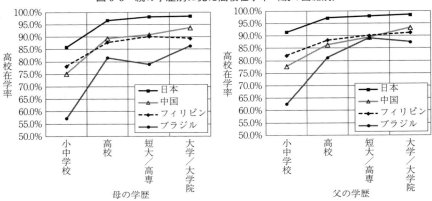

注：父の学歴については，父の国籍が判明した子どもについてのみ集計．
出所：国勢調査個票データ（平成 22 年）より筆者算出．

図 6-6 母子世帯，及びふた親世帯に属する子どもの高校在学率

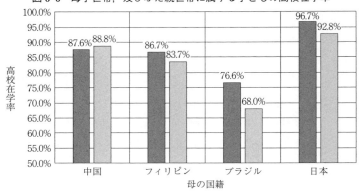

出所：国勢調査個票データ（平成 22 年）より筆者算出．

　日本人の母を持つ場合でもきょうだい数が多い場合には，高校在学率が低下する傾向が見られる．また，こうした傾向は外国籍の母を持つ場合でも基本的に変わらない．
　最後に子ども自身の 5 年前居住地別に高校在学率を見ると（図 6-8），これ

第6章　移民第二世代の教育達成に見る階層的地位の世代間移動

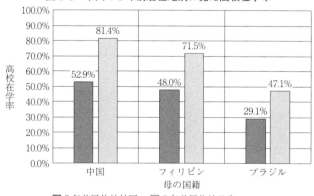

図 6-7　母の国籍，及びきょうだい数別に見た高校在学率

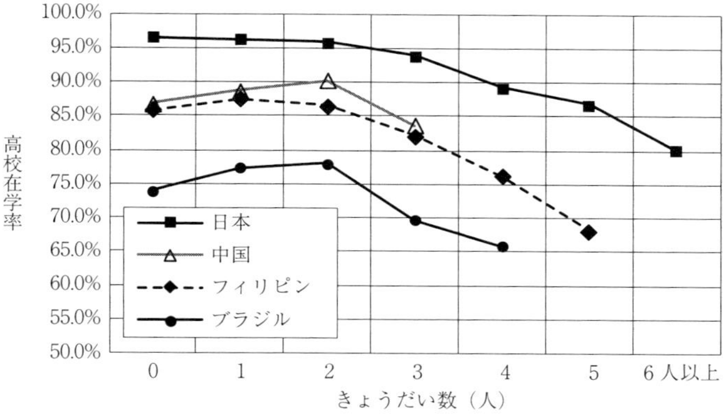

出所：国勢調査個票データ（平成 22 年）より筆者算出．

図 6-8　本人の 5 年前居住地別に見た高校在学率

出所：国勢調査個票データ（平成 22 年）より筆者算出．

が日本の場合，高校在学率がおおむね 20 ポイントほど上昇することが分かる．これは外国籍の母を持つ子どもの多くが，日本に長く暮らすことで日本語能力の向上も含め，日本での社会的適応に一定程度成功し，それを教育達成につなげている可能性を示すものである．

　以上のことから見えてくることは，外国籍の母を持つ場合の子どもの高校

在学率は一般的に低い傾向が見られること，また，その要因としてまず挙げられるのは，親の学歴が平均的に見て低いということである．その一方，きょうだい数やひとり親（母子）世帯割合といった家族形態については，日本人の両親を持つ場合と大きく異なるということはなかった．また，本人の日本国内での居住期間もその多くが5年以上の居住経験を持っていることが示された．

一方，そのようなマクロな属性分布の違いを考慮した上で，親の学歴，家族形態といった属性別に見た移民第二世代の教育達成の違いを見ると，ブラジル国籍の母を持つ場合を除けば，日本人を両親に持つ場合と比較して，必ずしも大きいとはいえない結果であった[17]．また，日本人の父を持つ場合や本人の日本国内での居住期間が長い場合，教育達成は高い傾向が見られた．これは，外国籍の母を持つ子どもの高校在学率の低さが主に移民第二世代であることによる言語習得や学校文化への不適応といった問題に起因しており，分節化された同化理論が想定するような親世代の階層的格差がネガティブな編入様式を媒介することで，子どもの教育達成において拡大再生産されるといった現象が見られない可能性を示唆するものである．こうした結果について，以下では多変量解析によってより詳細な分析を行いたい．

5　多変量解析による分析

5-1　データ，及び方法

多変量解析を行うに当たって，本研究では以下のモデルを用いる．これは，高校在学率（在学しているか否か）を従属変数とし，それと特定の属性との関係の有無，強さ，及び方向性の集団間の差を見ることで，特定の属性が移民第二世代に対して持つ効果の大きさを推測することを目的としたものである[18]．

例えば，親の学歴による高校在学率の違いは日本人の母を持つ場合にも見

られると予想されるが，外国籍の母を持つ場合にこの違いがより大きいならば，親の学歴の本人の高校在学への影響は後者の場合により大きな影響を及ぼすと推測することができるだろう．本研究の目的は移民第二世代に固有の状況を明らかにすることであるから，様々な属性ごとに見られる教育達成の違いが母の国籍によってどのように異なるのかを分析することは必要不可欠な手続きといえる．

$$
\begin{aligned}
EA_i = {} & \alpha + \sum_{k=1}^{3} \beta_{1,k} \cdot Med_{i,k} + \beta_2 \cdot Numsib_i + \beta_3 \cdot SM_i \\
& + \beta_4 \cdot Gender_i + \sum_{j=1}^{3} \beta_{5,j} \cdot M_{CZ_{i,j}} \\
& + \sum_{j=1}^{3} \sum_{k=1}^{3} \beta_{6,j,k} (M_{CZ_{i,j}} \cdot Med_{i,k}) \\
& + \sum_{j=1}^{3} \beta_{7,j} (M_{CZ_{i,j}} \cdot Numsib_i) \\
& + \sum_{j=1}^{3} \beta_{8,j} (M_{CZ_{i,j}} \cdot SM_i) \\
& + \sum_{j=1}^{3} \beta_{9,j} (M_{CZ_{i,j}} \cdot Gender_i) \\
& + \sum_{j=1}^{3} \beta_{10,j} (M_{CZ_{i,j}} \cdot LR_i) \\
& + \sum_{j=1}^{3} \beta_{11,j} (M_{CZ_{i,j}} \cdot FJP_i) + X_i' \cdot \beta_{12}
\end{aligned}
$$

……(3)

EA_i：個人iの高校在学の確率（プロビット変換済み）
α：定数項
$Mcz_{i,j}$：個人iの母の国籍j（日本，中国，フィリピン，ブラジル，Ref.＝日本）
$Med_{i,k}$：個人iの母の学歴k（小中学校，高校，短大／高専，大学／大学院，Ref.＝高校）
$Numsib_i$：個人iのきょうだい数（人）
SM_i：個人iの所属する世帯が母子世帯（Ref.＝ふた親世帯）
$Gender_i$：個人iが女性である（Ref.＝男性）
LR_i：個人iの5年前の居住地が日本（Ref.＝5年前の居住地が外国）
FJP_i：個人iの父が日本人である（Ref.＝父が外国人）
X_i'：統制変数（個人iの月齢及びその二乗，個人iの居住する自治体の

第II部 移民の階層的地位に関する実証研究

人口規模,父学歴及び父学歴と母国籍の交差項,人口集中地区の設定,都道府県),ベクトル形式

従属変数は個人 i の高校在学確率であり,説明変数は大きく分けて二つの部分からなる.$Mcz_{i,j}$ は母の国籍の主効果であり,日本,中国,フィリピン,ブラジルの四つのカテゴリーを持つカテゴリー変数であるため,三つのダミー変数でその効果を推定する.ここでは日本との差をみたいので,日本を基準カテゴリー(=0)とする.$Med_{i,k}$ は母の学歴の主効果である.母の学歴は小中学校,高校,短大/高専,大学/大学院の4つのカテゴリーを持つカテゴリー変数であるため,三つのダミー変数でその効果を推定する.基準カテゴリーは高校とする.なお,このカテゴリーは国勢調査の分類に従っている.$Numsib_i$ はきょうだい数である.SM_i は個人 i の所属する世帯が母子世帯であるかどうかを国勢調査における母子世帯の定義に基づき示したものであり,ふた親世帯を基準カテゴリーとする.$Gender_i$ は性別(男女)であり,男性が基準カテゴリーである.FJP_i は個人 i の父親が日本人か外国人かを示すものであり,父外国人を基準カテゴリーとする[19].LR_i は個人 i の5年前の居住地が日本か外国であるかを示すものであり,これが外国である場合を基準カテゴリーとする.なお,同変数は外国籍の親を持つ子どもの日本での居住期間の長期化による適応状況を明らかにするための変数であるため,母親が日本人である場合には一律に国内とした[20].

次に,母の国籍との交互作用項を推定することにより,母の学歴,きょうだい数,母子世帯,及び性別といった各種属性の影響が母の国籍によって異なるのかといったことを明らかにすることができる.なお,母の学歴,きょうだい数,母子世帯及び性別の主効果は,国籍ダミーがゼロの場合,すなわち回答者の母が日本人である場合の推定結果となる.最後に $X_i{}'$ は個人 i の月齢,及びその二乗,父親の学歴,及び母-国籍との交互作用項,居住する自治体の人口規模,人口集中地区か否か,及び都道府県からなるベクトル形式によって表現された統制変数である.

5-2　推定結果

　多変量解析の結果を表6-5に示した．まず大まかな結論からいって，クロス集計によって確認したことがおおむね妥当であることが確認されたといえよう．まず，各変数の主効果（日本人母に関する結果）について見ていこう．母学歴について見ると小中学校で－0.51，短大／高専卒で0.13，そして大学／大学院卒で0.11であり，母の学歴が高いほど，子どもの高校在学率が高い傾向が見られることが示された．また，きょうだい数が多い，及び母子

表6-5　高校在学率に関するプロビット推定による推定結果

従属変数：高校在学率	推定結果		推定結果
母・学歴（Ref.＝高卒）		母国籍*父日本人	
小中学校	－0.51***	母-中国*父日本人	0.03
短大／高専	0.13***	母-フィリピン*父日本人	0.43***
大学／大学院	0.11***	母-ブラジル*父日本人	0.61***
きょうだい数（人）	－0.07***	母国籍*きょうだい数	
女　性	0.05***	母-中国*きょうだい数	0.10**
母子世帯	－0.29***	母-フィリピン*きょうだい数	0.03
		母-ブラジル*きょうだい数	0.06*
母国籍（Ref.＝日本）			
母-中国	－1.35***	母国籍*母子世帯	
母-フィリピン	－1.78***	母-中国*母子世帯	0.25*
母-ブラジル	－1.50***	母-フィリピン*母子世帯	0.52***
		母-ブラジル*母子世帯	－
母国籍*母学歴			
母-中国*小中学校	0.10	母国籍*女性	
母-中国*短大／高専	－0.16*	母-中国*女性	0.03
母-中国*大学／大学院	－0.02	母-フィリピン*女性	0.04
母-フィリピン*小中学校	0.22***	母-ブラジル*女性	0.14**
母-フィリピン*短大／高専	0.00		
母-フィリピン*大学／大学院	－0.00	母国籍*5年前居住地日本	
		母-中国*5年前居住地日本	0.84***
		母-フィリピン*5年前居住地日本	0.70***
		母-ブラジル*5年前居住地日本	0.45***
母-ブラジル*小中学校	－0.06		
母-ブラジル*短大／高専	－0.39***	統制変数	省略
母-ブラジル*大学／大学院	－0.07	標本サイズ	281,495

注：* $p<0.05$, ** $p<0.01$, *** $p<0.001$.

世帯である場合，高校在学率は低い傾向が見られる．また，女性は男性よりも高い高校在学率を示す．これらの結果はクロス集計で示された傾向とほぼ一致するものである．

さて次に，母-国籍と各属性の交互作用項をみることで，外国籍の母を持つ場合，日本人の母を持つ場合と比較して，各属性間に見られる高校在学率の差がどのように異なるのかを見ていきたい．まず，母国籍の係数の大きさをみると，いずれもマイナスの値であり，またそれらは中国，ブラジル，そしてフィリピン国籍の順に小さくなっていく．これらの結果はおおむね国籍ごとの平均的な編入様式を反映したものと考えられる．例えば，中国人は留学を経て来日することが多いため，日本語能力を始めとして日本社会への適応の機会を多く持つと考えられるのに対して，ブラジルやフィリピンではそうした機会に乏しいといったことがその背景にあるものと考えられる．

母国籍と母学歴の交互作用項を見ることで，外国籍の母を持つ場合，母の学歴間の高校在学率の差が（日本人の母を持つ場合と比べて）どう異なるのかを見ていこう．それによれば，中国籍，あるいはフィリピン国籍の母を持つ場合，高校在学率に対する母の学歴効果は，日本人の母を持つ場合よりも小さいことが示された．

例えば，日本人の母を持つ場合，母の学歴の影響はプラスであり，学歴が高いほど高校在学率が高くなるが，母-フィリピン国籍の場合は小中学校卒でプラスの結果が得られている他，母-中国籍の場合，有意ではないものの（p=.09）やはり小中学校卒でプラスの結果が得られている[21]．その一方で，母-中国や，母-ブラジル国籍で短大／高専卒で有意なマイナスの結果が得られているものの，母の学歴が大学／大学院の場合にはいずれも有意な結果が得られていない．これは母-学歴上昇の子どもの高校在学率に与える限界効果は母-外国籍の場合に小さいものの，それは主に母の学歴が低い層でプラスの値が得られていることによるものといえよう．

父の国籍による高校在学率の差は，母の国籍によって異なることが示された．まず，母-中国籍の場合，父の国籍はその子どもの高校在学率に有意な

差をもたらさない．一方，母の国籍がフィリピン，及びブラジル国籍の場合，外国籍の父よりも日本人の父を持っている方がその子どもの高校在学率は高い傾向が見られる．

　家族構成やジェンダーについて見ていこう．外国籍の母を持つ場合，きょうだい数の増加に関しては，母−中国籍は0.10，母−ブラジル国籍は0.06であり，日本人の母を持つ場合と比べ，きょうだい数の主効果に見られるマイナスの効果が減少する．また，母子世帯の影響は特に，中国，及びフィリピン国籍の母を持つ場合にはプラスであり，むしろその差は日本人の母を持つ場合と比べ，母子世帯のマイナスの効果を減じるものであり，母子世帯の主効果と交互作用効果を合計すると，総合的効果はむしろ0近傍からプラスに転じている．女性の方が男性よりも高い高校在学率を示す傾向は，日本人の母を持つ場合にも確認されていたが，外国籍の母を持つ場合でもその傾向は変わらないのみならず，ブラジル国籍の母を持つ場合には男性に比べて女性の高校在学率はより高い傾向が見られた．

　最後に，外国籍の母を持ち，5年前居住地が日本である子どもの高校在学率は，これが外国である子どもよりも高い傾向が確認された．これはクロス集計でも確認されていたことであるが，他の要因を統制した後もそうした傾向が見られたということは，居住期間の長期化による日本社会への適応を示す可能性が高い．一方，このようなプラスの効果はいずれの国籍でも，日本人の母を持つ子どもとの間に見られる高校在学率の差のすべてを相殺するものではない．こうしたことから，日本国内での居住期間が長い子どもたちの間でも，依然として日本人の母を持つ子どもとの間に高校在学率の差が見られることが示されたといえよう．

6　移民第二世代の教育達成に見る階層的地位の世代間移動

　以上の結果から本研究における探求課題に対して答えたい．まず，外国籍の母を持つ場合，その子どもの高校在学率は日本人の母を持つ場合よりも低

くなることが確認された．この背景にはまず，マクロで見た場合，外国籍の親の学歴が平均的に見て低いことがあることを忘れてはならないだろう．しかしながら，より重要なポイントはそのような属性構成の違い（compositional difference）がなくなった場合に，移民第二世代の教育達成がネイティブと比べてどの程度になるかということである．

この点につき，多変量解析によって各種属性そのものがもたらす効果について分析したところ，日本国籍の父を持つ場合，そういったネガティブな差は若干，緩和されるが，その全てを打ち消すほどではないことが示された．また，外国籍の母を持つ場合でも，個々の属性間の高校在学率の差は母-国籍によって異なるが，それはおおむね国籍ごとの編入様式を反映したものといえる（探求課題1）．しかしながら，母の学歴，ジェンダー，きょうだい数，母子世帯であるといった，一般的に子どもの高校在学率に影響を与えると考えられた属性に関しては，母が日本人である場合に比較して，基準カテゴリーとの高校在学率の差は小さい傾向が見られた．

例えば，母の学歴間に見られる高校在学率の差は，外国籍の母を持つ場合の方が小さい傾向が見られた．つまり，これは母の学歴が低くても，その子どもの高校在学率はあまり低くならないことを意味する．また，きょうだい数が多くても，外国籍の母を持つ場合，高校在学率は低下しにくい傾向が見られたし，母子世帯であっても日本人の母を持つ場合ほど，その高校在学率は低下しなかった（探求課題2-5）．最後に，子ども自身の日本での居住期間が長いほうが，その高校在学率は相対的に高い傾向が見られ，少なくともマクロでは移民第二世代の下降同化（downward assimilation）が起きていないことが示されたといえよう．もちろん，その大きさは外国籍の母を持つことによる不利のすべてを相殺するほどではない点には注意が必要である（探求課題6）．

こうしたことから，本研究の命題に対しては以下のように答えることができるだろう．すなわち，少なくとも両親のいずれかに外国籍の親を持つ子どもの教育達成は，日本人を母に持つ場合と比較して平均的に低くなる傾向が

見られた．しかしながら，その程度は母の人的資本，家族形態，ジェンダーによって異なるものの，それらの要因による影響の大きさは，日本人を母に持つ場合よりもむしろ小さい傾向が見られる．これは移民第二世代の教育達成の低さは移民第二世代であること，つまり日本語能力の低さや日本の学校文化への不適応といった要因に起因する部分が大きく，親の学歴に代表される階層的地位や家族形態の影響を相対的に受けにくいことを示唆するものである．これは移民のもともとの階層的地位の低さや移民に特有の家族形態がネガティブな編入様式を媒介し，世代を超えて拡大再生産されるという分節化された同化理論が想定するメカニズムとは異なるものであり，日本において同理論が妥当しないことを意味するものである．

　もちろん，なぜ移民第二世代においてこうした傾向が見られるのかということについては，より詳細な考察を要するものである[22]．例えばこれは日本における移民第一世代が子どもの教育に対してより強い意欲（aspiration）を持っており，それは特に学歴が低い層や母子世帯で顕著であるためとも考えられる．これは移民研究において一般的に低学歴層や貧困層でその能力面における positive selection の存在が指摘されていることを鑑みれば，有力な解釈の候補の一つといえよう[23]．

　その一方で本研究の結果によれば，本人の5年前の居住地が日本であるといった相対的に高い高校在学率を示す場合であっても，その高校在学率は日本人を母に持つ場合と比較して依然として低いということを忘れてはならない．図6-9は，表6-5の推定結果をもとに，特定の条件における高校在学率を推計し，わかりやすく示したものである．これは日本語教育支援など外国にルーツを持つ子どもたちに対してより一層のそして継続的な支援が必要であることを示すものである．更に，こうした結果は高校進学によってその後のライフコースの多くが左右される日本の教育制度において，移民第二世代が大きな困難に直面していることを示すものともいえ，編入様式の重要性という形で，先行研究が繰り返し訴えてきたことの正しさを改めて確認するものである．

第II部 移民の階層的地位に関する実証研究

図 6-9 母の国籍，学歴，及び本人の5年前の居住地別に見た高校在学率
（モデル推計値）

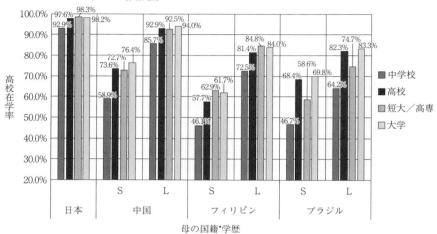

出所：表6-5の推定結果より筆者作成．
注：推計に当たっては母国籍，母国籍*母子世帯，本人の5年前居住地別に月齢（204か月），男性，東京在住，父高卒，きょうだいなしの条件で推計した．S及びLは本人の5年前居住地に対応しており，S＝国外，L＝海外を意味する．

　最後に本研究はこれまで行われることの少なかった大規模調査データによる移民第二世代の教育達成に関する定量的分析結果である点，その意義は大きいといえるものの，国勢調査データには含まれていない重要な変数も多いといった限界を有することを指摘しておきたい．今後は移民の移住過程により特化した調査を企画するなどして，より詳細なデータを基にここで明らかにされなかった論点について明らかにしていきたい．また，本研究は高校在学率に焦点を絞った研究であるが，今後は大学進学等にも視野を広げる必要もある．

注

* 本章において利用されている国勢調査（総務省 2003, 04a, b,12, 13）を利用した集計，及び分析は統計法33条1号に基づき，総務省統計局より調査票情報の提供を受けて行ったものを含む．なお本研究はJSPS科研費17H04785

第 6 章　移民第二世代の教育達成に見る階層的地位の世代間移動

の助成を受けて行われた．

1) もちろん，厳密には外国生まれ日本育ちの移民第 1.5 世代など，より細かな分類も行われているが，本研究では必要な場合以外は移民第二世代という呼称を用いる．
2) これとは別に，日本語指導を必要とする日本国籍の児童生徒数が 9,612 人いる．同カテゴリーに属する児童生徒も 2003 年の 2,886 人から大幅に増加している（文部科学省 2013, 17）．
3) 例えば，米国において移民第二世代の教育達成についての研究が見られ始めたのは 1990 年代半ば（Vermeulen 2010: 965）であり，これは 1965 年の移民法改正によって，非ヨーロッパ圏からの国際移民が増加してからおおよそ 30 年後のことである．
4) 高等専門学校（高専）を含む．
5) 一方，移民第二世代の義務教育段階での不就学／未就学率が高いとする研究者もいる（e.g. 奴久妻 2014）．ただし，後述するように国勢調査の結果を見る限り，義務教育段階での移民第二世代の不就学率は高くないとみることも可能である．
6) 詳細な展開は第 3 章を参照．
7) 以上の点について以下で詳述する．第一に，直線的な同化の場合，米国では 20 世紀初頭の欧州からの移民と同様のパターンであると理解される．しかし，当時よりもはるかにグローバリゼーションが進んだ現在，仮に高い学歴や語学力を持った高度技能移民であっても，受け入れ社会への直線的な同化を仮定するのは適当なのか，という問題意識がここで見られる．第二に，米国では大都市インナーシティを中心に非常に過酷な貧困層が存在する．分節化された同化理論はこのアンダークラスへの移民第二世代の同化が，下方移動（downward mobility）の主要因の一つであるとされる．ただし，これは他の国では必ずしも見られないものであり，下方移動は常に可能性のレベルで論じられることとなる．第三の論点は，第二の論点とも関連するが，分節化された同化理論では恒久的な貧困（permanent poverty）が，その帰結として見られるとする．しかし，これは移民受け入れの歴史が長い米国ではいざ知らず，それ以外の国においては経験的にも検証不可能な命題であるといえる（Vermeulen 2010: 1225-6）．
8) ほぼ同じ理由から，カナダでも同理論の応用可能性自体については否定的な結論が得られている（e.g. Boyd 2002）．ただ，それは現象面の応用可能性であり，分析枠組みとしての妥当性は肯定されている．
9) Chiswick and DebBurman（2004）に代表されるように，経済学の分野でも同様の研究が行われてきている．その場合，人的資本論により焦点を当てた分析が行われる傾向にあり，「分節化された同化理論」への言及は稀である．しかし，統制変数まで含めると，共通の変数に基づいた研究が多くみられる

第II部　移民の階層的地位に関する実証研究

のも事実である．また，得られた結果についても，共通性が多いといえよう．
10)　少なくとも両親のいずれかが外国籍である子の内，母日本-父外国籍である者は全体の14.8%である．こうした人たちについては，稿を改めて検討したい．
11)　親の階層的地位や編入様式の影響があるということと，それがどの程度であれば「分節化された同化理論」に該当するのかどうか厳密に定義した研究は実は少なく，少なからぬ混乱さえ見られる．Alba and Nee (2003: 161-3) によれば古典的同化理論においてさえ，階層的地位の世代間移動はあくまで各個人において相対的なものであり，その程度にばらつきがあること自体は「分節化された同化理論」の正しさを証明するものではないとしている．
12)　国勢調査における続き柄が「世帯主の子」，及び「世帯主の孫」である者に限定した．
13)　在日コリアンを含む韓国・朝鮮籍人口については，その人口規模は大きいものの，国勢調査上でオールドカマーとニューカマーの識別が難しいため，本分析の対象から外した．
14)　そのため，クロス集計や多変量解析の際には抽出確率の逆数をウェートとして乗じることで用いている．多変量解析の結果表にある標本サイズはウェートを乗じる前のものであるため，合計値はクロス集計値とは一致しない点に注意．
15)　日本の学齢は4月1日時点での年齢を基準に定められており（文部科学省 2014b)，本分析における高校学齢期とは，4月1日時点で満15-17歳の者を指す．ただし，国勢調査データでは誕生月までしかわからないため，4月1日生まれの者を2日生まれ以降の者と区別できないため，4月1日時点で満15-18歳のものを対象とする．なお，国勢調査は10月1日時点での情報であるため，3月末時点の月齢に6か月を足した値となる．
16)　韓国・朝鮮籍の親を持つ子どもを除く．
17)　もちろん学歴や家族形態による差の存在を否定するものではない．ただこうした差は日本人の母を持つ場合でも見られるものであり，それと比較して大きな差があるわけではないとの意である．
18)　本研究のデータから実際に観察されるのは，横断面での在学率の差であるものの，モデルにおける説明変数の多くは子どもの高校在学率に対しては先決変数といってよいものである．よって，統計的因果推論における差異法（difference in difference）に近いものとなっている．特定の属性の「効果の推測」という表現はこのような考え方に基づいたものである．
19)　本分析では母-日本，父-外国籍という組み合わせの者はいないため，母が日本人の場合，父の国籍は日本ないしは不詳（母子家庭の場合）となる．なお父母共に日本国籍のケースは本分析では基準カテゴリーとなるため，父-日本国籍の主効果（母-日本国籍の場合の推定結果）は定数項 α に含まれる．

20) 同変数の主効果は母-日本国籍の場合に含まれる（定数項 α に含まれる）こととなる．つまり母-外国籍と5年前の居住地の交互作用項が示すのは，母-外国籍である場合の5年前居住地の違いによる高校在学率の違いである．
21) なお，記述統計では母の国籍がブラジル人の場合，母-学歴が小中学校卒の場合，その子どもの高校在学率が非常に低く，多変量解析による結果と大きく異なる．この背景には，同カテゴリーに属する子どもの間で父-外国人の割合が他のカテゴリーと比較して高いことがあると考えられる．
22) なお，本研究の結果の妥当性を検証するため，2000年の国勢調査個票データを用いて，同様の分析を行ったところ，本研究とほぼ同じ結果が得られた．また，2000年と2010年のデータをプールして本研究で用いた多変量解析のモデルをもとに，この間の経年変化を検出するモデルを推定したところ，全体として外国籍の母を持つ子どもの高校在学率は上昇する傾向が確認されたものの，各属性の影響を測定した係数の大小関係自体にはほとんど変化が見られなかった．つまり，これは2010年とほぼ同じ構造が2000年に既に見られたことを意味する．以上のことから，本研究で明らかにされたことは，一過性のものではなく，ある程度構造的なものとして存在していると考えられる．
23) もちろん，本データのような大規模調査データから直接，そのように結論付けることは時期尚早といえよう．また，本稿で言及した日本における各種先行研究においても，親の子どもの教育に対する態度について調査を行っているものの，同じような属性を持つ日本人家庭との比較という形で分析したものは管見の限り見当たらないことも同問題を解くことを難しくしている．もちろん，様々な先行研究によれば，日本における移民第二世代に対する編入様式は決して好ましいものとはいえないはずであり，義務教育段階での教育達成も含めた，意欲以外の様々な要素との関連も重要になってくるのはいうまでもない．

第III部

展　望

第7章　現代日本における移民の社会的統合とその展望

　本研究では移民の階層的地位を軸に日本の移民受け入れの経験における社会的統合アプローチの妥当性を検証することを目的とするものである．これは Gordon のエスクラス以降，欧米の移民研究において常にカギとされてきた概念であり，人的資本論や編入様式論などその後の移民研究の重要な理論的展開においてきわめて重要な役割を果たしてきた．また，日本と欧米の移民研究を比較した場合，最も顕著な違いが日本の移民研究におけるこの階層概念の欠如であり，このことが日本の移民研究の理論的展開を妨げてきたといえる．

　以下ではこうした問題意識に基づいた本研究において，明らかにされてきたことを整理し，その上で現代日本の移民受け入れの経験における社会的統合アプローチの妥当性について検証した．

　本研究で明らかになったことは，日本における個々の移民の移住過程において緩やかな社会的統合が見られるということである．ここでいう社会的統合とは，移民第一世代の移民男性の労働市場への統合，ジェンダーの影響を踏まえた移民女性の社会的統合，及び移民第一世代と第二世代の階層的地位の世代間移動の三つの領域における状況を踏まえたものである．また，「緩やかな」とはこれらの領域における社会的統合がいずれも日本人との階層的地位の差を完全に埋める程ではないものの，それを縮める方向にあるということを踏まえた表現である．

　こうした結果は，その探求が試みられつつも，従来の日本の移民研究では明らかにされてこなかったものであり，移民個人を分析単位としつつ，制度・構造的な要因も視野に入れることが可能な社会的統合アプローチを採用することで初めて可能になったものといってよいだろう．つまり，現代日本の移民受け入れの経験において同アプローチは極めて有効であることが示されたといってよい．

　その上で今後，外国人の社会的統合がどのように進むのかということについて考察を行い，二つのシナリオが得られた．一つ目は，現在の緩やかな社会的統合が引き続き見られるというものである．二つ目は，何らかの構造変化によって外国人の階層的地位達成の構造が変化するということである．なおこうした変化の

カギとなるのは，多文化共生社会の実現といった社会文化的な要素だけではなく，移民の人的資本の水準やそれに対する日本の社会の評価のあり方である．こうした具体的な予測が可能になるのも本研究による成果の一つといえよう．

最後に本研究では日本の移民受け入れの経験に社会的統合アプローチが妥当することを明らかにしたものの，データの制約もあり，明らかにされたのはあくまで一般的な状況であり，個々の移住過程ごとに見た社会的統合の状況については不明な点も多い．今後は詳細な移住過程について独自の調査を行うなど，こうした点について明らかにしていきたい．

第7章　現代日本における移民の社会的統合とその展望

1　本研究で明らかにされたこと

1-1　現代日本における移民受け入れと社会学的課題

　現在，世界的に国際人口移動が活発化し，大きな社会変動の要因となっている．これは国際移動転換と呼ばれる現象であり，日本においても1990年代以降，入管法の改正とそれに続く制度改正を契機に外国籍人口が急増するなど，移民受け入れ国といって良い状況がみられる．

　そうした中，日本では1990年代以降，およそ10年おきに移民受け入れをめぐる政策論争がみられた．しかしながら，これらの論争では今後の受け入れの是非をめぐる観念的な議論が行われるばかりで，この間，実際に進んだ移民受け入れの経験を参照した具体的な議論が進まなかったという問題点がみられた．

　このように受け入れの是非と実際の経験の間に乖離がみられるのは，日本の移民研究がこうした経験を総体として評価し，政策提言につなげることができなかったためであるとされている．実際，これまで日本の移民研究では対象とするエスニック集団に偏りがみられること，ジャーナリスティックな視点に基づくものが多く理論的展開が弱いこと，また経済・産業的な問題意識から始まりつつも，実際の議論は社会文化的な次元に終始するといったことが問題点として指摘されてきた．

　一方，欧米の移民研究では日本とは異なり，移民受け入れを論じるにあたっては社会文化的な次元だけではなく，あくまで社会経済的な次元での社会的統合が焦点とされてきた．また，その際に重視されるのは階層概念を軸として，その時間的経過に伴う変化を分析する社会的統合アプローチであった．これは，日本の移民研究が社会文化的な側面に注目した構造的分断アプローチを採用してきたのとは対照的なことである．しかしながら，日本の移民研究における理論的限界やそれに対する近年の新しい潮流をみるならば，日本

第III部　展望

の移民研究においても社会的統合アプローチの妥当性が検討されるべき状況に来ているといえよう．

以上を踏まえ，本研究では日本の移民受け入れの経験における社会的統合アプローチの妥当性を検証することを目的とする．それにあたっては，移民の階層的地位概念がカギとなると考えられる．その理由は，同概念はGordonのエスクラス以降，欧米の移民研究において常にカギとされてきた概念であり，人的資本論や編入様式論などその後の移民研究の理論的展開においてきわめて重要な概念であったためである．また，日本と欧米の移民研究を比較した場合，最も顕著な違いが日本の移民研究における階層概念の欠如であり，このことが日本の移民研究の理論的展開を妨げてきたといえるためである．つまり，階層概念を軸に日本の移民研究を再構成することで，こうした状況を刷新することが求められているのである．

以下では本研究によって明らかにされてきたことを整理し，その上で現代日本の移民受け入れの経験における社会的統合アプローチの妥当性という命題について検討していきたい．

1-2　近代以降の日本における移民受け入れの歴史

本研究では，具体的な命題の導出やその検討に入る前に，現在，世界的に社会変動の主要因としての重要性を増しつつある国際人口移動がどのような状況にあるのか，そしてその中で日本の経験がどのように位置づけられるのかを明らかにした．

そもそも，国際移動転換とはそれまで移民送り出し側であった国，地域が移民受け入れ側に転換する現象を指し，現在，国際的に拡散しているものである．その結果，米国やカナダ，そしてオーストラリアといった古典的な移民受け入れ国だけではなく，戦後の高度経済成長期には西欧諸国が，1990年代以降には，イタリア，スペインといった南欧諸国等が新しい移民受け入れ国として登場してきた．特に冷戦崩壊後，世界経済がグローバル化し，国際移動が活発化する中でこうした現象はより広範な国，地域へと拡散してい

第7章　現代日本における移民の社会的統合とその展望

っているとされる．こうした現象は単に移民人口の増加をもたらすだけではなく，それに伴う広範な社会変動を引き起こすものであり，国際的に注目されている現象である．

　こうした前提に基づき，第2章では明治以降の日本における国際人口移動の歴史を概観した．その結果，日本も1990年代以降，外国籍人口の急増を経験したが，これは同時期に世界的に見られた国際移動転換の一つとして位置づけることが可能であることが確認された．また，近代以降の歴史を振り返っても，戦前の日本は在外邦人人口が在留外国籍人口を大きく上回る移民送り出し国として位置づけられるのに対して，1990年代以降，国際移動転換を経験することで初めて移民受け入れ国に転じたことが示された．

　さらに，その移住過程の変化においては，日系人や日本人の配偶者等の家族的紐帯を基礎とした移住過程から，留学や就労を目的とした人的資本を基礎とした移住過程への変化が見られ，移住過程の普遍化が起きていることが確認された．

　最後に，こうした変化は日本に流入する潜在的な移民人口の拡大を意味するものであり，今後，更なる移住過程の多様化及び移民人口の増加を予想させるものといえよう．つまり，日本においても国際移動転換が今後の社会変動の主要因として位置づけられるようになると考えられる．

1-3　日本の移民研究における方法論的課題に関する考察

　第3章では日本の移民研究における方法論的課題に関して考察を行った．

　日本では1990年代以降，外国籍人口の急増を経験し，それに伴って数多くの移民研究が行われてきた．しかしながら，それらの多くは記述主義的，あるいはジャーナリスティックな視点に基づく研究であり，その理論的展開の遅れが繰り返し指摘されてきた．本研究ではこうした状況に鑑み，世界的な移民研究をリードする米国を中心とした移民研究の検討を行うことで，日本の移民研究における新しい理論的枠組みについて検討を行ったものである．

　移民の移住過程に関して，米国ではGordonの*Assimilation in American*

Life (Gordon 1964=2000) に代表されるように同化理論 (assimilation theory) に基づいた研究が行われてきたのが特徴である．同化概念については，受け入れ社会の言語や文化への移民の強制的同化を想起させる同化主義政策と混同されがちであるが，こうした研究において両者は厳密に峻別されており，同化概念は主に階層的地位に代表される社会経済的側面における平等という観点から定義されてきた．また，近年では Portes & Rumbaut (2001=2014) によってより多様な同化過程を想定する「分節化された同化理論」が提唱されたり，あるいは Alba & Nee (2003) によって，階層概念に基づいた同化概念の再定義が行われたりするなど，同化理論は依然として移民研究における中心的な理論的枠組みと位置付けられている．

一方，日本では外国籍人口の急増を経験した 1990 年代初頭から，独自の理論的枠組みを構築しようという傾向が強く見られた．しかしながら，そうした研究の多くは移民と日本人の間の集団間関係を問うという欧米の移民研究と共通の問題意識を持ちつつも，そのための具体的な分析概念を欠いていた．あるいはもっぱら制度・構造決的要因による移民と現地人の間の生活の様々な局面での分断を強調する構造的分断アプローチを採用したりすることで，個人レベルで見たミクロな移住過程の多様性やその経時的変化を視野に入れられないなど，欧米の移民研究と比べてその理論的枠組みの不備が指摘されてきた．

本研究ではこうした状況を踏まえ，近年，日本の移民研究において広まりつつある社会的統合アプローチに近い問題意識や方法論を採用する研究に着目することで，日本の移民研究が欧米のそれに接続可能であることを示した．さらに，それを実証的に明らかにするため以下の具体的な命題群を提示した．

命題1) 外国人は入国直後にはその低い人的資本の移転可能性のため，同程度の人的資本を有する日本人よりも低い職業的地位達成しか示さない（命題 1-1)．しかしながら，日本での居住期間の長期化に伴う社会的適応によって，やがてその地位は日本人と同程度にまで上昇する（命題

1-2).また,日本型人事制度に代表される日本の労働市場に固有の制度・構造的な要因の影響を受けつつも,外国人の職業的地位はその人的資本により決定されると同時に,日本の労働市場のメインストリームへの統合も進みつつある(命題 1-3).

命題 2) 外国人女性の階層的地位は,外国人であることと女性であることの「二重の障害」により,日本人女性よりも低くなる.

命題 3) 少なくとも両親のいずれかに外国籍の親を持つ子どもの教育達成は,日本人を両親に持つ場合と比較して低くなる傾向が見られる.また,その程度は両親の人的資本,家族形態,本人のジェンダー,及び日本での居住期間などによって異なり,特に日本人を両親に持つ場合と比較して,親の階層的地位や家族形態による影響をより強く受けるようになる.

以上をふまえて,第 II 部ではこれらの命題群について国勢調査の個票データを用いた実証分析を行った.

1-4　移民の階層的地位に関する実証研究

(1)　移民男性の労働市場への統合状況とその要因

最初に検証されたのは,移民研究において最も基礎的な論点とされる,移民第一世代の労働市場への統合に関するものである.

1990 年代以降,日本では移民受け入れをめぐる議論が繰り返し行われ,とりわけ階層的地位をめぐる論争はそこでも中心的な地位を占めてきたものの,日本における移民研究は特定のエスニック集団を対象とした小規模なものが多く,階層的地位を軸にナショナルレベルの移民の社会的統合の状況を明らかにした研究はほとんど見られなかった.

これまで外国人の日本の労働市場における位置づけは,もっぱらそのエスニシティや在留資格によって決定されると見なされており,その結果,外国

人の階層的地位は，来日直後にそれぞれの属性に基づき決定された後は，所有する人的資本の違いや居住期間の長期化によって変化することをほとんど想定されてこなかった．また，昇進にあたって長期にわたるコミットメントを要する日本型人事制度は外国人に対して閉鎖的であり，外国人が高い職業的地位に就く場合でも，それは企業のエンジニアなど専門的・技術的職業に限定され，管理的地位やその候補としての正規事務職での就業は限られたものであると考えられてきた．

一方，欧米の移民研究では，階層的地位を軸にその社会的統合について検証するというアプローチが採られ，特に外国人労働者の経済的達成については，Immigrant Assimilation Model (IAM) に基づく研究が蓄積されてきた．また，近年では人的資本を始めとする個人的属性に着目するのみならず，受け入れ社会の制度・構造的な要因も視野に入れた理論的枠組みが主流になりつつある．本研究でもこうした潮流を踏まえ，IAM に基づき外国人の日本の労働市場への統合状況について明らかにすることを目指した．

その結果，外国人男性にとって海外で蓄積した人的資本の移転可能性は一部の例外を除き制約されているものの，人的資本の水準の違いは，日本人男性の場合以上に外国人男性の職業的地位の決定に重要な役割を果たしていることが示された．さらに IHCI モデルが予想するように人的資本の移転可能性が低いほど居住期間の長期化に伴ってより大きな職業的地位の上昇を経験する一方，それによって日本人と外国人男性の職業的地位の差が消滅するほどではなかった．また，管理的職業並びに正規事務職につく場合，人的資本の移転可能性はより制約される傾向を示す一方，IHCI モデルが妥当しないことから，居住期間の長期化に伴う職業的地位の上昇は限定的であることが明らかにされた．

以上のことから，IAM が想定するように日本において個々の移住過程における移民の労働市場への緩やかな統合が見られるといって良いだろう．また，階層問題としての社会的統合を達成するにあたっては，人的資本の移転可能性を高める政策が有効であるとの結論が得られた．

(2) ジェンダーの視点から見た日本における国際移民の社会的統合

次に検証されたのは，現代の移民研究においてフロンティアとされるジェンダーの視点に基づく社会的統合の状況である．

日本における1990年代以降の外国人人口の急増過程は，世界的潮流といえる国際移民に占める女性の割合が上昇する「移民の女性化」を伴ってきた．しかし，移民女性の社会的統合を論じるにあたってジェンダーに着目する研究はまれであった．一方，欧米の移民研究においては移民の階層的地位に注目した社会的同化理論に基づく研究が数多く行われると同時に，ジェンダーの視点の重要性が指摘され，移民女性の階層的地位に注目した研究が数多く行われてきた．そこで明らかにされてきたのは，移民女性の社会的統合を論じるに当たっては，外国人であることに加え，女性であることに着目した「二重の障害」という構造を理解する必要があるということである．

本研究では以上の問題意識に基づき，外国人女性の階層的地位は，外国人であることと女性であることにより，日本人女性よりも低くなるという「二重の障害」仮説の検証を通じて，日本における外国人女性の階層的地位についてジェンダーとエスニシティの双方の観点から分析を行った．なお，分析に当たっては，2010年に実施された国勢調査の個票データを利用するとともに，日本での人口規模が大きく，また1990年代以降急増したニューカマー外国人の移住過程を代表する中国人，フィリピン人及びブラジル人女性を対象に分析を行った．

その結果，「二重の障害」仮説は日本の経験には部分的にしか妥当しないことが示された．なぜなら外国人女性と日本人女性の階層的地位の差を生んでいた原因は，もっぱら本人及び配偶者の学歴が低いことや，有配偶者や未就学児を育てる外国人女性の間で労働参加率が低いことに求められ，労働市場における低い人的資本の移転可能性や，職業的地位が低く「女性的」な仕事に就くことが多いといった「二重の障害」仮説から予測される現象の多くが確認されなかったからである．むしろ，外国人女性は日本の労働市場に固有のジェンダー化された構造から「排除」されることで，かえってその職業

255

第III部　展　望

的地位を高いものにする可能性すら見られた．こうした「排除」の構造が維持されるのかどうかが，今後の外国人女性の階層的地位を予測するうえで極めて重要であることが明らかにされた．

(3)　移民第二世代の教育達成に見る階層的地位の世代間移動

　最後に行われたのは，ここまで検討してきた移民第一世代の階層的地位に関する研究とは異なり，今後の変化を予測する上で必要不可欠な移民第二世代に関する分析である．

　日本の移民研究では 1990 年代以降，外国籍人口の急増に伴い，移民第二世代の教育問題が注目されてきている．これは，社会的統合を重視する欧米の移民研究において特に重視されてきた論点であり，同論点の検証に当たっては，移民第二世代が学校で実際に経験する困難さだけではなく，親の階層的地位や移民の編入様式に注目する「分節化された同化理論」など，広く社会構造との関連を視野に入れた分析枠組みが用いられてきた．

　しかしながら，日本では移民第二世代の学校文化への適応に焦点を当てた臨床的なアプローチは数多く行われてきたものの，複数の移民集団に横断的な教育達成の状況やその要因についてナショナルレベルのデータから明らかにした研究はまれであった．また，その際，「分節化された同化理論」が想定するように，親世代の階層的地位や編入様式など，広く社会構造との関係に注目した研究は少なかったといえよう．

　こうした状況を受け，本研究では国勢調査の個票データを用いて，母親の国籍別に見た子どもの高校在学率に焦点を当てた研究を行うことで，移民第二世代の教育達成の状況とその要因について明らかにした．また，「分節化された同化理論」に基づくことで，移民第一世代と第二世代の階層的地位の世代間移動に注目した分析を行った．

　その結果，外国籍の母を持つ子どもの場合，日本人の母を持つ場合と比較してその高校在学率は低い傾向にあるものの，それは移民第二世代一般に見られる傾向であり，親世代での階層的地位や家族形態と子どもの高校在学と

の結びつきは相対的に弱いことが示された．つまり，「分節化された同化理論」は日本には妥当しない可能性が高いといえる．その一方で，移民の低い教育達成は，子ども自身の日本国内での居住期間の長期化に伴う日本社会への適応によって自然と解消する可能性が低いことも示された．これは多言語での情報提供や日本語教室など教育現場に対する今後のより一層の政策的支援の必要性を示すものである．

2 現代日本における移民の社会的統合とその展望

2-1 社会的統合アプローチの妥当性の検証

　以上のことから，本研究の上位命題である，現代日本の移民受け入れの経験における社会的統合アプローチの妥当性についてどのように考えることができるであろうか．

　まず，本研究における社会的統合アプローチがどのように定義されるのか，という点について改めて確認しておきたい．本研究における社会的統合アプローチとは欧米の移民研究において主流に位置づけられる社会的同化理論に相当する．これはGordon (1964=2000) 以来，米国の移民研究の主軸を占めてきたものであり，階層的地位を軸に移民の社会体的統合を分析する点に特徴がある．これは同化理論と同化主義の混同という逆風を受けながらも，移民の経済的同化に関する理論的枠組みであるImmigrant Assimilation Model (IAM) (Duleep 2015) に基づく研究の蓄積や，近年，Portes and Rumbaut (2001=2014) やAlba and Nee (2003) による社会的同化理論の刷新といったものを経て，現在では欧州の移民受け入れの経験に関する理論的枠組みとして採用されつつあるなど，今もってなお，世界的な移民研究の中で主流というべきものである (Waldinger 2017: 4)．

　一方，日本の移民研究においては1990年代以降，外国人人口の急増を受けて多くの研究が行われてきており，その問題意識においては共通のものを

第 III 部　展 望

持ちつつも，欧米の移民研究とは異なる独自の理論構築を試みたという点に特徴が見られる．特にその理論展開における特徴としては，階層概念の欠如を指摘することが可能であり，その結果，制度・構造決定論的な性格が強く見られ，個人間の社会的統合状況の差異を踏まえた上で，マクロレベルで見た社会的統合の状況について論じることが難しいという限界を有していることが明らかにされた．つまり本研究の課題とは，欧米と日本の移民研究の間に見られるこうした乖離を埋めること，つまり階層概念を軸とした社会的統合アプローチを日本の経験に応用することといえる．

　その上で，個々の下位命題に関する検証結果を改めて見ていきたい．それらの結果から見えてくることは，日本における個々の移民の移住過程において緩やかな社会的統合が見られるということである．ここでいう社会的統合とは，移民第一世代男性の労働市場への統合，ジェンダーを踏まえた社会的統合，及び移民第一世代と第二世代の階層的地位の世代間移動の三つの領域における状況を踏まえたものである．また，「緩やかな」とはこれらの領域における社会的統合がいずれも日本人との差を完全に埋める程ではないものの，それを縮小する方向にあるということを踏まえた表現である．

　こうした結果は，その探求が試みられつつも，従来の日本の移民研究では明らかにされてこなかったものであり，移民個人を分析単位としつつ，マクロレベルで見た社会的統合の状況を明らかにすることが可能な社会的統合アプローチを採用することで初めて可能になったものといってよいだろう．例えば，外国人の労働市場における阻害状況を明らかにした研究はこれまで多いものの，本研究において，その典型ともいうべき日系ブラジル人について人的資本の蓄積がその職業的地位の決定において重要であることを定量的に示したことの意義は大きい．職業的地位達成が進みつつあることが一部で認知されつつあった高学歴中国人男性においても，専門的・技術的職業だけではなく，日本的人事制度において中核的地位を占める管理的職業並びに正規事務職での就業も進みつつあることが示されたことは画期的といえよう．さらに，これらの結果から，外国人の社会的統合にとって重要なのは多文化共

生社会の実現や「顔が見える」社会関係の構築だけではなく，来日後の人的資本の移転可能性が適正に担保されること，及び人的資本の蓄積の機会の十分な保障であることが示されたことは，今後の移民の社会的統合政策を考える上で重要な示唆を与えるものである．

また，これまで定量的に分析されることのなかった外国人女性の階層的地位について包括的に分析し，そこで移住過程のジェンダー化の影響がどの程度見られるのかを定量的に示したことは，今後，日本でもさらに進むであろう「再生産活動のグローバル化」（定松 2018）の展望を予測する上でも非常に重要なものである．従来の研究はともすると個々のケースに引きずられ，「グローバル資本主義やローカルな家父長制に搾取される存在としての外国人女性」というイメージからなかなか抜け出せずにいた．しかし，本研究において，実際に観察される外国人女性の階層的地位の低さが，主に本人，及び配偶者の学歴の低さや，結婚，出産後の労働参加率が低いことに起因する一方，労働市場においては日本固有のジェンダー化された構造からは「排除」されているがゆえに，かえって職業的地位達成が進む可能性すら示されたことは，こうしたイメージを塗り替える可能性を持つものである．

さらに，第二世代の教育達成の問題はこれまでもっぱら学校内の問題に終始する傾向があった．本研究では学校外の社会構造一般とのかかわり，つまり親の階層的地位や家族形態との関係を明らかにし，日本人の両親を持つ場合ほど親世代の階層的地位や家族形態の影響を受けないことが示されたことは，移民的背景を持つ子どもの教育達成の遅れを解決するのは，日本語能力の向上という主に技術的な問題であることを明確にした点で有益であるといえる．これは親世代の階層的地位の格差が子ども世代でより拡大するという「分節化された同化理論」が日本の経験には妥当しないことを示すものであり，国際的な移民研究の文脈においても重要な知見といえよう．

こうした分析を可能にしたのは，個々のケースの事実認定が粗くなりがちな制度・構造決定論に基づく研究や，あるいは結果の普遍性を担保しにくいミクロなフィールドサーベイに基づく研究ではなく，個人を分析単位としつ

第 III 部 展　望

つ，その階層的地位に注目することで個人とその与件としての制度・構造的な要因を同時に視野に入れることが可能な社会的統合アプローチであったといってよいだろう．

つまり，社会的統合アプローチはその問題意識を従来の日本の移民研究と共有しつつも，従来の研究では明らかにできなかった命題の検証を可能にす

表7-1　本研究における命題群とそれらの検証結果

命　題	検証結果
命題1：外国人は入国直後にはその低い人的資本の移転可能性のため，同程度の人的資本を有する日本人よりも低い職業的地位達成しか示さないものの，日本での居住期間の長期化に伴う社会的適応によって，やがてその地位は日本人と同程度にまで上昇する．また，日本型人事制度に代表される日本の労働市場に固有の制度・構造的な要因の影響を受けつつも，外国人の職業的地位はその人的資本により決定されると同時に，日本の労働市場のメインストリームへの統合も進みつつある．	外国人は入国直後にはその低い人的資本の移転可能性のため，同程度の人的資本を有する日本人よりも低い職業的地位達成しか示さない．しかしながら，日本での居住期間の長期化に伴う社会的適応が進んでいる可能性が認められ，日本人との差をなくすほどではないもののその地位は上昇する．また，日本型人事制度に代表される日本の労働市場に固有の制度・構造的な要因によって，外国人の人的資本の移転可能性はより制約される傾向が見られるものの，人的資本はその職業的地位の決定に重要な役割を果たすと同時に，緩やかな形ではあるものの，日本の労働市場のメインストリームへの統合も見られる．
命題2：外国人女性の階層的地位は，外国人であることと女性であることの「二重の障害」により，日本人女性よりも低くなる．	本研究の命題に掲げた「二重の障害」仮説は日本の経験には部分的にしか妥当しない．なぜなら外国人女性と日本人女性の階層的地位の差を生んでいたものは，もっぱら本人，及び配偶者の学歴が低いことや，有配偶者や未就学児を育てる外国人女性の間で労働参加率が低いことに限られ，労働市場における低い人的資本の移転可能性や，労働市場においていわゆる「女性的」な仕事に就くことが多いといった「二重の障害」仮説から予測される現象の多くが確認されなかったからである．むしろ，外国人女性は日本の労働市場に固有のジェンダー化された構造から「排除」されることで，かえってその職業的地位を高いものにする可能性すら見られた．

第7章　現代日本における移民の社会的統合とその展望

命題3：少なくとも両親のいずれかに外国籍の親を持つ子どもの教育達成は、日本人を両親に持つ場合と比較して低くなる傾向が見られる．また、その程度は両親の人的資本，家族形態，本人のジェンダー、及び日本での居住期間などによって異なり，特に日本人を両親に持つ場合と比較して，親の階層的地位による影響をより強く受けるようになる．	少なくとも両親のいずれかに外国籍の親を持つ子どもの教育達成は、日本人を母に持つ場合と比較して平均的に低くなる傾向が見られた．その程度は母の人的資本，家族形態，ジェンダーによって異なるものの、それらの要因による影響の大きさは、日本人を母に持つ場合よりもむしろ小さい傾向が見られる．これは移民第二世代の教育達成の低さが外国籍の親を持つこと、つまり日本語能力の低さや日本の学校文化への不適応といった要因に起因する部分が大きく，親の学歴に代表される階層的地位や家族形態の影響を相対的に受けにくいことを意味する．これは移民のもともとの階層的地位の低さが世代を超えて拡大再生産されるという分節化された同化理論が想定するメカニズムとは異なるものであり、日本において同理論が妥当しないことを意味するものである．

出所：筆者作成

るものであり，現代日本の移民受け入れの経験において同アプローチは極めて有効であることが示されたといってよい．

2-2　現代日本における移民の社会的統合とその展望

　こうした研究によって明らかにされた外国人の緩やかな社会的統合という状況は今後，どのように推移していくのであろうか．最後にこの問題について考察することで，本研究を締めくくりたい．

　日本において外国人の緩やかな社会的統合が見られるという結論は，おそらく大方の移民研究者の予想に反するものである．それは日本が移民受け入れにおいて後発国であるばかりではなく，その性質において排他的であり，より「進んだ」欧州や米国よりもその受け入れにおいて成功しているはずがないとの認識があるためであろう．実際，日本の移民研究において現在でも指摘されている最大の問題が，既に多くの移民を受け入れているという現実とそれを認めない言説の乖離（小井土・上林 2018: 68）であることは，日本の

第Ⅲ部　展　望

「後発性」が依然として重要な課題であることを示すものである．しかしながら，本研究で示されたことはこうした大方の予想を裏切るものであった．これはどのように解釈すべきものなのであろうか．

　この点について確認しておくべきことは，本研究で明らかにされたことは，これまで日本の移民研究が想定してこなかった社会的統合という現象の存在であって，それが国際的に見て，あるいは移住過程全体の中で十分なものかということは，稿を改めて検証すべき課題だということである．よって緩やかな社会的統合といった場合のその「緩やかさ」は現時点ではまだ幅を持った概念であることに注意されたい．

　その上で今後，外国人の社会的統合がどのように進むのかということについて，想定されるシナリオを検討していきたい．まず考えられるのは，現在のゆるやかな社会的統合過程が続くというものである．その過程では外国人男性の労働市場での職業的地位達成は，その人的資本の程度に応じて，専門的・技術的職業を中心に進むと同時に，管理的職業並びに正規事務職においても徐々に進んでいくものと思われる．また，外国人女性は主に家庭におけるケア役割を担うことが多いものの，就業している層に限ってみれば，日本人女性よりも高い職業的地位達成を遂げる人も見られるであろう．つまり，諸外国で見られるように労働市場でセックスワークも含んだケアワークに多く就くといった，ジェンダー化された構造はこれからも顕在化しないと見込まれる．最後に階層的地位の世代間移動については，日本語能力の問題から全体的にやや低い教育達成にとどまるものの，親世代の階層的地位との関連は相対的に弱いことから，階層的地位が固定化するという現象は避けられるものと見込まれる．

　次に考えられるのが，何らかの構造変化によって外国人の階層的地位達成の構造が変化するということである．例えば，労働市場で外国人の人的資本の移転可能性が大きく変化した場合には，その職業的地位達成構造も大きく変化する．具体的に考えられるのは，バイ（二国間），あるいはマルチ（多国間）での資格の国際的な相互認証が行われるといったことである．あるいは

海外からの人材流入が増え海外で取得した学位，就業経験への認知度が高まるといったことも変化の要因として考えられるだろう．つまり労働市場におけるグローバル化がどれだけ進むかが，大きなカギを握っているといえる．

またジェンダーとの関係では，例えばアジア諸国と日本の経済格差が縮まることで，外国人女性と日本人男性の国際結婚のパターンが変化するといったことが想定される．国際結婚においては互いのもともとの経済水準とジェンダー関係の間に強い相関がみられることが明らかにされてきたところ，国際経済環境の変化は国際結婚におけるジェンダー関係の変化へと帰結することが考えられる．具体的にはより平等な夫婦関係が実現することで，国際結婚カップル間の学歴格差が縮まったり，あるいは外国人女性が結婚，出産後もこれまでよりも高い労働参加率を示すようになったりすることが考えられる．また，外国人同士のカップルにおいても，日本社会における育児と仕事の両立支援が充実することで，もともと強い共働き志向を持つことも多い外国人女性の労働参加率が上昇する可能性も考えられるだろう．

一方で現在，急速に進んでいる家事労働や介護分野における外国人労働者の導入に見られるように，ケアワークのグローバル化が進み，外国人女性がそこに流入するようになるならば，外国人女性の階層的地位は（これまで日本人女性がそうであったように），たとえ高学歴化したとしても，相対的に低くとどまることになるであろう．これは本研究においてもその兆候が一部，観察されたものであり，今後，特に注視していく必要がある．

第二世代の教育達成については，学校における日本語指導が強化され，その日本語能力の差が縮まるならば，もともと階層的地位との関連が弱い移民第二世代の教育達成は，日本人の両親を持つ子どもよりも高くなる可能性もあるだろう．一方，日本語指導が今よりも行われなくなったり，十分なものでないまま推移したりした場合には，教育達成における日本人の両親を持つ子どもとの教育達成の差が次第に蓄積し，移民第二世代以降の階層的地位を低くしていく可能性も考えられる．

以上のように，今後のシナリオについては幅を持って解釈する必要がある

ものの，その際の分岐点を事前にある程度特定できるようになったことは本研究の成果といえる．

　最後に本研究では日本の移民受け入れの経験に社会的統合アプローチが妥当することを明らかにしたものの，データの制約もあり，明らかにされたのはあくまでジェネラルな状況であり，個々の移住過程ごとに見た社会的統合の状況については不明な点も多い．今後は詳細な移住過程について独自の調査を行うなど，こうした点について明らかにしていきたい．

あとがき

　私がこの研究を始めるきっかけとなったのは，内閣府での行政官としての9年間の勤務経験である．この間，私が担当したのは国の重要政策会議である経済財政諮問会議であり，「骨太の方針」（経済財政運営及び経済社会の構造改革に関する基本方針）を始めとする様々な政策プランの企画立案に携わってきた．

　外国人の受け入れは自由貿易体制の推進とともに，同会議の重要課題であり，私も多くの意思決定が行われるのを目の当たりにしてきた．そこで驚いたのは，重要な意思決定が官邸や大臣周辺のごく限られた一部の人たちの中で決まっていくということと，その際に用いられる判断材料のほとんどは独自の調査分析結果に基づくものではなく，その時点で市民社会に蓄積されている知見に基づくということであった．

　私が行政官として担当したのはまさにそうした知見の探索，要約作業であったといえよう．しかし，様々なイシューに関するペーパーを数名のスタッフで長くても数日のうちに作成し，大臣や官邸にまで上げていくプロセスはダイナミックであるというより，むしろ不安を感じたというのが正直なところである．日々，行政官として実務に携わっているとはいえ，その分野の専門家でもない自分たちが，にわか仕込みで作成した資料がそこまで重要な意思決定に使われてよいものかと．もちろんその分野の専門家を有識者として何らかの会議体に招くことは多くあるものの，その有識者の選定自体が自分たちの手に委ねられているというのも甚だ不安で仕方がなかった．

　またそうした中で感じたのは，分野によって経験，知見の蓄積の程度に著しいばらつきがあるということである．特に移民政策はその傾向が強く，本来，社会的統合政策を始めとして包括的な知見が要されるにも関わらず，な

あ と が き

かなかその種の知見を見つけることが難しかった．もちろん本書で参照したように日本でも社会学を中心とした優れた外国人／移民研究の蓄積は相当程度あるものの，いずれも特定の地域や集団に関するフィールドワークやケーススタディであることが多く，ナショナルレベルの政策立案の際の根拠資料としにくいものが多かったのが正直なところであった．

政策立案の際に求められるのは，特定の事象に関するミクロな因果分析と同時に，その分析結果の妥当性の外縁がどこまでなのかを正確に確定するマクロな視点である．また特定の理論的前提に立たずとも，誰が見てもある程度共通した事実認定に基づく必要もある．こうした条件はもちろん，すべての分野の研究に求められるわけではない．しかしながら，政策レベルにおける実質的な移民受け入れがどんどん進む中で，経済学だけではなく，社会学的な視点が必要不可欠であるにもかかわらず，社会学者の研究があまり参照されないことに大学，大学院で社会学を学んだ者として忸怩たる思いを禁じえなかった．

私が今回，このような研究に着手することになったのは，そのような思いに基づくものである．つまり既存の社会学の知見をナショナルレベルのデータを用いて再配置——プロットすることで，今，我々が移民受け入れについて経験しつつあることを概観することができるようにしたい，というものである．それは結果として，政府のみならず市民社会における様々なレベルにおいて，社会学的な知見が参照され，活用されることを期待してのことでもあった．

もちろん，その目論見がどの程度，成功しているかは本書の読者のご判断にゆだねることとしたいが，ひとまず本書の執筆を終えての私の感想を記しておきたい．

本書の分析を通じて感じたのは，未知の分野に分け入っていく上で，社会科学における仮説検証的なプロセスがいかに大切かということである．これはあくまで印象論だが，我々の社会で起きている他の事象に比較して，移民関連の事象はよくわかっていないことが多い．これは観察対象と観察主体の

あとがき

　重なりが移民関連の事象では相対的に小さく，情報量が少ないことに起因するといえるが，このことは実際に研究を進めるうえでかなり強く意識することになった．

　つまり分析結果に関する相場観のようなものがほとんど役に立たないのである．良くも悪くも社会科学の研究において常識を大きく逸脱する結果というのは出にくいものなのだが，本分野に関してはそういった観測がほとんど当てにならないことがしばしばであった．例えば，私自身，研究を始めた当初は，「移民の個々の移住過程において緩やかな社会的統合が進みつつある」という結論に至るとは思いもよらなかった．

　これは私自身が，移民政策において日本は後発国であるとともに，日本は移民受け入れにおいて本音と建て前を使い分ける特殊な国であるという「日本特殊論」に囚われていたためともいえる．こうした見方に立つならば，当然，日本で移民の社会的統合は進んでいるはずはない，と私も考えていた．

　しかしながら，データを繰り返し分析するうちに，そうした見方からは解釈できない事実があることに少しずつ気づき始めた．例えば，移民男性の職業的地位達成において，高学歴の中国人男性が日本人男性を上回る地位達成の傾向を示していることや，移民女性と日本人女性の間で，短大卒を除くと地位達成の傾向に大きな違いがないといった結果である．こうした結果は分析のやり方を変えても変わらず，また似たような結果が他のデータを用いた分析でも見られたといった話を聞いたりする中で，次第に無視できないものであることに気づき始めたといえる．

　また，私は 2013 年より OECD の移民政策会合（Working Party on Migration）や移民政策専門家会合（Système d'observation permanente des migrations, SOPEMI）に日本政府代表として参加しているが，そこでグローバルな移民政策の現状について触れていたことも，こうした無意識の前提に気づくきっかけとなった．

　両会合は『International Migration Outlook』といったグローバルな移民のトレンドを分析する報告書を毎年出していることからも分かるように，移民

あとがき

に関する情報，研究のグローバルセンターであり，移民に関する国際世論をリードする場といってよいだろう．そういった場で，毎年2, 3回にわたって，ハイスキル人材，外国人労働者，留学生，家族移民，及び難民などあらゆる種類の国際的な人の移動の状況，及びそれにかかわる各国の最新の動向に関して各国の代表と討論をしてきたことは，私自身の移民政策に関する認識を大きく変えた．

例えば，これまで日本では移民受け入れにおける本音と建て前の使い分けが問題となってきたが，こうした状況は実はほとんどの先進国で共通した状況であるといったことがそれに該当する．現在，グローバルに見ても先進国でハイスキル以外の外国人労働者を公然と受け入れている国はないといってよい．そのため多くの国ではミドルスキル以下の労働者は，家族移民，非正規滞在者，季節労働者といった形で受け入れているのが実状であり，そこでは多くの人権侵害や非人道的状況があることが明らかにされている．そういった中，例えば技能実習制度は，国境管理が機能しており，旧植民地をほとんど持たない日本のような国がとるスタンダードな政策であるとの理解がもっぱらであり，日本だけが抱える問題という認識は同コミュニティでは見られない．

もちろん，これは日本の抱える課題を免責するものではない．重要なのはこれが日本だけの問題ではなく，移民政策について論じる際に見られる普遍的な問題の一つであるということである．つまりどこか他国に正解があるわけではなく，問題としての深刻度はその分だけより深いといえる．

そうした中，厳密に定義された仮説検証プロセスは，このような経験を通じて得た想定外の結果や新たな気づきを客観的に扱うことを可能にすることで，思い込みや囚われに対して反省的になるきっかけを与えてくれるものであった．未知なことに対して我々は謙虚でなくてはならないし，またそこに分け入っていく上で，厳密な科学的な手法に基づくことは極めて重要な指針となりえることを確信できたことは，研究者としてこの問題に向き合う私にとって心強いものであった．

あとがき

　最後に，私が今般，本書を上梓することができたのは，これまで私を支えてくださった多くの方々のご指導，ご支援によるものである．学部時代から博士課程まで一貫してご指導いただいた盛山和夫先生，社会人院生として博士課程に「出戻った」私の指導教員を快く引き受けてくださった武川正吾先生，日本の移民研究をリードし，本研究を進めるにあたって重要な助言を下さった竹ノ下弘久先生を始め，全ての方のお名前を挙げることはできないものの，多くの方のご指導，ご支援なくして本研究を取りまとめることはできなかった．ここに記して心から感謝申し上げたい．

　折しも，今春（2019年）から特定技能制度の運用が始まるなど，日本における移民研究はこれからますます重要性を増していくと考えられる．こうした期待に応えられるよう，今後，より一層の研究の充実を図っていきたいと考える．本研究がその際の一つの指針となれば幸いである．

初出一覧

　本書は是川夕が代表を務める科研費プロジェクト（JSPS17H04785, JSPS 科研費 JP19HP5175）による研究成果に基づくものである．また本研究にて使用された国勢調査を利用した集計，及び分析は統計法 33 条 1 号に基づき，総務省統計局より調査票情報の提供を受けて行われたものを含んでいる．なお，各章の初出は以下の通りである．本書ではこれらをもとに適宜，加筆修正等を行った．

第 1 章，第 2 章，第 3 章，第 7 章
是川夕，2019，「現代日本における移民の階層的地位に関する研究」東京大学大学院人文社会系研究科社会文化研究専攻社会学コース提出博士論文．

第 4 章
是川夕，2018，「移民男性の労働市場への統合状況とその要因―Immigrant Assimilation Model（IAM）に基づく分析―」『IPSS Working Paper Series（J）』（18）1-47，国立社会保障・人口問題研究所

第 5 章
是川夕，2018，「ジェンダーの視点から見た日本における国際移民の社会的統合」『IPSS Working Paper Series（J）』（17）1-45，国立社会保障・人口問題研究所

第 6 章
是川夕，2018，「移民第二世代の教育達成に見る階層的地位の世代間変動―高校在学率に注目した分析―」『人口学研究』第 54 号，pp. 19-42．

参 考 文 献

阿部彩, 2008,『子どもの貧困——日本の不平等を考える』, 岩波新書1157, 岩波書店.
Acker, J., 1973, "Women and Social Stratification: A Case of Intellectual Sexism," *American Journal of Sociology*, 78(4): 936-45.
Adsera, A. and Chiswick, B. R., 2007, "Are There Gender and Country of Origin Differences in Immigrant Labor Market Outcomes across European Destinations?," *Journal of Population Economics*, 20(3): 495-526.
赤川学, 2000,「女性の階層的地位はどのように決まるか?」盛山和夫編『日本の階層システム ジェンダー・市場・家族』東京大学出版会, pp. 47-63.
明石純一, 2010,『入国管理政策:「1990年体制」の成立と展開』ナカニシヤ出版.
Alba, R. D. and Foner, N., 2015, *Strangers No More: Immigration and the Challenges of Integration in North America and Western Europe*. Princeton University Press.
Alba, R. D. and Nee, V., 2003, *Remaking the American Mainstream: Assimilation and Contemporary Immigration*. Harvard University Press.
Andall, J., 2013, "Gendered Mobilities and Work in Europe: An Introduction," *Journal of Ethnic and Migration Studies*, 39(4): 525-34.
Antecol, H., 2000, "An examination of cross-country differences in the gender gap in labor force participation rates," *Labour Economics*, 7(4): 409-26.
Anthias, F., Kontos, M. and Morokvasic-Müller, M., 2013, *Paradoxes of Integration: Female Migrants in Europe*. Springer.
浅川和幸, 2009,「ブラジル人労働者の労働と社会関係——「顔の見えない定住化」の終焉とそのゆくえ」小内透編『在日ブラジル人の労働と生活』御茶の水書房, pp. 53-90.
Ayres, R., Barber, T., Anthias, F. and Cederberg, M. 2013. "Profiling Female

参 考 文 献

Migrants in Europe: Categories of Difference," F. Anthias, M. Kontos and M. Morokvasic-Müller eds., *Paradoxes of Integration: Female Migrants in Europe*. Springer.viii, p. 201.

Bai, M. K. 1985. "Industrial Development and Structural Changes in Labor Market: The Case of Korea," M.-g. Pae, C. N. Kam and K. Ajia Keizai ed., *Industrial Development and Structural Changes in Labor Market: Korea and Southeast Asia*. Tokyo: Institute of Developing Economies.

Bauer, P. and R. T. Riphahn, 2007, "Heterogeneity in the Intergenerational Transmission of Educational Attainment: Evidence from Switzerland on Natives and Second-generation Immigrants", *Journal of Population Economics*, 20: 121-148.

Bevelander, P., 2005, "The Employment Status of Immigrant Women: The Case of Sweden," *International Migration Review*, 39(1): 173-202.

Bhaskar, R., 1989, *The Possibility of Naturalism: A Philosophical Critique of the Contemporary Human Sciences*. New York; London: Harvester Wheatsheaf.

Bhaskar, R., 1993, *Dialectic: The Pulse of Freedom*: London; New York: Verso.

Blau, P. M. and Duncan, O. D., 1967, *The American Occupational Structure*. Wiley.

Borjas, G. J., 1985, "Assimilation, Changes in Cohort Quality, and the Earnings of Immigrants," *Journal of Labor Economics*, 3(4): 463-89.

―――, 1987, *Self-Selection and the Earnings of Immigrants*. National Bureau of Economic Research Cambridge, Mass., USA.

―――, 1990, *Friends or Strangers: The Impact of Immigrants on the U.S. Economy*. New York: Basic Books.

―――, 1994, "The Economics of Immigration," *Journal of Economic Literature*, 32(4): 1667-717.

―――, 1999, *Heaven's Door Immigration Policy and the American Economy*. Princeton, N. J.: Princeton University Press.

―――, 2016, *We Wanted Workers: Unraveling The Immigration Narrative*. W. W. Norton.＝2018，岩本正明訳，『移民の政治経済学』白水社．

Boyd, M., 1984, "At a Disadvantage: The Occupational Attainments of Foreign Born Women in Canada," *International Migration Review*: 18(4): 1091-119.

—————, 2002, "Educational Attainments of Immigrant Offspring: Success or Segmented Assimilation?", *International Migration Review*, 36(4): 1034-1060.

Bygren, M. and R. Szulkin, 2010, "Ethnic Environment During Childhood and the Educational Attainment of Immigrant Children in Sweden", *Social Forces*, 88(3): 1305-1330.

Castles, S., Haas, H. D. and Miller, M. J., 2014, *The Age of Migration: International Population Movements in the Modern World*. Palgrave Macmillan.

Chin, C. B. N., 2013, *Cosmopolitan Sex Workers Women and Migration in a Global City*. New York: Oxford University Press.

Chiswick, B. R., 1978a, "The Effect of Americanization on the Earnings of Foreign-Born Men," *Journal of Political Economy*, 86(5): 897-921.

—————, 1978b. "A Longitudinal Analysis of the Occupational Mobility of Immigrants," Dennis, B. eds., *Proceedings of the 30th Annual Industrial Relations Research Association Meeting*. Madison: University of Wisconsin Press.

—————, 1979, "The Economic Progress of Immigrants: Some Apparently Universal Patterns," W. J. Fellner ed., *Contemporary Economic Problems: American Enterprise Institute For Public Policy Research*. pp. 359-99.

—————, 1980, *An Analysis of the Economic Progress and Impact of Immigrants*. University Of Illinois At Chicago Circle, Department Of Economics.

Chiswick, B. R., Lee, Y. L. and Miller, P. W., 2005, "A Longitudinal Analysis of Immigrant Occupational Mobility: A Test of the Immigrant Assimilation Hypothesis," *International Migration Review*, 39(2): 332-53.

Chiswick, B.R. and N. DebBurman, 2004, "Educational Attainment: Analysis by Immigrant Generation", *Economics of Education Review*, 23: 361-79.

参 考 文 献

Chiswick, B. R. and Miller, P. W., 2011, "The "Negative" Assimilation of Immigrants: A Special Case," *Industrial And Labor Relations Review*, 64(3): 502-25.

Chitose, Y., 2008, "Compulsory Schooling of Immigrant Children in Japan: A Comparison across Children's Nationalities", *Asian and Pacific Migration Journal*, 17(2): 157-187.

Chunyu, M. D., 2011, "Earning Growth Patterns of Chinese Labor Immigrants in the United States", Paper Presented at the 2011 Annual Meeting of the Population Association of America, Washinton, D.C..

Colby, S. L. and Ortman, J. M. 2014, *Projections of the Size and Composition of the U.S. Population: 2014-60*, U.S. Census Bureau.

Cole, J. and Booth, S. S., 2007, *Dirty Work: Immigrants in Domestic Service, Agriculture, and Prostitution in Sicily*, Lanham (Md.): Lexington Books.

Coleman, D., 2006, "Immigration and Ethnic Change in Low-Fertility Countries: A Third Demographic Transition," *Population and Development Review*, 32(3): 401-46.

——————, 2009, "Divergent Patterns in the Ethnic Transformation of Societies," *Population and Development Review*, 35(3): 449-78.

Constable, N. and Project, M., 2007, *Maid to Order in Hong Kong Stories of Migrant Workers*. Second Edition: Ithaca: Cornell University Press.

Crul, M. and H. Vermeulen, 2003, "The Second Generation in Europe", *International Migration Review*, 37(4): 965-86.

De Haas, H., 2010, "Migration Transitions, a Theoretical and Empirical Inquiry into the Developmental Drivers of International Migration," *Working Papers*, pp. 1-46.

De Jong, G. F. and Madamba, A. B., 2001, "A Double Disadvantage? Minority Group, Immigrant Status, and Underemployment in the United States," *Social Science Quarterly*, 82(1): 117-30.

Donato, K. M., Gabaccia, D., Holdaway, J., Manalansan, M. and Pessar, P. R., 2006, "A Glass Half Full? Gender in Migration Studies," *International Migration Review*, 40(1): 3-26.

Donato, K. M., Piya, B. and Jacobs, A., 2014, "The Double Disadvantage Reconsidered: Gender, Immigration, Marital Status, and Global Labor Force Participation in the 21st Century," *International Migration Review*, 48 (s1): 335-76.

Dronkers, J. and F. Fleischmann, 2008, "The Educational Attainment of Second Generation Immigrants from Different Countries of Origin in the EU Member-States", Department of Political and Social Sciences, European University Institute, pp. 1-38.

Duleep, H. O. and Dowhan, D. J., 2002a, "Insights from Longitudinal Data on the Earnings Growth of Us Foreign-Born Men," *Demography*, 39(3): 485-506.

────── 2002b, "Revisiting the Family Investment Model with Longitudinal Data: The Earnings Growth of Immigrant and U.S.-Born Women", *IZA Discussion Papers*, 568, Institute for the Study of Labor (IZA), Bonn

Duleep, H. O. and Regets, M. C., 1999, "Immigrants and Human-Capital Investment," *American Economic Review*, 89(2): 186-91.

──────, M. C., 2002, "The Elusive Concept of Immigrant Quality: Evidence from 1970-1990," *Iza Discussion Paper Series*, 631: 1-36.

Duleep, H. O. 2015. "The Adjustment of Immigrants in the Labor Market," B. R. Chiswick and P. W. Miller eds., *Handbook of the Economics of International Migration*. Volume 1a, Oxford; Amsterdam: Elsevier. pp. 108-82.

Duleep, H. O. and Sanders, S., 1993, "The decision to work by married immigrant women," *ILR Review*, 46(4): 677-90.

Dumont, J.-C., Isoppo, M. and Liebig, T. 2005, "Migrant women in OECD countries: participation rate and employment situation" In *Migrant Women and the Labour Market: Diversity and Challenges*, *Seminar jointly organised by the European Commission and the OECD*, edited by t. E. C. a. t. OECD. Brussels.

Dustmann, C., T.Frattini and G. Lamzara, 2012, "Education of Second-generation Immigrants", *Economic Policy*, 27(69) January: 143-185.

参 考 文 献

Ehrenreich, B. and Hochschild, A. R., 2002, *Global Woman: Nannies, Maids and Sex Workers in the New Economy*. Granta Books.

Fei, J. C. H. and Ranis, G., 1964, *Development of the Labor Surplus Economy*. Homewood, Ill: R.D. Irwin.

——————, 1975, "A Model of Growth and Employment in the Open Dualistic Economy: The Cases of Korea and Taiwan," *The Journal of Development Studies*, 11(2): 32-63.

Fischer, M. J., 2010, "Immigrant Educational Outcomes in New Destinations: An Exploration of High School Attrition", *Social Science Research*, 39: 627-41.

FitzGerald, D. S. 2015. "The Sociology of International Migration," C. Brettell and J. F. Hollifield eds., *Migration Theory: Talking across Disciplines*. pp. 115-47.

藤巻秀樹,2012,『「移民列島」ニッポン:多文化共生社会に生きる』藤原書店.

外国人集住都市会議,2012,『外国人集住都市会議東京2012報告書』,外国人集住都市会議.

外務省,1961,71,76-2017,『海外在留邦人統計』,外務省.

Glazer, N. and Moynihan, D. P., 1970, *Beyond the Melting Pot: The Negroes, Puerto Ricans, Jews, Italians, and Irish of New York City*. Cambridge, Mass.: MIT Press.

Glenn, E. N., 1992, "From servitude to service work: Historical Continuities in the Racial Division of Paid Reproductive Labor," *Signs: Journal of Women in Culture and Society*, 18(1): 1-43.

Golovina K. V., 2017,『日本に暮らすロシア人女性の文化人類学:移住,国際結婚,人生作り』明石書店.

Gordon, M. M., 1964, *Assimilation in American Life: the Role of Race, Religion, and National Origins*. Oxford University Press.=2000,倉田和四生・山本剛郎,『アメリカンライフにおける同化理論の諸相:人種・宗教および出身国の役割』晃洋書房.

Graaf, W. D. and K. V. Zenderen, 2009, "Segmented Assimilation in the Netherlands? Young Migrants and Early School Leaving", *Ethnic and Racial*

Studies, 32(8): 1470-88.

Hallar W., A. Portes, and S. M. Lynch, 2011, "Dreams Fulfilled, Dreams Shattered: Determinants of Segmented Assimilation in the Second Generation", *Social Forces*, 80(3): 733-762.

濱口桂一郎，2015，『働く女子の運命』文藝春秋．

Hammar, T., 1990, *Democracy and the Nation State: Aliens, Denizens and Citizens in a World of International Migration*, Aldershot: Avebury.＝1999，近藤敦訳，『永住市民（デニズン）と国民国家：定住外国人の政治参加』明石書店．

Harris, J. R. and Todaro, M. P., 1970, "Migration, Unemployment and Development: A Two-Sector Analysis," *The American economic review*, 60(1): 126-42.

橋本由紀，2012，『日本の外国人労働者の雇用に関する実証研究』，東京大学博士学位請求論文．

Hashimoto, Y., 2017, "Highly Skilled Immigrants' Occupational Choices and the Japanese Employment System," *RIETI Discussion Paper Series* (17-E-059): 1-33.

Heath, A. F., C. Rothon, and E. Kilpi, 2008, "The Second Generation in Western Europe: Education, Unemployment, and Occupational Attainment", *Annual Review of Sociology*, 34: 211-35.

樋口直人，2006，「〈研究動向：分野別研究動向（移民・エスニシティ・ナショナリズム）〉国際社会学の第2ラウンドにむけて」『社会学評論』57(3): 634-49.

─────，2010a，「都市エスニシティ研究の再構築に向けて──都市社会学者は何を見ないできたのか」『年報社会学論集』2010(23): 153-64.

─────，2010b，「「多文化共生」再考──ポスト共生に向けた試論」『大阪経済法科大学アジア太平洋研究センター年報』(7): 3-10.

広田康生，［1997］2003，『エスニシティと都市』有信堂高文社．

Hirschman, C., 2001, "The Educational Enrollment of Immigrant Youth: A Test of the Segmented-Assimilation Hypothesis", *Demography*, 38(3): 316-336.

Hollifield, J. F., Martin, P. L. and Orrenius, P. M., 2014, *Controlling Immigra-*

参 考 文 献

tion: A Global Perspective. Stanford University Press.
法務省入国管理局，1949a-2018a,『出入国管理統計年報』法務省入国管理局.
――――――，1959b, 64b, 69b, 74b, 84b, 86b, 88b, 90b, 92b, 94b-2018b,『在留外国人統計（登録外国人統計）』法務省入国管理局.
――――――，2014c,『外国人労働者の受入れについて』法務省（http://www.moj.go.jp/content/000121299.pdf）（最終アクセス日2018年5月1日）.
Hondagneu-Sotelo, P., 1994, *Gendered Transitions: Mexican Experiences of Immigration*. University of California Press.
――――――, 2000, "Feminism and Migration," *The Annals of the American Academy of Political and Social Science*, 571(1): 107-20.
――――――, 2007, *Doméstica: Immigrant Workers Cleaning and Caring in the Shadows of Affluence*. Berkeley: University of California Press.
稲上毅・桑原靖夫編，1992,『外国人労働者を戦力化する中小企業』中小企業リサーチセンター.
Ishida, K., Nakamuro, M. and Takenaka, A., 2016, "The Academic Achievement of Immigrant Children in Japan: An Empirical Analysis of the Assimilation Hypothesis," *Educational Studies in Japan*, 10: 93-107.
石田賢示，2017,「外国籍の親をもつ子どもの教育機会に関する分析――国勢調査個票データによる実証分析」,『日本教育社会学会第69回大会口頭報告』，一橋大学.
石川義孝，2005,「日本の国際人口移動の転換点」石川義孝編編『アジア太平洋地域の人口移動』明石書店，pp. 327-51.
岩間暁子，2008,『女性の就業と家族のゆくえ：格差社会のなかの変容』東京大学出版会.
Jakobsen, V., 2003, "The Educational Attainment of the Children of the Danish 'Guest Worker' Immigrants," *IZA Discussion Paper Series*, 749: 1-42.
Jonsson, J. O. and F. Rudolphi, 2011, "Weak Performance--Strong Determination: School Achievement and Educational Choice among Children of Immigrants in Sweden," *European Sociological Review*, 27(4): 487-508.
Joppke, C., 2010, *Citizenship and Immigration*. Cambridge, UK; Malden, MA: Polity.

参 考 文 献

鍛治致,2007,「中国出身生徒の進路規定要因——大阪の中国帰国生徒を中心に」『教育社会学研究』80: 331-49.

梶田孝道,1994,『外国人労働者と日本』日本放送出版協会.

梶田孝道他,2005,『顔の見えない定住化：日系ブラジル人と国家・市場・移民ネットワーク』名古屋大学出版会.

嘉本伊都子,2008,『国際結婚論!?』法律文化社.

上林千恵子,2015,『外国人労働者受け入れと日本社会：技能実習制度の展開とジレンマ』東京大学出版会.

川口大司,2017,「日本的人事の変容と内部労働市場」川口大司編『日本の労働市場：経済学者の視点』有斐閣, pp. 20-49.

経済企画庁,1988,『外国人労働者と経済社会の進路』大蔵省印刷局.

金明秀・稲月正,2000,「在日外国人の社会移動」高坂健次編『日本の階層システム 6：階層社会から新しい市民社会へ』東京大学出版会, pp. 181-98.

Kogan, I., 2010, *Working through Barriers Host Country Institutions and Immigrant Labour Market Performance in Europe*, Dordrecht: Springer.

小井土彰宏・上林千恵子,2018,「特集「日本社会と国際移民——受入れ論争 30 年後の現実」によせて」『社会学評論』68(4): 468-78.

児島明,2006,『ニューカマーの子どもと学校文化：日系ブラジル人生徒の教育エスノグラフィー』勁草書房.

国立社会保障・人口問題研究所,2017,『日本の将来推計人口（平成 29 年推計）』国立社会保障・人口問題研究所.

駒井洋,2015,「日本における「移民社会学」の移民政策にたいする貢献度」『社会学評論』66(2): 188-203.

――――,2016,『移民社会学研究：実態分析と政策提言 1987-2016』明石書店.

是川夕,2012,「日本における外国人の定住化についての社会階層論による分析——職業達成と世代間移動に焦点をあてて」『ESRI Discussion Paper Series』(28): 1-35.

――――,2015,「外国人労働者の流入による日本の労働市場の変容：外国人労働者の経済的達成の特徴，及びその決定要因の観点から（特集 第一，第二の人口転換の解明に基づいた人口・ライフコースの動向と将来に関す

参考文献

　　　　る研究（その1））」『人口問題研究』71(2): 122-40.
―――――, 2017,「移民第二世代の教育達成に見る階層的地位の世代間変動――平成22年国勢調査個票データを用いた分析」『IPSS Working Paper』16: 1-32.
―――――, 2018a,「ジェンダーの視点から見た日本における国際移民の社会的統合」『IPSS Working Paper』17: 1-45.
―――――, 2018b,「日本における国際人口移動転換とその中長期的展望――日本特殊論を超えて」『移民政策研究』10: 13-28.
―――――, 2018c,「移民第二世代の教育達成に見る階層的地位の世代間変動：高校在学率に注目した分析」『人口学研究』41(1): 19-42.
小内透, 2007,「外国人集住地域の現実と共生の視点」『調査と社会理論』23: 1-13.
Kristen, C. and G. Nadia, 2007, "The Educational Attainment of the Second Generation in Germany: Social origins and Ethnic Inequality", *IAB Discussion Paper*, 2007/4: 1-33.
倉田良樹・松下奈美子, 2018,「日本の外国人高度人材受け入れ政策の検証」移民政策学会設立10周年記念論集刊行委員会編『移民政策のフロンティア：日本の歩みと課題を問い直す』明石書店, pp. 88-93.
共同通信社・共同通信社取材班, 2011,『ニッポンに生きる：在日外国人は今=Lives in Japan』現代人文社大学図書.
LaLonde, R. J. and Topel, R. H. 1992. "The Assimilation of Immigrants in the U.S. Labor Market," G. J. Borjas and R. B. Freeman eds., *Immigration and the Work Force: Economic Consequences for the United States and Source Areas*. Chicago: Univ. of Chicago Press.
Lemaitre, G., Liebig, T., Thoreau, C. and Fron, P., 2007, "Standardised Statistics on Immigrant Inflows: Results, Sources and Methods," a paper produced by the Directorate for Employment, Labour and Social Affairs, OECD, Paris, www.oecd.org/dataoecd/39/29/38832099.pdf.
Lanzieri, G., 2011, *Fewer, Older and Multicultural?: Projections of the EU Populations by Foreign/National Background*. Publications Office of the European Union Luxembourg.

参 考 文 献

Lewis, W. A., 1954, "Economic Development with Unlimited Supplies of Labour," *The Manchester School*, 22(2): 139-91.

Lichter, D. T., 2013, "Integration or Fragmentation? Racial Diversity and the American Future," *Demography*, 50(2): 359-91.

Light, I. H., 1972, *Ethnic Enterprise in America*. Berkeley Univ. of California Press.

───────, 1979a, "Disadvantaged Minorities in Self-Employment," *International Journal of Comparative Sociology*, 20: 31.

───────, 1979b. "Asian Enterprise in America," S. Cummings ed., *Self-Help in Urban America: Patterns of Minority*. Port Washington, N.Y.: Kennikat Press. pp. 33-57.

───────, 1985. "Immigrant Entrepreneurs in America: Koreans in Los Angeles," N. Glazer ed., *Clamor at the Gates: The New American Immigration*. San Francisco, Calif.: ICS Press. pp. 161-78.

───────, 2007, "Women's economic niches and earnings inferiority: The view from the ethnic economy," *Journal of ethnic and migration studies*, 33(4): 541-57.

Liu-Farrer, G., 2011, *Labour Migration from China to Japan: International Students, Transnational Migrants*. Routledge.

Luthra, R. R., 2010, "Assimilation in a New Context: Educational Attainment of the Immigrant Second Generation in Germany", *ISER Working Paper*, 2010-21: 1-62.

Mahler, S. J. and Pessar, P. R., 2006, "Gender Matters: Ethnographers Bring Gender from the Periphery toward the Core of Migration Studies," *International Migration Review*, 40(1): 27-63.

Malik, K., 2015, "The Failure of Multiculturalism: Community Versus Society in Europe," *Foreign Aff.*, 94: 21.＝2015「解体したヨーロッパ市民社会──多文化主義と同化政策はなぜ失敗したか」『フォーリン・アフェアーズ・レポート』4: 21-34.

Massey, D. S., 1987, *Return to Aztlan: The Social Process of International Migration from Western Mexico*. Berkeley: University of California Press.

参 考 文 献

松下奈美子, 2014, 『高度人材の国際移動に関する社会学的研究：クラスター化とリージョナル化』, 一橋大学提出博士論文.

宮島喬・太田晴雄, 2005, 『外国人の子どもと日本の教育　不就学問題と多文化共生の課題』東京大学出版会.

Momsen, J. H., 1999, *Gender, Migration, and Domestic Service*. London; New York: Routledge.

文部科学省, 2013, 『日本語指導が必要な児童生徒の受入れ状況等に関する調査（平成 24 年度）の結果について』, http://www.mext.go.jp/b_menu/houdou/25/04/1332660.htm（最終アクセス日 2014 年 8 月 11 日）.

―――――, 2014a, 『帰国・外国人児童生徒教育等に関する施策概要（文部科学省ホームページ）』http://www.mext.go.jp/a_menu/shotou/clarinet/003/001.htm（最終アクセス日 2014 年 8 月 11 日）.

―――――, 2014b, 『小・中学校への就学について（文部科学省ホームページ）』http://www.mext.go.jp/a_menu/shotou/shugaku/detail/1309966.htm（最終アクセス日 2014 年 8 月 11 日）.

―――――, 2017, 『日本語指導が必要な児童生徒の受入れ状況等に関する調査（平成 28 年度）』の結果について』http://www.mext.go.jp/b_menu/houdou/29/06/1386753.htm（最終アクセス日 2017 年 10 月 20 日）.

Morawska, E., 2008, "Research on Immigration/Ethnicity in Europe and the United States: A Comparison," *The Sociological Quarterly*, 49(3): 465-82.

Morokvasic, M. 1983. "Women in Migration: Beyond the Reductionist Outlook," A. Phizacklea ed., *One Way Ticket: Migration and Female Labour*. Routledge & Kegan Paul.

―――――, 1984, "Birds of Passage Are Also Women," *The International migration review*, 18(4): 886-907.

Morokvasic, M., Erel, U. and Shinozaki, K., 2003, *Gender on the Move*. Leske +Budrich.

内閣府, 2014, 『目指すべき日本の未来の姿について』経済財政諮問会議（http://www5.cao.go.jp/keizai-shimon/kaigi/special/future/0224/shiryou_01.pdf）（最終アクセス日 2018 年 5 月 1 日）.

参 考 文 献

中井美樹，2009，「就業機会，職場権限へのアクセスとジェンダー」『社会学評論』59(4): 699-715.
日本政策金融公庫総合研究所，2017，『中小企業の成長を支える外国人労働者』日本政策金融公庫総合研究所.
日本統計協会，1987，『日本長期統計総覧 第1巻』日本統計協会.
西村純子，2014，『子育てと仕事の社会学：女性の働きかたは変わったか』弘文堂.
奴久妻俊介，2014，「日本における外国人児童生徒「不就学」の実態調査——都道府県教育委員会への質問調査より」，『多文化関係学』11: 87-98.
落合恵美子・Liaw K.-L.・石川義孝，2007，「日本への外国人流入からみた国際移動の女性化」石川義孝編『人口減少と地域：地理学的アプローチ』京都大学学術出版会，pp. 291-319.
OECD, 2011, *International Migration Outlook* 2011: OECD.
―――, 2017, *International Migration Outlook* 2017: OECD.
小ヶ谷千穂，2013，「批判的移民研究に向けて——フィリピン女性民を通して」伊豫谷登士翁編『移動という経験：日本における「移民」研究の課題』有信堂高文社，pp. 117-34.
小ヶ谷千穂，2016，『移動を生きる：フィリピン移住女性と複数のモビリティ』有信堂高文社.
Oikelome, F. and Healy, G., 2013, "Gender, Migration and Place of Qualification of Doctors in the Uk: Perceptions of Inequality, Morale and Career Aspiration," *Journal of Ethnic and Migration Studies*, 39(4): 557-77.
大久保武，2005，『日系人の労働市場とエスニシティ：地方工業都市に就労する日系ブラジル人』御茶の水書房.
奥田道大・田嶋淳子，1991，『池袋のアジア系外国人』めこん.
―――，1992，『新宿のアジア系外国人：社会学的実態報告：調査報告書』立教大学社会学部.
―――，1995，『池袋のアジア系外国人：回路を閉じた日本型都市でなく』明石書店.
奥田道大，2003，「「越境する知」としての都市コミュニティ——ストリート・ワイズの復活」渡戸一郎編編『都市的世界／コミュニティ／エスニシティ：

参 考 文 献

ポストメトロポリス期の都市エスノグラフィ集成』明石書店, pp. 378-406.

Parella, S., Petroff, A. and Solé, C., 2013, "The Upward Occupational Mobility of Immigrant Women in Spain," *Journal of Ethnic and Migration Studies*, 39(9): 1365-82.

Parreñas, R. S, 2002,「グローバリゼーションの使用人　ケア労働の国際的移動」『現代思想』30: 158-81.

―――, 2011, *Illicit Flirtations: Labor, Migration, and Sex Trafficking in Tokyo*. Stanford University Press.

Park, R. E. and Burgess, E. W., 1921=1969, *Introduction to the Science of Sociology, Including the Original Index to Basic Sociological Concepts*. Chicago: University of Chicago Press.

Park, R. E. 1930. "Assimilation, Social," A. S. Johnson and E. R. A. Seligman eds., *Encyclopaedia of the Social Sciences. Editor-in-Chief: Edwin R. A. Seligman. Associate Editor: Alvin Johnson* Macmillan & Co.: London; printed in U.S.A. p. 281.

―――, 1950, *Race and Culture*. Free Press.

Park, S. S. and Waldinger, R. D., 2017, "Bridging the Territorial Divide: Immigrants' Cross-Border Communication and the Spatial Dynamics of Their Kin Networks," *Journal of Ethnic and Migration Studies*, 43(1): 18-40.

Pichler, F., 2011, "Success on European Labor Markets: A Cross-National Comparison of Attainment between Immigrant and Majority Populations," *International Migration Review*, 45(4): 938-78.

Piore, M. J., 1979 [2014], *Birds of Passage: Migrant Labor and Industrial Societies*. Cambridge: Cambridge University Press.

Piper, N., Kofman, E. and Roces, M., 2003, *Wife or Worker?: Asian Women and Migration*. Lanham: Rowman & Littlefield Publishers.

Plewa, P., 2009, "Administration of Seasonal Foreign Worker Admissions to Huelva's Strawberry Agriculture," *Preliminary draft of the presentation for the Immigration Reform: Implications for Farmers, Farm Workers, and Communities*. Washington DC, USA.

Portes, A. and Bach, R. L., 1985, *Latin Journey: Cuban and Mexican Immigrants in the United States*. Berkeley [u.a.]: Univ. Of California Pr.

Portes, A. and Manning, R. D. 1986. "The Immigrant Enclave: Theory and Empirical Examples," S. Olzak and J. Nagel eds., *Competitive Ethnic Relations*. Orlando: Academic Press. pp. 47-68.

Portes, A. and Zhou, M., 1993, "The New Second Generation: Segmented Assimilation and Its Variants," *The ANNALS of the American Academy of Political and Social Science*, 530(1): 74-96.

Portes, A. 1995. "Economic Sociology and the Sociology of Immigration: A Conceptual Overview," A. Portes ed., *The Economic Sociology of Immigration*, 1-41.

Portes, A. and Rumbaut, R. G., 2001, *Legacies: The Story of the Immigrant Second Generation*. University of California Press, Russell Sage Foundation. ＝2014, 村井忠政,『現代アメリカ移民第二世代の研究：移民排斥と同化主義に代わる「第三の道」』明石書店.

Powers, M. G. and Seltzer, W., 1998, "Occupational Status and Mobility among Undocumented Immigrants by Gender," *International Migration Review*, 32(1): 21-55.

Raijman, R. and Semyonov, M., 1997, "Gender, Ethnicity, and Immigration: Double Disadvantage and Triple Disadvantage among Recent Immigrant Women in the Israeli Labor Market," *Gender & Society*, 11(1): 108-25.

Raijman, R. and Tienda, M. 1999. "Immigrants' Socioeconomic Progress Post-1965: Forging Mobility or Survival?," C. Hirschman, P. Kasinitz and J. DeWind eds., *The Handbook of International Migration: The American Experience*. New York: Russell Sage Foundation. pp. 239-56.

Read, J. G. and Cohen, P. N., 2007, "One Size Fits All? Explaining Us-Born and Immigrant Women's Employment across 12 Ethnic Groups," *Social Forces*, 85(4): 1713-34.

Read, J. G., 2004, "Cultural Influences on Immigrant Women's Labor Force Participation: The Arab‐American Case," *International Migration Review*, 38(1): 52-77.

参 考 文 献

Rebhun, U., 2010, "Immigration, Gender, and Earnings in Israel," *European Journal of Population/Revue européenne de Démographie*, 26(1): 73-97.

Reitz, J. G., 1998, *Warmth of the Welcome: The Social Causes of Economic Success for Immigrants in Different Nations and Cities*. Boulder, Colo: Westview Press.

──────, 2002, *Host Societies and the Reception of Immigrants: Institutions, Markets and Policies*. Staten Island, N.Y.: Center for Migration studies of New York.

Riphahn, R. T., 2005, "Are There Diverging Time Trends in the Educational Attainment of Nationals and Second Generation Immigrants?" *Journal of Economics and Statistics*, 225(3): 325-346.

──────, 2003, "Cohort Effects in the Educational Attainment of Second Generation Immigrants in Germany: An Analysis of Census Data", *Journal of Population Economics*, 16: 711-37.

労働政策研究・研修機構, 2004,『外国人労働者問題の現状把握と今後の対応に関する研究』労働政策研究・研修機構.

──────, 2006,『ものづくり現場における外国人労働者の雇用実態に関する調査結果』労働政策研究・研修機構.

──────, 2008,『外国人留学生の採用に関する調査』労働政策研究・研修機構.

──────, 2009a,『外国人労働者の雇用実態と就業・生活支援に関する調査』労働政策研究・研修機構.

──────, 2009b,『日本企業における留学生の就労に関する調査』労働政策研究・研修機構.

──────, 2011a,『世界同時不況後の産業と人材の活用に関する調査・外国人労働者の働き方に関する調査』労働政策研究・研修機構.

──────, 2011b,『地方自治体における外国人の定住・就労支援への取組みに関する調査』労働政策研究・研修機構.

──────, 2012,『外国人労働者の失業の現状』労働政策研究・研修機構.

──────, 2013a,『企業における高度外国人材の受入れと活用に関する調査』労働政策研究・研修機構.

参考文献

――――, 2013b, 『留学生の就職活動：現状と課題』労働政策研究・研修機構.

――――, 2016, 『企業における外国人技能実習生の受入れに関する調査』JILPT調査シリーズ No. 157.

Ruberto, L. E., 2007, *Gramsci, Migration, and the Representation of Women's Work in Italy and the U.S.* Lanham: Lexington Books.

定松文, 2018,「新しい権力エリートの創り出す再生産領域の国際分業――グローバル都市化をめざす国家戦略特区と外国人家事労働者」『社会学評論』68(4): 514-30.

賽漢卓娜, 2011, 『国際移動時代の国際結婚：日本の農村に嫁いだ中国人女性』勁草書房.

Salway, S. M., 2007, "Economic Activity among UK Bangladeshi and Pakistani Women in the 1990s: Evidence for Continuity or Change in the Family Resources Survey," *Journal of Ethnic and Migration Studies*. 33(5): 825-47.

Sassen, S., 1988, *The Mobility of Labor and Capital: A Study in International Investment and Labor Flow.* Cambridge University Press.

――――. 2002. "Global Cities and Survival Circuits," B. Ehrenreich and A. R. Hochschild eds., *Global woman: nannies, maids, and sex workers in the new economy.* Owl Book: Henry Holt. 254-74.

佐伯芳子, 2015, 『移住女性と人権：社会学的視座から』尚学社.

佐竹眞明・Da-Anoy M. A., 2006, 『フィリピン――日本国際結婚：移住と多文化共生』めこん.

Schnepf, S. V., 2007, "Immigrants' Educational Disadvantage: An Examination across Ten Countries and Three Surveys", *Journal of Population Economics*, 20: 527-45.

Schoeni, R. F., 1998, "Labor Market Outcomes of Immigrant Women in the United States: 1970 to 1990," *International Migration Review*, 32(1): 57-77.

志田基与師・盛山和夫・渡辺秀樹, 2000,「結婚市場の変容」盛山和夫編『日本の階層システム　ジェンダー・市場・家族』東京大学出版会, pp. 157-76.

参 考 文 献

Silberman, R., R. Alba, and I. Fournier, 2007, "Segmented Assimilation in France? Discrimination in the Labour Market against the Second Generation", *Ethnic and Racial Studies*, 30(1): 1-27.
清水睦美, 2006, 『ニューカマーの子どもたち：学校と家族の間（はざま）の日常世界』勁草書房.
白波瀬佐和子, 2000, 「女性の就業と階級構造」盛山和夫編『日本の階層システム　ジェンダー・市場・家族』東京大学出版会, pp. 133-55.
――――――, 2005, 『少子高齢社会のみえない格差：ジェンダー・世代・階層のゆくえ』東京大学出版会.
――――――, 2011, 「少子化社会の階層構造――階層結合としての結婚に着目して」盛山和夫・片瀬一男・神林博史・三輪哲編『現代の階層社会』東京大学出版会, pp. 119-49.
宿谷京子, 1988, 『アジアから来た花嫁：迎える側の論理』明石書店.
総務省統計局, 2003, 『平成12年国勢調査　第3次基本集計』, 総務省統計局.
――――――, 2004a, 『平成12年国勢調査　外国人に関する特別集計』, 総務省統計局.
――――――, 2004b, 『平成12年国勢調査　抽出詳細集計』, 総務省統計局.
――――――, 2012, 『平成22年国勢調査　職業等基本集計』, 総務省統計局.
――――――, 2013, 『平成22年国勢調査　抽出詳細集計』, 総務省統計局.
Soysal, Y. N., 1994, *Limits of Citizenship: Migrants and Postnational Membership in Europe*. Chicago; London: The University of Chicago.
鈴木江理子, 2009, 『日本で働く非正規滞在者：彼らは「好ましくない外国人労働者」なのか？』明石書店.
鈴木広, 1986, 『都市化の研究：社会移動とコミュニティ』恒星社厚生閣.
Thai, H. C. 2002. "Clashing Dreams: Highly Educated Overseas Brides and Low-Wage U.S. Husband," B. Ehrenreich and A. R. Hochschild eds., *Global Woman: Nannies, Maids and Sex Workers in the New Economy*. pp. 230-53.
高畑幸, 2003, 「国際結婚と家族――在日フィリピン人による出産と子育ての相互扶助」, 駒井洋監修・石井由香編著『講座グローバル化する日本と移民問題第Ⅱ期第4巻　移民の居住と生活』, 明石書店, pp. 255-291.

参 考 文 献

高畑幸, 2011, 「興行から介護へ——在日フィリピン人, 日系人, そして第二世代への経済危機の影響」明石純一編『移民・ディアスポラ研究：移住労働と世界的経済危機』明石書店, pp. 107-21.
田嶋淳子, 2010, 『国際移住の社会学：東アジアのグローバル化を考える』明石書店.
Takenaka, A., Nakamuro, M. and Ishida, K., 2016, "Negative Assimilation: How Immigrants Experience Economic Mobility In Japan," *International Migration Review*, 50(2): 506-33.
竹ノ下弘久, 2004, 「滞日中国人男性の所得決定構造：出身国と日本の学歴効果の比較」『年報社会学論集』2004(17): 202-13.
―――, 2005, 「国境を越える移動に伴う階層移動：出身国の職業と現職に関する移動表分析」『ソシオロジ』50(2): 53-195.
―――, 2012, 「社会階層をめぐる制度と移民労働者：欧米の研究動向と日本の現状」『三田社会学』17: 79-95.
―――, 2015, 「階層構造のなかの移民, マイノリティ」宮島喬編『国際社会学』有斐閣, pp. 63-78.
Takenoshita, H., 2006, "The Differential Incorporation into Japanese Labor Market: A Comparative Study of Japanese Brazilians and Professional Chinese Migrants," *The Japanese Journal of Population*, 4(1): 56-77.
―――, 2013, "Labour Market Flexibilisation and the Disadvantages of Immigrant Employment: Japanese-Brazilian Immigrants in Japan," *Journal of Ethnic and Migration Studies*, 39(7): 1177-95.
―――, 2017, "The Impact of the Recent Economic Crisis on Unemployment among Immigrants in Japan," *Journal of International Migration and Integration*, 18(2): 563-85.
Takenoshita, H., Y. Chitose, S. Ikegami and E. A. Ishikawa, 2013, "Segmented Assimilation, Transnationalism, and Educational Attainment of Brazilian Migrant Children in Japan", *International Migration*, 2013: 1-16.
武田里子, 2011, 『ムラの国際結婚再考：結婚移住女性と農村の社会変容』めこん.
谷富夫, 2015, 『民族関係の都市社会学：大阪猪飼野のフィールドワーク』ミネ

参 考 文 献

ルヴァ書房.
樋本英樹，2016，『よくわかる国際社会学』ミネルヴァ書房.
Thomson, M. and Crul, M., 2007, "The Second Generation in Europe and the United States: How Is the Transatlantic Debate Relevant for Further Research on the European Second Generation?," *Journal of ethnic and migration studies*, 33(7): 1025-41.
坪谷美欧子，2008，『「永続的ソジョナー」中国人のアイデンティティ：中国からの日本留学にみる国際移民システム』有信堂高文社.
都築一治編，1998，『1995年SSM調査シリーズ5　職業評価の構造と職業威信スコア』，科学研究費補助金特別推進研究(1)「現代日本の社会階層に関する全国調査研究」成果報告書. http://srdq.hus.osaka-u.ac.jp/PDF/SMM 1995_r5_hyoushi.pdf（最終アクセス日2018年4月20日）.
United Nations, P. D., 2017, *World Population Prospects: The 2017 Revision*: United Nations, Department of Economic and Social Affairs, Population Division.
Uriely, N., 1994, "Rhetorical Ethnicity of Permanent Sojourners: The Case of Israeli Immigrants in the Chicago Area," *International Sociology*, 9(4): 431-45.
Van De Ven, W. P. and Van Praag, B. M., 1981, "the Demand for Deductibles in Private Health Insurance: A Probit Model with Sample Selection," *Journal of Econometrics*, 17(2): 229-52.
Vermeulen, H., 2010, "Segmented Assimilation and Cross-national Comparative Research on the Integration of Immigrants and Their Children", *Ethnic and Racial Studies*, 33(7): 1214-1230.
Waldinger, R., 2017, "A Cross-Border Perspective on Migration: Beyond the Assimilation/Transnationalism Debate," *Journal of Ethnic and Migration Studies*, 43(1): 3-17.
渡戸一郎，2017，「変容する国際移住と「編入モード」の社会学」渡戸一郎・塩原良和編『変容する国際移住のリアリティ：「編入モード」の社会学』ハーベスト社，pp. 1-19.
Watanabe, S., 1994, "The Lewisian Turning Point and International Migration:

The Case of Japan," *Asian and Pacific Migration Journal*, 3(1): 119-47.

Widding Isaksen, L., 2010, *Global Care Work: Gender and Migration in Nordic Societies*. Lund: Nordic Academic Press.

山口一男,2017,『働き方の男女不平等:理論と実証分析』日本経済新聞出版社.

Zelinsky, W., 1971, "The Hypothesis of the Mobility Transition," *Geographical Review*: 219-49.

Zhou, M., Bankston, C. L., Iii and Russell Sage Foundation, N. Y. N. Y., 1998, *Growing up American: How Vietnamese Children Adapt to Life in the United States*. Russell Sage Foundation.

図 表 一 覧

図 1-1　世界における国際移動人口（純流入，年間フロー）の推移　　（5）
図 1-2　OECD 加盟国における移民人口（foreign-born population）の総人口に占める割合　　（6）
図 1-3　日本における在留外国人人口の推移（1945 年以降）　　（9）
図 1-4　移民的背景を持つ人口に関する将来推計　　（10）
図 1-5　移民的背景を持つ人口に関する将来推計（年齢区分別）　　（10）

図 2-1　在日外国人，及び在外在留邦人人口の推移　　（31）
図 2-2　OECD 加盟国における純入国超過率の推移　　（34）
図 2-3　在留外国人人口の前年からの変化に対する在留資格別寄与度の推移　（35）
図 2-4　国籍別に見た在留外国人人口の推移　　（36）

図 4-1　日本的経営における外国人労働者の位置づけ　　（121）
図 4-2　日本の移民労働市場のモデル　　（121）
図 4-3　疑似コーホートデータに関する概念図　　（129）
図 4-4　日本人，及び外国人男性の年齢構成（2010 年）　　（132）
図 4-5　日本人，及び外国人男性の学歴の構成（2010 年）　　（132）
図 4-6　日本人及び外国人男性の職業的地位の分布（2010 年）　　（134）
図 4-7　日本人及び外国人男性の専門的・技術的職業従事者割合　　（135）
図 4-8　日本人及び外国人男性の管理的職業並びに正規事務職従事者割合　（136）
図 4-9　国籍・学歴別に見た専門的・技術的職業従事者割合（2000-2010 年）
　　　　　　　　　　　　　　　　　　　　　　　　　　　　　　　　（139）
図 4-10　上層ホワイト（専門的・技術的職業）就業確率に対する学歴の効果
　　　　　　　　　　　　　　　　　　　　　　　　　　　　　　　　（144）
図 4-11　上層ホワイト（管理的職業並びに正規事務職）就業確率に対する学歴の効果　　（145）

図　表　一　覧

図 4-12　人的資本の移転可能性と居住期間の長期化による職業的地位の変化の
　　　　関係（専門的・技術的職業）　　　　　　　　　　　　　　　　（150）
図 4-13　人的資本の移転可能性と居住期間の長期化による職業的地位の変化の
　　　　関係（管理的職業並びに正規事務職）　　　　　　　　　　　　（152）
図 4-14　居住期間，学歴別に見た日本人，及び外国人男性の職業的地位（モデ
　　　　ル予測値）　　　　　　　　　　　　　　　　　　　　　　　　（153）

図 5-1　本研究の探究課題の見取り図　　　　　　　　　　　　　　　　（174）
図 5-2　外国人，及び日本人女性の年齢分布　　　　　　　　　　　　　（179）
図 5-3　外国人，及び日本人女性の学歴構成　　　　　　　　　　　　　（181）
図 5-4　外国人，及び日本人女性における年齢別に見た労働参加率の推移　（186）
図 5-5　本研究の探究課題の検証結果　　　　　　　　　　　　　　　　（204）

図 6-1　学齢期別に見た外国籍の母を持つ子どもの人口規模，及びその割合
　　　　　　　　　　　　　　　　　　　　　　　　　　　　　　　　　（224）
図 6-2　母の国籍別に見た子どもの年齢別在学状況内訳　　　　　　　　（226）
図 6-3　父母の国籍別に見た学歴構成　　　　　　　　　　　　　　　　（227）
図 6-4　両親の国籍の組み合わせ別に見た高校在学率　　　　　　　　　（229）
図 6-5　親の学歴別に見た高校在学率（親の国籍別）　　　　　　　　　（230）
図 6-6　母子世帯，及びふた親世帯に属する子どもの高校在学率　　　　（230）
図 6-7　母の国籍，及びきょうだい数別に見た高校在学率　　　　　　　（231）
図 6-8　本人の 5 年前居住地別に見た高校在学率　　　　　　　　　　　（231）
図 6-9　母の国籍，学歴，及び本人の 5 年前の居住地別に見た高校在学率（モデ
　　　　ル推計値）　　　　　　　　　　　　　　　　　　　　　　　　（240）

表 3-1　同化の変数　　　　　　　　　　　　　　　　　　　　　　　　（49）
表 3-2　分節化された同化のプロセス・モデル　　　　　　　　　　　　（53）
表 3-3　日本，及び海外における移民研究の主なテーマと対応関係　　　（105）

表 4-1　日本人及び外国人男性の労働関連指標（2010 年）　　　　　　　（133）
表 4-2　日本人及び外国人男性の専門的・技術的職業従事者割合（2000-2010

図 表 一 覧

年） (138)
表 4-3　日本人及び外国人男性の管理的職業並びに正規事務職従事者割合（2000-2010 年） (138)
表 4-4　上層ホワイト（専門的・技術的職業）就業確率に関する推定結果（2010 年） (144)
表 4-5　上層ホワイト（管理的職業並びに正規事務職）就業確率に関する推定結果（2010 年） (145)
表 4-6　居住期間の長期化に伴う職業的地位の上昇に関する推定結果（専門的・技術的職業） (149)
表 4-7　居住期間の長期化に伴う職業的地位の上昇に関する推定結果（管理的職業並びに正規事務職） (151)
表 4-8　探究課題に関する検討結果一覧 (157)

表 5-1　本研究で用いる職業分類 (178)
表 5-2　外国人，及び日本人女性の未婚，有配偶，離死別者割合 (180)
表 5-3　本人の階層的地位から見た外国人，及び日本人女性の階層的地位の分布 (182)
表 5-4　世帯主の階層的地位から見た外国人，及び日本人女性の階層的地位の分布 (183)
表 5-5　外国人，及び日本人女性における夫婦間の学歴間格差（夫-妻教育年数） (185)
表 5-6　外国人，及び日本人女性の配偶関係別労働参加率 (187)
表 5-7　外国人，及び日本人女性の未就学児（5 歳以下）の子どもの有無別労働参加率 (187)
表 5-8　外国人，及び日本人女性の職業分布，及び職業分離度（非類似性指数） (188)
表 5-9　労働参加に関する推定結果 (192)
表 5-10　上層ホワイト就業に関する推定結果 (198)
表 5-11　上層ホワイト就業（タイプ 2 型専門職を除く）に関する推定結果 (200)

表 6-1　母の国籍別に見た子どもの高校在学率（男女別） (226)

図 表 一 覧

表 6-2　母の国籍別に見たひとり親世帯に属する子どもの割合　　　　（228）
表 6-3　母の国籍別に見た子どもの平均きょうだい数（人）　　　　　（228）
表 6-4　母の国籍別に見た 5 年前居住地が日本である子どもの割合　　（228）
表 6-5　高校在学率に関するプロビット推定による推定結果　　　　　（235）

表 7-1　本研究における命題群とそれらの検証結果　　　　　　　　　（260）

事 項 索 引

あ 行

新しい同化理論…15, 52, 55, 61, 66, 71, 95, 96, 105, 116, 124, 154
移住過程の普遍化……………………25, 34
移民……………………………………16
移民人口（foreign-born population）‥6, 25
移民的背景（migrant background）………8
　――を持つ人口……………………8, 9
移民の経済的同化モデル（Immigrant Assimilation Model: IAM）
　………14-16, 20, 21, 49, 61, 115, 117, 125, 148, 154, 158, 254
移民の女性化（Feminization of Migration）…………7, 19, 21, 165, 201, 206, 255
移民の人的資本投資モデル（Immigrant Human Capital Investment Model, IHCIモデル）……50, 117, 118, 125, 128, 148, 151, 254
永住移民（permanent migrant）……70, 71
永住性（being permanent）…………70, 71
エスクラス（ethclass）…14, 17, 18, 47, 74, 79, 86, 250
エスニック・エンクレーブ理論……60, 118

か 行

外国生まれ人口（foreign-born）…………28
外国籍人口………………………8, 33, 45
顔の見えない定住化‥84, 97, 105, 120, 126, 153, 158

家族的紐帯に基づいた移住過程‥25, 34, 37
家族投資仮説（Family Investment Hypothesis: FIH）……………62, 175, 194
帰化人口……………………………………8
協和型文化変容（consonant acculturation）……………………………………53, 54
経済的達成……………………………20
経済的同化（economic assimilation）……14, 15, 49, 61, 158
　――モデル（Immigrant Assimilation Model, IAM）…………………16, 117
構造的同化（structural assimilation）…48, 78
構造的分断アプローチ…17, 18, 22, 41, 79, 87, 104, 105, 106, 249, 252
国際移動転換（migration transition）…20, 25-28, 32, 33, 37, 67, 249, 250
国際児……………………………………8

さ 行

再生産活動のグローバル化…165, 168, 169, 206, 259
社会的同化（social assimilation）……20, 50
社会的同化理論（social assimilation theory）……………………19, 105, 214
社会的統合（integration）……16, 20, 22, 68, 261
　――アプローチ…i, 16, 18-22, 42, 87, 88, 96, 104-106, 115, 249, 252, 258, 260
集団間関係（nature of group life）……i, 17,

事項索引

41, 43, 44, 47, 49, 74, 78, 105
上層ホワイト……………130, 155, 195
職業分離……………178, 188, 189
——のパラドックス……………175
人種間関係（color line）……………69
人種関係循環モデル（race-relation cycle model）……………46, 105
人的資本の（国際的な）移転可能性（international skill transferability）…19, 21, 117, 125, 134, 139, 140, 142, 148, 150, 151, 155, 156, 158, 193, 202, 252, 254
選択型文化変容（selective acculturation）……………53, 54

た 行

第三の人口転換（third demographic transition）……………27

な 行

二重の障害（the double disadvantages of being foreign born and being female）……21, 66, 105, 166, 173, 199, 201, 202, 204, 253, 255
二重労働市場理論……………17, 105, 118

日本的経営……………119
日本型雇用制度……………175
日本型人事制度……21, 116, 125, 126, 128, 149, 153, 154, 253, 254
日本的雇用システム（Japanese Employment System: JES）……………122

は 行

不協和型文化変容（dissonant acculturation）……………53, 99, 101
分節化された同化理論（segmented assimilation theory）…15, 17, 22, 41, 52, 55, 61, 71, 95, 96, 105, 214, 218, 252, 256, 259
編入様式（mode of incorporation）…15, 52, 53, 222, 238, 239, 256

ま 行

マージナル・マン……………75
メルティングポット理論……………49, 105

や 行

緩やかな二重構造………82, 119, 126, 142, 153, 158

人 名 索 引

アルファベット

Alba, R. D.······14-16, 18, 41, 49, 51, 52, 55, 56, 58-60, 62, 71, 257
Bach, R. L.······51, 60
Blau, P. M.······49
Borjas, G. J.······50
Boyd, M.······21, 66, 166, 173
Burgess, E. W.······46
Castles, S. H. D.······7, 19, 34, 43, 75
Chiswick, B. R.······50, 51
Chitose, Y.······98, 101
Coleman, D.······27
Crul, M.······94
Donate, K. M.······62
Duncan, O. D.······49
Duleep, H. O.······21, 50, 62, 175
Ehrenreich, B.······64
Foner, N.······16, 68
Glazer, N.······60
Gordon, M.······i, 14, 16, 41, 43, 47, 48, 49, 51, 55, 61, 62, 71, 74, 78, 79, 80, 86, 94, 257
Hochschild, A. R.······64
Hondagneu-Sotelo, P.······63
Ishida, K.······100, 102, 103
Kogan, I.······67
LaLonde, R. J.······50
Lanzieri, G.······27
Light, I. H.······51

Liu-Farrer, G······91, 92
Manning, R. O.······51
Massey, D. S.······75
Miller, M. J.······7, 19, 34, 43
Moynihan, D. P.······60
Morokvasic, M.······62, 66, 166
Nee, V.······14, 15, 18, 41, 49, 51, 52, 55, 56, 58-60, 62, 71, 257
Park, R. E.······46
Parreñas, R. S.······97, 171
Piore, M. J.······51, 60
Portes, A.······15, 22, 41, 51, 52, 54, 60, 62, 99, 257
Raijiman, R.······51, 60
Regets, M. C.······24, 50
Reitz, J. G.······67, 94
Rumbaut, R. G.···15, 22, 41, 52, 54, 62, 99, 257
Sanders, S.······62, 175
Sassen, S.······60, 63
Takenoshita, H.······93, 98, 102
Thomson, M.······94
Tienda, M.······51
Topel, R. H.······50

あ 行

明石純一······13, 32
石川義孝······20, 26
稲月　正······93
奥田道大······26, 73

人名索引

か行

鍛治　致……………………98, 100, 103
梶田孝道……17, 26, 79, 80, 81, 82, 84, 119, 120, 122
金　明秀…………………………………93
小ヶ谷千穂…………………62, 97, 171
児島　明………………………98, 100
駒井　洋……………………………13, 17
是川　夕………93, 94, 95, 98, 100, 103

さ行

佐伯芳子………………………………97, 171

た行

清水睦美……………………………………98
鈴木江理子………………………………88

た行

田嶋淳子……………………………………26
竹ノ下弘久………………………93, 123
坪谷美欧子………………………………89

は行

広田康生……………………………………73

や行

山口一男……………………………………175

著者略歴

1978年　青森県八戸市生まれ。東京大学文学部卒業、カリフォルニア大学アーバイン校修士課程修了、東京大学大学院人文社会系研究科博士課程修了、博士（社会学）。内閣府での勤務（I 種・経済区分）を経て、

現　在　国立社会保障・人口問題研究所国際関係部部長、OECD 移民政策会合ビューローメンバー、OECD 移民政策専門家会合（SOPEMI）政府代表。

著　書　『人口問題と移民――日本の人口・階層構造はどう変わるのか』移民・ディアスポラ研究 8（明石書店、2019、編著）ほか。

専　門　社会人口学、移民研究

移民受け入れと社会的統合のリアリティ
現代日本における移民の階層的地位と社会学的課題

2019 年 8 月 15 日　第 1 版第 1 刷発行
2022 年 6 月 20 日　第 1 版第 2 刷発行

　　　　　著　者　是
これ
　川
かわ
　夕
ゆう

　　　　発行者　井　村　寿　人

　　　　発行所　株式会社　勁
けい
　草
そう
　書　房

112-0005 東京都文京区水道 2-1-1　振替 00150-2-175253
（編集）電話 03-3815-5277／FAX 03-3814-6968
（営業）電話 03-3814-6861／FAX 03-3814-6854
三秀舎・牧製本

Ⓒ Yu Korekawa　2019

ISBN978-4-326-60321-3　Printed in Japan

 ＜出版者著作権管理機構　委託出版物＞
本書の無断複製は著作権法上での例外を除き禁じられています。
複製される場合は、そのつど事前に、出版者著作権管理機構
（電話 03-5244-5088、FAX 03-5244-5089、e-mail: info@jcopy.or.jp）
の許諾を得てください。

＊落丁本・乱丁本はお取替いたします。
　ご感想・お問い合わせは小社ホームページから
　お願いいたします。

https://www.keisoshobo.co.jp

著者	書名	判型	価格
カリド・コーザー 著 是川夕 監訳・ 平井和也 訳	移民をどう考えるか 　　グローバルに学ぶ入門書	四六判	2970 円
清水睦美	ニューカマーの子どもたち 　　学校と家族の間（はざま）の日常世界	A5 判	4950 円
賽漢卓娜	国際移動時代の国際結婚 　　日本の農村に嫁いだ中国人女性	A5 判	4400 円
金井香里	ニューカマーの子どものいる教室 　　教師の認知と思考	A5 判	4400 円
三浦綾希子	ニューカマーの子どもと移民コミュニティ 　　第二世代のエスニックアイデンティティ	A5 判	4400 円
松尾知明 編著	多文化教育をデザインする 　　移民時代のモデル構築	A5 判	3740 円
佐久間孝正	移民大国イギリスの実験 　　学校と地域にみる多文化の現実	四六判	3300 円
中野裕二・森千香子・ H.ルバイ・浪岡新太郎・編著 園山大祐	排外主義を問いなおす 　　フランスにおける排除・差別・参加	A5 判	4950 円

――――――― 勁草書房刊

＊表示価格は 2022 年 6 月現在，消費税は含まれております．